어느 교과서를 배우더라도

꼭 알아야 하는 **개념**과 **기본 문제** 구성으로

다양한 학교 평가에 완벽 대비할 수 있어요!

11종
검정 교과서

평가 자료집

사회

3-2

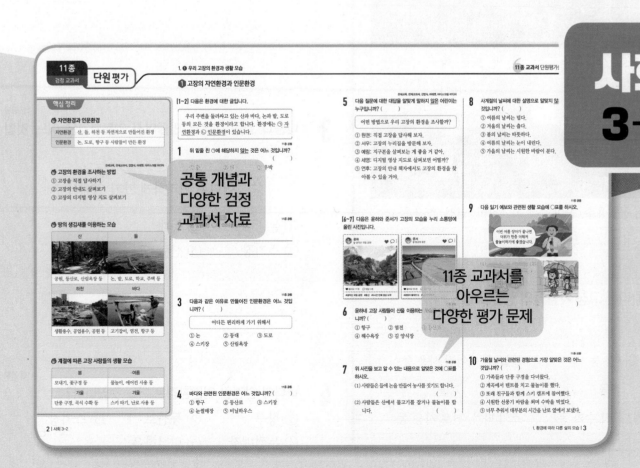

❶ 고장의 자연환경과 인문환경

핵심 정리

🦪 자연환경과 인문환경

자연환경	산, 들, 하천 등 자연적으로 만들어진 환경
인문환경	논, 도로, 항구 등 사람들이 만든 환경

천재교육, 천재교과서, 김영사, 미래엔, 아이스크림 미디어

🦪 고장의 환경을 조사하는 방법

① 고장을 직접 답사하기
② 고장의 안내도 살펴보기
③ 고장의 디지털 영상 지도 살펴보기

🦪 땅의 생김새를 이용하는 모습

산	들
공원, 등산로, 산림욕장 등	논, 밭, 도로, 학교, 주택 등
하천	바다
생활용수, 공업용수, 공원 등	고기잡이, 염전, 항구 등

🦪 계절에 따른 고장 사람들의 생활 모습

봄	여름
모내기, 꽃구경 등	물놀이, 에어컨 사용 등
가을	겨울
단풍 구경, 곡식 수확 등	스키 타기, 난로 사용 등

[1~2] 다음은 환경에 대한 글입니다.

> 우리 주변을 둘러싸고 있는 산과 바다, 논과 밭, 도로 등의 모든 것을 환경이라고 합니다. 환경에는 ㉠ 자연환경과 ㉡ 인문환경이 있습니다.

11종 공통

1 위 밑줄 친 ㉠에 해당하지 <u>않는</u> 것은 어느 것입니까?
( )

① 들   ② 비   ③ 우박
④ 하천   ⑤ 학교

🖥️ 서술형·논술형 문제   11종 공통

2 위 밑줄 친 ㉡의 의미를 쓰시오.

_____

_____

11종 공통

3 다음과 같은 이유로 만들어진 인문환경은 어느 것입니까? ( )

> 어디든 편리하게 가기 위해서

① 논   ② 등대   ③ 도로
④ 스키장   ⑤ 산림욕장

11종 공통

4 바다와 관련된 인문환경은 어느 것입니까? ( )

① 항구   ② 등산로   ③ 스키장
④ 눈썰매장   ⑤ 비닐하우스

천재교육, 천재교과서, 김영사, 미래엔, 아이스크림 미디어

5 다음 질문에 대한 대답을 알맞게 말하지 <u>않은</u> 어린이는 누구입니까? ( )

> 어떤 방법으로 우리 고장의 환경을 조사할까?

① 원권: 직접 고장을 답사해 보자.

② 서우: 고장의 누리집을 방문해 보자.

③ 예림: 지구본을 살펴보는 게 좋을 거 같아.

④ 세영: 디지털 영상 지도로 살펴보면 어떨까?

⑤ 연후: 고장의 안내 책자에서도 고장의 환경을 찾아볼 수 있을 거야.

[6~7] 다음은 윤하와 준서가 고장의 모습을 누리 소통망에 올린 사진입니다.

윤하
📍설악산 국립 공원
❤️ 좋아요 77개   💬 댓글 3개
#설악산 국립 공원 #등산 #5시간 만에 정상 도착

준서
📍황금빛 들판
❤️ 좋아요 65개   💬 댓글 2개
#끝없이 펼쳐진 논 #노랗게 익은 벼

11종 공통

6 윤하네 고장 사람들이 산을 이용하는 모습은 어느 것입니까? ( )

① 항구   ② 염전   ③ 등산로

④ 해수욕장   ⑤ 김 양식장

11종 공통

7 위 사진을 보고 알 수 있는 내용으로 알맞은 것에 ○표를 하시오.

(1) 사람들은 들에 논을 만들어 농사를 짓기도 합니다.
( )

(2) 사람들은 산에서 물고기를 잡거나 물놀이를 합니다.
( )

11종 공통

8 사계절의 날씨에 대한 설명으로 알맞지 <u>않은</u> 것은 어느 것입니까? ( )

① 여름의 날씨는 덥다.

② 겨울의 날씨는 춥다.

③ 봄의 날씨는 따뜻하다.

④ 여름의 날씨는 눈이 내린다.

⑤ 가을의 날씨는 시원한 바람이 분다.

11종 공통

9 다음 일기 예보와 관련된 생활 모습에 ○표를 하시오.

이번 여름 장마가 끝나면 더위가 한층 더해져 물놀이하기에 좋겠습니다.

(1)    (2)

( )   ( )

11종 공통

10 가을철 날씨와 관련된 경험으로 가장 알맞은 것은 어느 것입니까? ( )

① 가족들과 단풍 구경을 다녀왔다.

② 계곡에서 텐트를 치고 물놀이를 했다.

③ 또래 친구들과 함께 스키 캠프에 참여했다.

④ 시원한 선풍기 바람을 쐬며 수박을 먹었다.

⑤ 너무 추워서 대부분의 시간을 난로 옆에서 보냈다.

❷ 바다와 산을 이용해 살아가는 모습

핵심 정리

🌀 바다가 있는 고장

바다가 있는 고장의 환경	• 자연환경: 바다, 갯벌, 모래사장, 낮은 산, 좁은 들 등 • 인문환경: 항구, 등대, 양식장, 해수욕장, 수산물 직판장, 식당 등
바다가 있는 고장 사람들이 하는 일	• 물고기를 잡거나 가두어 기름. • 배나 고기잡이 도구를 팔거나 고쳐 줌. • 해녀들은 바닷속에 들어가 해산물을 잡음. • 바다에서 잡아 온 물고기를 소비자에게 직접 파는 직판장을 운영함.

🌀 산이 많이 있는 고장

산이 많은 고장의 환경	• 자연환경: 산비탈, 울창한 숲, 계곡 등 • 인문환경: 경사진 밭, 계단 모양의 논, 목장, 스키장, 식당, 리조트, 풍력 발전기 등
산이 많은 고장 사람들이 하는 일	• 지하자원을 캠. • 약초와 나물을 캐거나 버섯을 기름. • 산비탈에 썰매장과 스키장을 운영함. • 목장에서 소나 양과 같은 가축을 키움. • 경사진 밭과 계단 모양의 논에서 농사를 지음.

[1~4] 다음은 민지네 고장의 모습입니다.

11종 공통

1 민지네 고장의 자연환경으로 알맞은 것에 ○표를 하시오.

(1) 높은 산이 연속해 있습니다. (　　　)

(2) 바다가 있고 주변에 모래사장이 있습니다.

(　　　)

11종 공통

2 민지네 고장의 자연환경과 관련된 인문환경으로 가장 알맞지 <u>않은</u> 것은 어느 것입니까? (　　　)

① 항구　　　　　　② 양식장

③ 스키장　　　　　④ 수산물 직판장

⑤ 물놀이 용품 대여점

11종 공통

3 민지네 고장 사람들이 주로 하는 일을 두 가지 고르시오. (　　 , 　　)

① 김 양식　　　　　② 꿀 얻기

③ 해산물 잡기　　　④ 버섯 재배하기

⑤ 농업 기술 연구하기

📝 서술형·논술형 문제　　　　　　11종 공통

4 위와 같은 환경이 나타나는 고장에 가 본 경험으로 알맞은 내용을 쓰시오.

_____

_____

_____

5 다음은 고장의 다양한 자연환경 중 무엇을 이용하며 살아가는 사람들의 모습인지 보기 에서 찾아 쓰시오.

> 보기
> ・산 ・들 ・비 ・바다

△ 물고기 잡기   △ 배나 고기잡이 도구 고치기

(   )

[6~7] 다음은 아람이가 지우에게 보낸 편지입니다.

> 지우에게
> 　안녕? 잘 지냈니? ㉠ 이 많은 우리 고장은 버섯이 잘 자라. 우리 고장에서 곧 버섯 축제가 열리거든. 버섯 요리를 맛보거나 버섯 따기 체험도 해 볼 수 있어. 버섯 축제에 같이 가지 않을래? 겨울 방학 때 우리 고장에 있는 ㉡ 에서 스키 캠프도 같이 했잖아. 이번에도 함께 하면 좋겠어.
> 　　　　　　　　　　　　　　　　　아람이가

6 위 ㉠에 들어갈 자연환경으로 알맞은 것은 어느 것입니까? (   )

① 산　　　　② 들　　　　③ 강
④ 사막　　　⑤ 갯벌

7 위 ㉡에 들어갈 인문환경으로 알맞은 것은 어느 것입니까? (   )

① 등대　　　② 스키장　　　③ 영화관
④ 조선소　　⑤ 해수욕장

8 산이 많은 고장하면 떠오르는 낱말을 알맞게 적은 어린이는 누구입니까? (   )

① 해수욕장　② 목장　③ 물고기　④ 회사

9 산이 많은 고장 사람들이 주로 하는 일로 알맞은 것은 어느 것입니까? (   )

① 물놀이 용품을 판매한다.
② 염전을 만들어 소금을 얻는다.
③ 배나 고기잡이 도구를 수리한다.
④ 수산물 직판장에서 수산물을 판다.
⑤ 산비탈에 논과 밭을 만들어 농사를 짓는다.

10 산이 많은 고장에서 계단 모양으로 논을 만들어 농사를 짓는 까닭을 보기 에서 찾아 기호를 쓰시오.

> 보기
> ㉠ 농사지을 땅이 부족하기 때문에
> ㉡ 겨울에 눈이 많이 내리기 때문에
> ㉢ 나물과 약초는 깊은 산속에서 자라기 때문에

(   )

핵심 정리

◉ 들이 있는 고장

들이 있는 고장의 환경	• 자연환경: 넓은 들, 낮은 산, 하천 등 • 인문환경: 논과 밭, 비닐하우스, 과수원, 축사, 농산물 저장고, 저수지 등
들이 있는 고장 사람들이 하는 일	• 농촌 체험 프로그램을 운영함. • 소나 돼지와 같은 가축을 키움. • 농기계를 팔거나 고치는 일을 함. • 농업 기술을 연구하고 알려 주는 일을 함. • 들에 논밭을 만들어 곡식과 채소 등을 기름.

◉ 인문환경이 다양한 도시

도시의 환경	• 자연환경: 들, 낮은 산, 하천 등 • 인문환경: 높은 건물, 넓은 도로, 아파트, 공장, 마트, 은행, 박물관 등
도시 사람들이 하는 일	• 회사에서 일을 함. • 버스나 택시를 운전함. • 공장에서 물건을 만듦. • 백화점에서 음식이나 물건을 팖.

◉ 고장 사람들의 여가 생활 모습

① 여가 생활: 스스로 즐거움을 얻고자 남는 시간에 하는 자유로운 활동

② 자연환경을 이용한 여가 생활

△ 바다 – 낚시

△ 산 – 등산

△ 강 – 래프팅

③ 인문환경을 이용한 여가 생활

△ 영화관 – 영화 보기

△ 도서관 – 책 읽기

△ 공원 – 산책하기

---

❸ 들을 이용해 살아가는 모습과 여가 생활 모습

[1~3] 다음은 서우네 고장의 모습입니다.

1 서우네 고장의 자연환경으로 알맞은 것을 [보기]에서 두 가지 찾아 기호를 쓰시오.

> **보기**
> ㉠ 강이 흐릅니다.
> ㉡ 넓은 들이 있습니다.
> ㉢ 높은 산이 있습니다.
> ㉣ 바다와 모래사장이 있습니다.

(,   )

11종 공통

2 서우네 고장을 보고 **잘못** 말한 어린이를 쓰시오.

> 원권: 비닐하우스를 만들어 농사를 짓기도 하네.
> 지우: 갯벌이 넓게 펼쳐져 있어서 조개를 잡을 수 있겠어.
> 준호: 고장에 넓고 평평한 들과 하천이 있어서 농사짓기에 좋겠어.

(   )

11종 공통

3 서우네 고장 사람들이 하는 일로 가장 알맞은 것은 어느 것입니까? (   )

① 물고기를 잡거나 기른다.
② 염전에서 소금을 만든다.
③ 멍게나 해삼 등을 잡는다.
④ 스키장 주변에서 리조트를 운영한다.
⑤ 논과 밭에서 곡식과 채소를 재배한다.

4 넓은 들이 있는 고장에서 다음과 같은 일을 하는 것과 관련된 인문환경은 어느 것입니까? (   )

> 소, 돼지 등의 가축을 기릅니다.

① 축사   ② 등대   ③ 항구
④ 과수원   ⑤ 산림욕장

5 다음 중 도시의 모습으로 알맞은 것의 기호를 쓰시오.

 ㉠    ㉡

(   )

6 도시에 사는 사람들이 주로 하는 일로 알맞지 <u>않은</u> 것은 어느 것입니까? (   )

① 회사에서 일한다.
② 음식점을 운영한다.
③ 가게에서 물건을 판다.
④ 공장에서 물건을 만든다.
⑤ 깊은 산속에서 약초를 캔다.

7 도시 사람들이 하는 일에 대한 설명으로 알맞은 것에 ○표를 하시오.

(1) 도시에 사는 사람들은 주로 농사와 관련된 일을 합니다. (   )
(2) 도시에서는 주로 인문환경을 이용하여 다양한 일을 합니다. (   )

8 다음은 지난여름에 즐긴 여가 생활을 발표한 내용입니다.

> 민수: 저는 우리 고장에 있는 해양 생물 과학관에 관람을 갔어요.
> 연지: 저는 친구들과 집 앞 해수욕장에서 물놀이도 하고, 모래 놀이도 했어요.

(1) 위 친구들이 살고 있는 고장을 보기에서 찾아 쓰시오.

> 보기
> • 바다가 있는 고장   • 높은 산이 있는 고장

(   )

(2) 위 (1)번 답과 같이 생각한 까닭을 쓰시오.

_____

_____

9 다음 자연환경을 이용하는 여가 생활은 무엇인지 바르게 줄로 이으시오.

(1) 산   •   • ㉠ 서핑

(2) 강   •   • ㉡ 등산

(3) 바다 •   • ㉢ 래프팅

10 다음 여가 생활의 공통점은 무엇입니까? (   )

> • 영화관에서 영화 보기   • 공원에서 산책하기

① 자연환경을 이용한 여가 생활이다.
② 인문환경을 이용한 여가 생활이다.
③ 어린이만 즐길 수 있는 여가 생활이다.
④ 날씨에 영향을 크게 받는 여가 생활이다.
⑤ 도시에서는 즐길 수 없는 여가 생활이다.

핵심 정리

🐚 의식주의 의미와 필요성

① 의미: 사람들이 생활하는 데 필요한 옷, 음식, 집

② 필요성

의(옷)	피부를 보호하고, 몸의 온도를 유지하기 위해서
식(음식)	영양분을 얻기 위해서
주(집)	더위, 추위를 피하고 안전하게 쉬기 위해서

🐚 계절에 따라 다른 옷차림

봄	날씨가 따뜻해지면서 가벼운 옷을 입음.
여름	더위를 피하려고 바람이 잘 통하는 반팔 옷과 반바지를 입고, 햇볕을 막으려고 모자를 씀.
가을	날씨가 선선해지고 아침과 저녁, 낮의 기온 차이가 생겨 옷을 여러 겹 껴입음.
겨울	추위를 막으려고 두꺼운 옷을 입고, 장갑을 끼거나 목도리를 두름.

🐚 환경에 따라 다른 세계 여러 고장의 옷차림

덥고 건조한 고장

🔺 햇볕과 모래바람을 막으려고 몸 전체를 감싸는 옷을 입고 천을 머리에 두름.

춥고 눈이 많이 오는 고장

🔺 몸을 보호하기 위해 동물의 털과 가죽으로 만든 두꺼운 옷을 입음.

덥고 습한 고장

🔺 바람이 잘 통하는 가벼운 옷을 입고, 햇볕을 가리거나 비를 막기 위해 모자를 씀.

높은 산지에 있는 고장

🔺 낮의 햇볕을 막으려 챙이 넓은 모자를 쓰고, 밤의 추위를 막으려 옷을 덧입음.

🐚 ❶ 의식주의 의미와 다양한 의생활 모습

1 다음 사진과 관련 있는 것을 보기 에서 찾아 쓰시오.

11종 공통

🔺 아파트　　🔺 한옥

> **보기**
> • 의생활　　• 식생활　　• 주생활

(　　　　　　　　　)

[2~3] 다음은 의식주에 대해 정리한 표입니다.

구분	필요한 까닭
의(㉠)	피부를 보호하고, 몸의 온도를 유지하기 위해서
식(음식)	영양분을 얻기 위해서
주(집)	㉡

2 위 ㉠에 들어갈 알맞은 말을 쓰시오.

11종 공통

(　　　　　　　　　)

> 📋 **서술형·논술형 문제**

11종 공통

3 위 ㉡에 들어갈 알맞은 내용을 쓰시오.

_____

_____

11종 공통

4 고장의 옷차림과 관련하여 다음 (　　) 안의 알맞은 말에 각각 ○표를 하시오.

> 고장의 날씨는 ❶(계절 / 인구)에 따라 달라집니다. 그래서 날씨가 따뜻한 ❷(봄 / 겨울)에는 활동하기 편안하고 가벼운 옷을 입습니다.

5 다음과 같은 옷차림을 하는 계절은 언제입니까?

( )

11종 공통

> 반팔 옷과 반바지를 입고, 모자를 씁니다.

① ⬆ 봄 ② ⬆ 여름
③ ⬆ 가을 ④ ⬆ 겨울

6 9월에 나눈 다음 대화를 통해 알 수 있는 것을 보기 에서 찾아 기호를 쓰시오.

천재교육

> 소연: 평창은 아침, 저녁으로 서늘해 긴팔 옷을 입는데 제주도는 어때?
> 이훈: 제주도는 아직 따뜻해서 반팔 옷을 입어.

> 보기
> ㉠ 평창은 남쪽에 있어 9월에 서늘합니다.
> ㉡ 고장의 환경에 따라 옷차림이 달라집니다.
> ㉢ 9월에 제주도는 낮과 밤의 기온 차가 큽니다.

( )

7 덥고 습한 고장의 의생활 모습에 대한 설명으로 알맞은 것에 모두 ○표를 하시오.

천재교육, 교학사, 김영사, 동아출판, 비상교과서, 지학사

(1) 비를 막기 위해 모자를 씁니다. ( )

(2) 더위를 피하기 위한 의생활을 합니다. ( )

(3) 동물의 털과 가죽으로 만든 두꺼운 옷을 입습니다. ( )

8 다음 중 밤과 낮의 기온 차이가 큰 고장 사람들의 의생활 모습을 찾아 기호를 쓰시오.

천재교육, 교학사, 금성출판사, 동아출판, 미래엔, 비상교과서, 비상교육, 지학사

㉠ ㉡

( )

9 다음과 같이 옷을 입는 고장의 환경을 바르게 설명한 것은 어느 것입니까? ( )

11종 공통

> 우리 고장에서는 위아래가 하나로 된 긴 옷을 입고, 천을 머리에 둘러써요.

① 덥고 습한 고장
② 초원이 펼쳐진 고장
③ 높은 산지에 있는 고장
④ 춥고 눈이 많이 오는 고장
⑤ 햇볕이 뜨겁고 모래바람이 많이 부는 고장

10 세계 여러 고장 사람들의 의생활 모습에 대한 설명으로 알맞지 <u>않은</u> 것은 어느 것입니까? ( )

11종 공통

① 고장마다 옷을 만드는 재료가 같다.
② 의생활은 땅의 생김새에 영향을 받는다.
③ 고장의 의생활은 기온과 강수량의 영향을 받는다.
④ 고장에서 구하기 쉬운 재료로 옷을 만들어 입는다.
⑤ 고장의 환경에 따라 옷의 두께나 길이가 다양하다.

❷ 다양한 식생활 모습과 주생활 모습

핵심 정리

🍚 환경에 따라 다른 고장의 식생활 모습
천재교과서

전주	들에서 자란 쌀과 채소로 만든 음식 ⑩ 비빔밥
하동	근처 강에서 잡은 조개로 만든 음식 ⑩ 재첩국

🍚 세계 여러 고장의 식생활 모습
천재교육

덥고 습한 고장	열대 과일, 쌀, 기름, 향신료를 사용한 음식 ⑩ 쌀국수(베트남), 파인애플 볶음밥(타이)
추운 고장	추운 곳에서도 자라는 호밀로 만든 음식 ⑩ 호밀빵(러시아)
산지가 많은 고장	산지에서 키운 젖소로부터 나는 우유로 만든 음식 ⑩ 퐁뒤(스위스)
바다와 가까운 고장	해산물을 이용한 음식 ⑩ 초밥(일본)

🍚 환경에 따라 다른 고장의 주생활 모습

🔼 바람이 많이 부는 고장은 지붕을 줄로 고정하고 돌담을 쌓음.

🔼 겨울에 눈이 많이 내리는 고장은 우데기 안에서 생활함.

🔼 나무를 쉽게 구할 수 있는 고장은 나무로 너와집을 지음.

🔼 여름철 비가 많이 내리는 고장은 터돋움집으로 홍수를 대비함.

🍚 세계 여러 고장의 주생활 모습
동아출판, 비상교육

흙집(사우디아라비아)	이글루(캐나다)
사막으로 건조하여 나무가 잘 자라지 않아 흙집을 지음. 뜨거운 낮에는 열을 막고 추운 밤에는 열을 품어 따뜻함.	일 년 내내 춥고 눈으로 둘러싸여 있어 사냥할 때 추위를 피하려고 눈과 얼음으로 집을 지었음.

천재교과서

1 다음 ☐ 안에 들어갈 음식을 보기 에서 찾아 쓰시오.

> 하동은 근처 강에서 잡은 조개를 넣어 만든 ☐ 이 유명합니다.

보기
• 재첩국 • 어리굴젓 • 곤드레나물밥

( )

천재교과서, 금성출판사, 김영사, 미래엔, 비상교과서

2 고장의 식생활과 관련하여 다음 ( ) 안의 알맞은 말에 각각 ○표를 하시오.

• 고장을 대표하는 음식은 주변 ❶ (환경 / 나라)에서 쉽게 구할 수 있는 재료로 만들어집니다.
• 전주는 넓은 ❷ (강 / 들)에서 자란 쌀과 채소로 만든 비빔밥이 유명합니다.

11종 공통

3 고장마다 사람들의 식생활 모습이 다른 까닭을 바르게 말한 어린이를 쓰시오.

> 선아: 고장에서 나는 음식 재료가 같기 때문이야.
> 민정: 고장의 환경이 식생활에 영향을 주기 때문이야.
> 재민: 주변 환경에서 쉽게 구할 수 없는 재료로 음식을 만들기 때문이야.

( )

11종 공통

4 고장의 환경에 따라 다른 세계 여러 고장의 식생활 모습이 바르게 짝 지어진 것은 어느 것입니까? ( )

① 추운 고장 – 러시아의 호밀빵
② 덥고 습한 고장 – 스위스의 퐁뒤
③ 높은 산지에 있는 고장 – 일본의 초밥
④ 초원이 펼쳐진 고장 – 베트남의 쌀국수
⑤ 바다로 둘러싸인 고장 – 타이의 파인애플 볶음밥

천재교육, 금성출판사, 김영사, 비상교과서, 비상교육, 지학사

5 베트남과 같이 덥고 습한 고장의 식생활에 대한 설명으로 알맞은 것에 ○표를 하시오.

(1) 가축의 고기와 젖으로 만든 음식을 자주 먹습니다.

( )

(2) 기름이나 향신료를 넣어 만든 음식이 발달했습니다.

( )

(3) 주변에서 쉽게 구할 수 있는 호밀로 음식을 만듭니다.

( )

11종 공통

6 우리 고장과 다른 고장의 주생활 모습에 대한 설명으로 알맞은 것은 어느 것입니까? ( )

① 각 고장에서 구하기 어려운 재료로 집을 짓는다.
② 고장의 환경과 관계없이 집을 짓는 재료가 같다.
③ 고장의 환경에 상관없이 집을 짓는 방식이 같다.
④ 우리 고장만 안전하고 편안하게 지낼 집이 필요하다.
⑤ 고장의 날씨, 땅의 생김새에 따라 주생활 모습은 다양하다.

11종 공통

7 다음 설명과 관련 있는 주생활 모습을 찾아 기호를 쓰시오.

> 바람이 많이 부는 제주도에서는 지붕이 바람에 날아가지 않도록 그물 모양으로 지붕을 줄로 엮고 돌담을 쌓았습니다.

 ㉠

 ㉡

( )

11종 공통

8 너와집과 관련된 고장의 특징은 어느 것입니까?

( )

① 바람이 많이 부는 고장
② 겨울에 눈이 많이 내리는 고장
③ 여름철 비가 많이 내리는 고장
④ 나무를 쉽게 구할 수 있는 고장
⑤ 아침과 저녁의 기온 차가 큰 고장

천재교육, 천재교과서, 동아출판, 비상교육

9 추운 고장에서 사냥할 때 추위를 피하고자 눈과 얼음으로 지은 집은 어느 것입니까? ( )

①
⬆ 수상 가옥

②
⬆ 게르

③
⬆ 동굴집

④
⬆ 이글루

🗒 **서술형·논술형 문제**

교학사, 금성출판사, 동아출판, 미래엔, 비상교육

10 사우디아라비아에서 다음과 같은 집을 짓는 까닭을 고장의 환경과 관련하여 쓰시오.

⬆ 흙집

_____

_____

❶ 옛날 사람들의 생활 모습

핵심 정리

🐚 **돌을 깨뜨려 만든 도구를 사용한 시대**

① 돌을 깨뜨려 도구를 만들었습니다.

② 동물의 가죽으로 옷을 만들었습니다.

③ 동굴이나 바위 그늘에서 생활하며 사냥을 하고 열매를 따 먹었습니다.

🔺 주먹 도끼

🐚 **돌을 갈아서 만든 도구를 사용한 시대**

① 돌이나 동물의 뼈를 갈아 더 좋은 도구를 만들었습니다.

② 강가나 바닷가에 모여 살며 농사를 짓기 시작했습니다.

③ 흙으로 그릇을 만들었습니다.

🔺 뼈로 만든 낚시 도구

🔺 돌괭이

🔺 빗살무늬 토기

🐚 **청동으로 만든 도구를 사용한 시대**

① 청동으로 무기, 장신구, 제사 도구를 만들었습니다.

② 농사를 지을 때나 일상생활에서는 돌과 나무를 사용했습니다.

🔺 비파형 동검

🔺 청동 거울

🔺 반달 돌칼

🐚 **철로 만든 도구를 사용한 시대**

① 청동보다 더욱 단단한 철로 일상생활에 필요한 다양한 도구를 만들었습니다.

② 철로 만든 농사 도구로 더 많은 곡식을 수확했고, 전쟁에서 철로 만든 무기를 사용했습니다.

---

1 다음 도구에 대한 설명으로 알맞은 말에 각각 ○표를 하시오.

11종 공통

주먹 도끼는 ❶ (돌 / 나무)을/를 ❷ (갈아서 / 깨뜨려) 만든 도구입니다.

2 다음 □ 안에 들어갈 말로 알맞은 것을 두 가지 고르시오. (,   )

11종 공통

돌을 깨뜨려 만든 도구를 사용한 시대의 사람들은 추위나 동물들의 공격을 피하기 위해 □□□에서 생활했습니다.

① 동굴   ② 움집
③ 아파트   ④ 초가집
⑤ 바위 그늘

3 오른쪽 도구를 보고 알 수 있는 옛날 사람들의 생활 모습은 무엇입니까?

11종 공통

(   )

🔺 빗살무늬 토기

① 흙으로 그릇을 만들었다.

② 음식을 보관하지 않았다.

③ 청동으로 도구를 만들었다.

④ 철로 만든 농기구를 사용했다.

⑤ 일상생활에서 청동을 사용했다.

4 다음 도구의 이름을 찾아 줄로 바르게 이으시오. 11종 공통

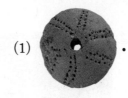

(1) •

(2) •

• ㉠ 비파형 동검

• ㉡ 가락바퀴

5 돌을 갈아서 만든 도구를 사용한 시대의 생활 모습으로 알맞은 것에 ○표를 하시오. 11종 공통

(1) 청동으로 지은 집에서 생활했습니다. (　　　)

(2) 동물의 뼈를 갈아서 도구를 만들기도 했습니다.

(　　　)

📋 서술형·논술형 문제　　　　　　　　　교학사, 지학사

6 돌을 갈아서 만든 옛날 사람들의 생활 도구 중 갈돌과 갈판의 쓰임새를 쓰시오.

_____

_____

7 옛날 사람들이 오른쪽 도구를 사용했던 때는 언제입니까? (　　　) 11종 공통

⬆ 반달 돌칼

① 땅을 팔 때

② 몸을 꾸밀 때

③ 제사를 지낼 때

④ 농사를 지을 때

⑤ 음식을 담을 때

김영사, 동아출판, 비상교과서

8 다음 농경문 청동기를 통해 알 수 있는 옛날 사람들의 생활 모습은 어느 것입니까? (　　　)

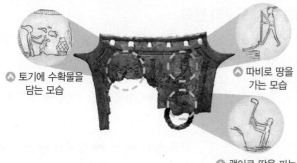

⬆ 토기에 수확물을 담는 모습

⬆ 따비로 땅을 가는 모습

⬆ 괭이로 땅을 파는 모습

① 농사를 지었다.

② 낚시 도구를 사용했다.

③ 농사 도구를 사용하지 않았다.

④ 돌을 깨뜨려 도구를 만들었다.

⑤ 먹을 것을 찾아 이동하며 생활했다.

천재교육, 교학사, 금성출판사, 김영사, 동아출판, 미래엔, 비상교과서, 비상교육, 아이스크림 미디어, 지학사

9 철로 만든 도구를 사용한 시대의 생활 모습을 알맞게 말한 어린이를 쓰시오.

유현: 일상생활에서도 철을 사용했어.

종완: 농사지을 때는 돌과 나무만 사용했어.

(　　　　　　　)

천재교육, 교학사, 금성출판사, 김영사, 동아출판, 미래엔, 비상교과서, 비상교육, 아이스크림 미디어, 지학사

10 다음과 같은 변화를 가져오게 된 생활 도구를 찾아 기호를 쓰시오.

농업이 크게 발달하게 되었습니다.

㉠

⬆ 철로 만든 농기구

㉡

⬆ 돌괭이

(　　　　　　　)

핵심 정리

🍚 농사 도구의 변화

① 농사 도구의 변화: 한 사람이 갈 수 있는 땅이 넓어지고, 많은 양의 곡식을 수확할 수 있습니다.

땅을 가는 도구	돌괭이 ➡ 철로 만든 괭이 ➡ 쟁기 ➡ 트랙터
곡식을 수확하는 도구	반달 돌칼 ➡ 낫 ➡ 탈곡기 ➡ 콤바인(수확기)

② 옛날의 다양한 농사 도구

아이스크림 미디어

키	지게

[출처: 국립민속박물관]	[출처: 국립민속박물관]
곡식 등을 위아래로 흔들어 티끌을 골라냈음.	농작물 등의 짐을 얹어 사람이 등에 지고 옮겼음.

🍚 음식을 만드는 도구의 변화

① 요리 도구의 변화

음식을 요리하는 도구	토기 ➡ 가마솥 ➡ 전기밥솥
음식 재료를 가는 도구	갈돌과 갈판 ➡ 맷돌 ➡ 믹서

② 달라진 생활 모습: 음식을 만드는 시간이 줄었습니다.

🍚 옷을 만드는 도구의 변화

① 옷을 만드는 도구의 변화

실이나 옷감을 만드는 도구	가락바퀴 ➡ 베틀 ➡ 방직기
옷감을 꿰매는 도구	뼈바늘 ➡ 쇠 바늘 ➡ 재봉틀

② 달라진 생활 모습: 다양한 옷을 빠르고 쉽게 만듭니다.

❷ 생활 도구의 변화로 달라진 생활 모습

11종 공통

1 땅을 가는 도구로 알맞은 것은 어느 것입니까?
(   )

①  ⌃ 낫	②  ⌃ 쟁기
③  ⌃ 탈곡기	④  ⌃ 반달 돌칼

[2~3] 다음은 옛날 사람들이 사용했던 농사 도구입니다.

아이스크림 미디어

2 위 농사 도구의 이름으로 알맞은 것은 어느 것입니까? (   )

① 키   ② 지게
③ 시루   ④ 물레
⑤ 도리깨

💼 서술형·논술형 문제   아이스크림 미디어

3 옛날 사람들은 위 농사 도구를 어떻게 사용했는지 쓰시오.

_____

_____

4 농작물 등의 짐을 얹어 사람이 등에 지고 옮길 때 사용했던 농사 도구를 찾아 ○표를 하시오.

아이스크림 미디어

(1)

△ 철로 만든 괭이

( )

(2)

△ 지게

( )

5 다음에서 설명하는 음식을 만드는 도구끼리 바르게 짝 지어진 것은 어느 것입니까? ( )

11종 공통

> ㉠ 재료를 넣고 끓여서 음식을 만들었습니다.
> ㉡ 철로 만든 무거운 뚜껑을 덮어 음식을 골고루 익혀 먹었습니다.

	㉠	㉡
①	토기	시루
②	토기	가마솥
③	갈돌	전기밥솥
④	갈돌	맷돌
⑤	전기밥솥	시루

6 다음 밑줄 친 ㉠~㉢에서 알맞지 않은 것의 기호를 쓰시오.

천재교육, 천재교과서, 금성출판사, 김영사, 미래엔, 비상교과서, 아이스크림 미디어, 지학사

> 음식 재료를 갈 때 사용하는 도구는 ㉠ <u>가락바퀴</u> → ㉡ <u>맷돌</u> → ㉢ <u>믹서</u>의 순서대로 변화했습니다.

( )

7 오른쪽 도구의 발달로 변화된 사람들의 생활 모습으로 알맞은 것은 어느 것입니까? ( )

11종 공통

△ 전기밥솥

① 요리하는 게 불편해졌다.
② 다양한 음식을 먹을 수 없다.
③ 음식 만드는 시간이 늘어났다.
④ 불을 피우지 않고 밥을 짓는다.
⑤ 요리를 하기 위해 준비해야 하는 도구가 많아졌다.

8 실이나 옷감을 만드는 도구가 <u>아닌</u> 것을 두 가지 고르시오. (,)

11종 공통

① 베틀　　　　② 재봉틀
③ 방직기　　　④ 가락바퀴
⑤ 갈돌과 갈판

9 다음과 같은 생활 모습의 변화를 가져온 오늘날의 도구는 무엇입니까? ( )

천재교육, 천재교과서, 교학사, 금성출판사, 김영사, 동아출판, 비상교과서, 아이스크림 미디어, 지학사

> 빠르고 정확하게 옷감을 꿰맬 수 있습니다.

① 뼈바늘　　　② 재봉틀
③ 방직기　　　④ 쇠 바늘
⑤ 철로 만든 괭이

10 옷을 만드는 도구의 발달로 달라진 사람들의 생활 모습을 알맞게 말한 어린이를 쓰시오.

11종 공통

> 준열: 빠르고 편리하게 많은 옷을 만들 수 있어.
> 지윤: 사람이 직접 식물의 줄기를 꼬아 실을 만들어.

( )

핵심 정리

🍂 집의 모습의 변화

동굴이나 바위 그늘 ➡ 움집 ➡ 초가집, 기와집 ➡ 오늘날의 집(예 아파트, 단독 주택, 연립 주택)

⬆ 움집

⬆ 초가집

🍂 집의 변화로 달라진 생활 모습

움집	하나의 방에서 생활했고, 집 가운데에 불을 피워 따뜻하게 지냈음.
초가집	방, 마루, 헛간 등을 쓰임에 맞게 나누어 사용했고 마당에서는 농사와 관련된 일을 했음.
기와집	안채에서는 주로 여자들이 생활했고, 사랑채에서는 남자들이 글공부를 했음.
오늘날의 집	거실과 주방이 연결되어 있어 가족이 같이 식사를 준비하고 거실에서 이야기를 나눔.

천재교육, 천재교과서, 김영사, 동아출판, 미래엔, 비상교과서, 비상교육, 아이스크림 미디어

🍂 옛날 집에 담긴 조상들의 지혜

온돌	대청마루
방바닥 아래에 돌을 놓고, 이 돌을 데워 겨울에도 방 안을 따뜻하게 했음.	땅과 떨어져 있는 마루의 틈으로 찬 공기가 올라와 여름을 시원하게 보냈음.

❸ 집의 변화로 달라진 생활 모습

11종 공통

1 동굴이나 바위 그늘에서 살았던 사람들의 생활 모습으로 알맞은 것은 어느 것입니까? (   )

① 농사를 짓기 시작했다.
② 집을 쓰임에 맞게 나누어 사용했다.
③ 강가나 바닷가에 자리를 잡고 살았다.
④ 먹을 것을 찾아 이동하는 생활을 했다.
⑤ 온돌을 사용해서 겨울을 따뜻하게 보냈다.

11종 공통

2 움집에서 생활하는 모습으로 알맞은 것은 어느 것입니까? (   )

① 　②

③ 　④

11종 공통

3 다음 집의 모습 변화 과정에서 ☐ 안에 들어갈 수 있는 알맞은 것을 두 가지 고르시오. (,   )

동굴이나 바위 그늘 ➡ 움집 ➡ ☐ ➡ 오늘날의 집

① 안채　　　　　　② 기와집
③ 초가집　　　　　④ 아파트
⑤ 외양간

[4~5] 다음은 옛날 사람들이 살았던 집의 모습입니다.

ㄱ
⚠ 움집

ㄴ
⚠ 기와집

4 땅을 파서 풀과 짚으로 지붕을 덮은 집을 찾아 기호를 쓰시오.

(   )

5 남자와 여자가 생활하는 공간이 구분되어 있었던 집을 찾아 기호를 쓰시오.

(   )

6 초가집에 대한 설명으로 알맞은 것은 어느 것입니까?

(   )

① 거실과 주방이 연결되어 있다.
② 볏짚으로 지붕을 덮은 집이다.
③ 오늘날 사람들이 주로 사는 집이다.
④ 마당에서는 남자들이 글공부를 했다.
⑤ 온 가족이 안채에서 식사를 준비했다.

7 다음 밑줄 친 부분에 해당하는 것으로 알맞지 <u>않은</u> 것을 두 가지 고르시오. (,   )

오늘날의 집은 철근과 콘크리트로 만들어 옛날의 집보다 훨씬 튼튼합니다.

① 초가집   ② 아파트
③ 단독 주택   ④ 연립 주택
⑤ 바위 그늘

8 오늘날의 집에 있는 것으로 알맞지 <u>않은</u> 것을 두 가지 고르시오. (,   )

① 주방   ② 헛간
③ 거실   ④ 화장실
⑤ 사랑채

[9~10] 다음은 옛날 집에서 볼 수 있던 것들입니다.

ㄱ  ㄴ
⚠ [   ]   ⚠ 온돌

천재교과서, 비상교육, 아이스크림 미디어

9 다음 설명과 관련 있는 위 ㄱ의 이름을 보기 에서 찾아 쓰시오.

땅과 떨어진 틈새 사이로 찬 공기가 올라오게끔 하여 조상들이 시원한 여름을 보낼 수 있던 공간입니다.

보기
• 마당   • 외양간   • 대청마루

(   )

서술형·논술형 문제
천재교육, 천재교과서, 김영사, 동아출판, 미래엔, 비상교과서, 비상교육, 아이스크림 미디어

10 위 ㄴ으로 알 수 있는 조상들의 생활 모습을 쓰시오.

_____

_____

11종
검정 교과서
단원평가

핵심 정리

🍡 세시 풍속
① 의미: 옛날부터 명절과 같이 일정한 시기에 되풀이하여 행해 온 고유의 생활 모습을 말합니다.
② 의식주뿐만 아니라 우리가 하는 일이나 놀이 등 다양한 생활 모습과 관련되어 있습니다.

🍡 세시 풍속의 사례 예 추석

🔺 송편을 빚어 가족들과 나누어 먹음.

🔺 조상들의 산소를 찾아가 성묘를 함.

🍡 옛날의 세시 풍속
① 농사를 시작하는 시기의 세시 풍속

삼짇날	• 한 해의 건강과 풍요를 기원했음. • 진달래꽃으로 전을 만들어 먹었음.
한식	• 성묘를 하고 풍년을 기원했음. • 불을 사용하지 않고 찬 음식을 먹었음.

② 날씨가 무더워지는 시기의 세시 풍속

삼복	• 더위를 이겨 내고자 물놀이를 했음. • 영양이 풍부한 삼계탕 등을 먹었음.
백중	• 마을 사람들과 잔치를 벌였음. • 김매기가 끝나고 제사를 지냈음.

③ 수확을 끝내고 한 해를 마무리하는 시기의 세시 풍속

중양절	• 산에 올라가 단풍을 즐겼음. • 국화전을 먹으며 건강을 기원했음.
상달	• 겨울을 대비해 김장을 했음. • 수확한 콩으로 메주를 띄웠음.

아이스크림 미디어

---

❶ 옛날의 세시 풍속

1 다음에서 설명하는 것은 무엇인지 쓰시오.

> • 옛날부터 일정한 시기에 되풀이하여 행해 온 고유의 생활 모습입니다.
> • 의식주뿐만 아니라 우리가 하는 일이나 놀이 등 다양한 생활 모습과 관련 있습니다.

(   )

2 세시 풍속이 <u>아닌</u> 것은 어느 것입니까? (   )
① 한식에 성묘하기
② 설날에 널뛰기하기
③ 친구들과 외식하기
④ 삼복에 육개장 먹기
⑤ 백중에 잔치 벌이기

[3~4] 다음 사진은 옛날 사람들이 명절에 즐겼던 음식입니다.

ⓐ

🔺 오곡밥

ⓑ

🔺 송편

3 위 ⓐ 음식을 먹었던 명절은 언제인지 쓰시오.

(   )

🗂 서술형·논술형 문제   11종 공통

4 위 ⓑ 음식을 즐겼던 명절의 다른 세시 풍속을 한 가지만 쓰시오.

_____

_____

교학사, 아이스크림 미디어, 지학사

5 다음 그림의 세시 풍속과 관련 있는 날은 언제입니까?
( )

진달래꽃이 예뻐서 먹기 아까워.

① 삼복   ② 한식
③ 중양절   ④ 삼짇날
⑤ 정월 대보름

천재교육, 천재교과서, 교학사, 김영사, 미래엔, 비상교과서, 비상교육, 아이스크림 미디어, 지학사

6 여름철에 더위를 이겨 내기 위해 행해진 세시 풍속을 두 가지 고르시오. (,)

① 삼계탕이나 육개장을 먹었다.
② 국화로 만든 술과 떡을 먹었다.
③ 시원한 계곡에서 물놀이를 했다.
④ 오곡밥을 먹고, 부럼을 깨물었다.
⑤ 마을 사람들이 모여 윷놀이를 했다.

아이스크림 미디어

7 다음에서 설명하는 때는 언제입니까? ( )

> • 음력 10월입니다.
> • 겨울을 대비해 김장을 하고 메주를 띄웠습니다.

① 추석   ② 백중
③ 상달   ④ 동지
⑤ 중양절

8 다음 음식을 주로 먹던 날과 관련 있는 세시 풍속을 찾아 줄로 이으시오.

(1) 토란국 •　　• ㉠ 부채를 주고받음.

(2) 육개장 •　　• ㉡ 계곡에서 물놀이를 즐김.

(3) 수리취떡 •　　• ㉢ 마을 사람들과 줄다리기를 함.

천재교과서, 교학사, 비상교과서, 비상교육, 지학사

9 중양절에 나타나는 자연환경으로 알맞은 것은 어느 것입니까? ( )

① 날씨가 무덥다.
② 들판에 새싹이 돋아난다.
③ 얼음이 얼고 눈이 내린다.
④ 단풍이 들고 국화꽃이 핀다.
⑤ 비가 몇 주에 걸쳐 쏟아진다.

10 다음은 우리 조상들이 기념하고 지키던 날들입니다. 이날들을 한 해의 시간 순서대로 기호를 쓰시오.

> ㉠ 단오   ㉡ 동지   ㉢ 삼짇날
> ㉣ 중양절   ㉤ 정월 대보름

설날 → ( ) → ( ) → ( )
→ 추석 → ( ) → ( )

핵심 정리

🍡 옛날과 오늘날의 세시 풍속 비교 ⑩ 추석 천재교과서, 미래엔

옛날 추석의 모습	• 차례를 지내고 성묘를 했음. • 올게심니를 기둥에 매달았음. • 소먹이놀이와 농악을 즐겼음. • 밤에는 달을 보며 소원을 빌었음.
오늘날 추석의 모습	• 송편과 토란국을 먹음. • 차례를 지내고 성묘를 함.

🍡 옛날 계절별 세시 풍속

봄	여름
한 해 농사가 잘되기를 빌며 조상들의 산소를 찾아가 성묘를 했음.	더위에 지치지 않고 농사를 지을 수 있도록 영양이 풍부한 음식을 먹었음.
가을	겨울
수확한 곡식과 과일로 조상들께 감사드리는 차례를 지냈음.	보름달을 보며 새해에도 풍년이 들기를 바라고 소원을 빌었음.

🍡 농사와 관련된 세시 풍속 ⑩ 천재교육

[출처: 연합뉴스]
🔥 달집태우기

[출처: 국립민속박물관]
🔥 볏가릿대 세우기

🍡 세시 풍속의 변화

오늘날의 세시 풍속	• 세시 풍속에 담긴 의미가 변함. • 큰 명절을 중심으로만 이어져 내려옴. • 농사와 관련된 세시 풍속이 많이 사라짐. • 계절, 날씨와 상관없이 세시 풍속을 체험할 수 있음.
변화한 까닭	교통과 통신, 과학 기술의 발달로 농사를 짓는 사람들이 많이 줄었기 때문에

---

❷ 옛날과 오늘날의 세시 풍속 비교

천재교과서, 미래엔

1 오늘날까지 내려오는 추석의 세시 풍속으로 알맞은 것을 두 가지 고르시오. (,   )

① 송편 먹기
② 윷놀이하기
③ 물놀이하기
④ 달집태우기
⑤ 차례 지내기

천재교과서, 교학사, 김영사, 동아출판, 비상교과서,
비상교육, 아이스크림 미디어, 지학사

2 옛날과 오늘날의 설날 세시 풍속에 대한 설명으로 알맞지 <u>않은</u> 것은 어느 것입니까? (   )

① 오늘날에는 옛날보다 세시 풍속이 다양하다.
② 옛날에는 윷놀이를 하며 한 해의 운세를 점쳤다.
③ 오늘날에도 차례를 지내고 세배하는 풍속이 남아 있다.
④ 옛날에는 복이 많이 들어오기를 바라며 복조리를 걸었다.
⑤ 옛날에는 설날에 복을 기원하고 나쁜 일을 몰아 내는 다양한 세시 풍속이 있었다.

천재교과서, 교학사, 금성출판사, 김영사, 동아출판,
비상교과서, 비상교육, 아이스크림 미디어

3 옛날의 계절별 세시 풍속으로 알맞은 것은 어느 것입니까? (   )

① 여름에 김장을 했다.
② 겨울에 풍년을 바라며 소원을 빌었다.
③ 봄에 수확한 곡식으로 차례를 지냈다.
④ 겨울에 계곡을 찾아가 물놀이를 했다.
⑤ 가을에는 더위에 지치지 않도록 영양이 풍부한 음식을 먹었다.

11종 공통

4 세시 풍속에 대한 설명으로 알맞은 것에 ○표를 하시오.

(1) 오늘날에는 옛날의 모든 세시 풍속을 똑같이 따라하며 조상들을 기립니다. (   )

(2) 조상들이 주로 농사를 지었기 때문에 옛날에는 농사와 관련된 세시 풍속이 많았습니다.
(   )

서술형·논술형 문제　　　　　　　　천재교육

5 다음은 옛날의 세시 풍속입니다. 두 세시 풍속의 공통점을 한 가지만 쓰시오.

⤴ 볏가릿대 세우기

⤴ 거북놀이

_____

_____

11종 공통

6 세시 풍속을 지내는 옛날과 오늘날의 모습으로 알맞은 것은 어느 것입니까? (　　　)

① 오늘날의 세시 풍속은 옛날과 똑같다.
② 오늘날에는 농사와 관련된 세시 풍속만 남았다.
③ 옛날과 달리 오늘날에는 세시 풍속을 일 년 내내 즐긴다.
④ 가족의 건강과 행복을 바라는 마음은 옛날이나 오늘날이나 변함없다.
⑤ 옛날에는 가족들과 세시 풍속을 지냈지만, 오늘날에는 마을 사람들과 함께 지낸다.

11종 공통

7 옛날과 오늘날의 세시 풍속이 다른 까닭과 관련하여 다음 (　　　) 안의 알맞은 말에 ○표를 하시오.

> 오늘날에는 교통과 통신, 과학 기술의 발달로 (직업 / 언어)이/가 다양해지면서 세시 풍속의 모습이 많이 바뀌었습니다.

11종 공통

8 세시 풍속의 변화에 대해 알맞게 말한 어린이끼리 짝지어진 것은 어느 것입니까? (　　　)

> 지성: 옛날의 세시 풍속은 농사와 관련이 있어.
> 재현: 옛날과 달리 오늘날은 세시 풍속을 통해 풍년을 빌어.
> 태용: 옛날의 모든 세시 풍속은 오늘날까지 그대로 이어졌어.
> 정우: 설날에 세배를 드리는 세시 풍속은 오늘날에도 행해지고 있어.

① 지성, 재현　　　　② 지성, 정우
③ 재현, 정우　　　　④ 재현, 태용
⑤ 태용, 정우

서술형·논술형 문제　천재교육, 김영사, 비상교과서, 비상교육, 아이스크림 미디어

9 오늘날과 비교하여 옛날 윷놀이의 특징을 한 가지만 쓰시오.

_____

_____

천재교육, 김영사, 비상교과서, 비상교육, 아이스크림 미디어

10 윷놀이에서 윷을 한 번 더 던질 수 있는 방법을 두 가지 고르시오. (　　,　　)

① 윷을 던져서 걸이 나온다.
② 윷을 던져서 윷이 나온다.
③ 앞서 간 상대편의 말을 잡는다.
④ 윷이 윷판 밖을 벗어나도록 던진다.
⑤ 한 개의 윷말이 출발지로 돌아온다.

11종
검정 교과서

단원평가

핵심 정리

🏮 옛날의 혼인 풍습

➡ 신부의 집에서 한복을 입고 혼례를 치렀습니다.

🏮 오늘날의 혼인 풍습

➡ 결혼식장에서 턱시도와 웨딩드레스를 입고 결혼합니다.

🏮 옛날과 오늘날 혼인 풍습의 공통점과 차이점

구분	옛날의 혼인 풍습	오늘날의 혼인 풍습
주고받는 물건	나무 기러기	결혼반지
결혼식 때 입는 옷	한복	턱시도, 웨딩드레스
결혼식 장소	신부의 집	주로 결혼식장
공통점	• 새로운 가족이 만들어짐. • 가족, 친척, 친구들이 모여 신랑과 신부의 행복한 미래를 축하해 줌.	

❶ 옛날과 오늘날의 혼인 풍습

11종 공통

1 다음 중 옛날의 혼인 풍습과 관련 있는 사진을 골라 기호를 쓰시오.

㉠	㉡

(   )

11종 공통

2 다음 **보기**를 옛날의 혼인 순서에 맞게 순서대로 기호를 쓰시오.

> **보기**
> ㉠ 신랑과 신부가 마주 보고 절을 합니다.
> ㉡ 신랑의 집안 어른들께 폐백을 드립니다.
> ㉢ 신랑이 말을 타고 신부의 집으로 갑니다.
> ㉣ 신부의 집에서 며칠을 지낸 후 신랑의 집으로 갑니다.

(   ) → (   ) → (   ) → (   )

천재교과서, 교학사, 김영사, 동아출판, 비상교과서, 비상교육, 아이스크림 미디어

3 옛날의 결혼식에서 오랫동안 행복하게 살자는 의미로 신랑이 신부에게 주었던 것은 어느 것입니까?

(   )

① 함   ② 한복   ③ 가구
④ 말과 가마   ⑤ 나무 기러기

11종 공통

4 오늘날의 혼인 풍습으로 알맞은 것을 두 가지 고르시오.

(,   )

① 옛날의 혼례 모습과 같다.
② 결혼식의 모습이 정해져 있다.
③ 결혼식을 축하해 주는 사람이 없다.
④ 개인이 스스로 배우자를 선택해 결혼한다.
⑤ 다양한 장소에서 색다른 결혼식을 하기도 한다.

[5~6] 다음은 오늘날의 결혼식에서 폐백을 드리는 모습입니다.

⬆ 폐백실에서 신랑과 신부의 집안 어른들께 폐백을 드림.

천재교과서, 금성출판사, 김영사, 동아출판, 비상교과서, 비상교육, 아이스크림 미디어

5 위 그림에서 자식을 많이 낳고 행복하게 살라는 의미로 신부의 치마에 던져 주는 것을 [보기]에서 찾아 쓰시오.

> **보기**
> • 팥죽   • 떡국   • 밤과 대추

(   )

11종 공통

6 옛날과 오늘날 폐백의 공통점은 어느 것입니까?

(   )

① 신부만 폐백을 드린다.
② 신랑의 집에서 폐백을 드린다.
③ 결혼식을 하기 전에 폐백을 드린다.
④ 폐백을 마치고 신부의 집으로 이동한다.
⑤ 신랑, 신부가 행복하게 살기를 바란다.

🟦 **서술형·논술형 문제**

천재교육

7 옛날과 오늘날의 혼인 풍습이 달라진 까닭을 쓰시오.

_____

_____

11종 공통

8 다음 중 오늘날의 결혼식에서 주로 입는 옷으로 알맞은 것에 ○표를 하시오.

(1)   (2)

(   )   (   )

11종 공통

9 옛날과 오늘날 혼인 풍습의 공통점으로 알맞은 것은 어느 것입니까? (   )

① 결혼반지를 주고받는다.
② 신부의 집에서 결혼식을 한다.
③ 사람들 없이 부부만 결혼식에 참여한다.
④ 결혼식을 통해 새로운 가족이 만들어진다.
⑤ 결혼식이 끝나고 부부가 신혼여행을 떠난다.

미래엔

10 다음 글을 읽고 혼례상에 올린 것들에 담긴 의미로 알맞은 것에 ○표를 하시오.

> 옛날 사람들은 닭이 나쁜 귀신을 물리친다고 생각하여 혼례상에 닭 두 마리를 올렸습니다. 그리고 자식을 많이 낳고 살라는 의미를 담은 대추와 밤을 혼례상에 올렸습니다.

(1) 신랑과 신부의 행복한 앞날을 바라는 의미를 담고 있습니다. (   )
(2) 혼례를 통해 부부가 갈등하기를 바라는 의미를 담고 있습니다. (   )

핵심 정리

🐚 확대 가족과 핵가족

확대 가족	• 결혼한 자녀와 부모가 함께 사는 가족 • 주로 옛날에 많았던 가족 형태임.
핵가족	• 결혼하지 않은 자녀와 부부 또는 부부로만 이루어진 가족 • 주로 오늘날에 많은 가족 형태임.

🧁 오늘날에 핵가족이 많아진 까닭

🔺 아이들 교육 때문에 다른 고장으로 이사를 함.

🔺 도시에 직장을 구하게 되어 부모님과 떨어져서 삶.

🔺 장사를 하기 위해 도시로 이사를 함.

🔺 자녀들이 결혼한 후에도 부모님이 고향에서 사심.

🐚 가족 구성원의 역할

옛날	남자	• 농사일이나 바깥일을 함. • 글공부를 가르쳐 주시고 공부를 함. • 집안의 중요한 일은 나이 많은 남자 어른이 결정함.
	여자	아이를 돌보거나 음식 만들기, 바느질 등 집안일을 함.
오늘날		• 가족회의로 집안일을 함께 의논함. • 집안일을 가족 구성원 모두가 함께함. • 부부가 함께 직장에서 일하는 경우가 많음.

❷ 옛날과 오늘날 가족의 형태와 변화

[1~2] 다음은 수민이네 가족 그림입니다.

우리 집은 할머니, 할아버지, 아버지, 어머니, 삼촌, 고모, 나, 동생이 함께 사는 가족이에요.

11종 공통

1 수민이네 가족의 형태를 보기에서 찾아 쓰시오.

보기
• 핵가족   • 확대 가족   • 한 부모 가족

(   )

11종 공통

2 수민이네 가족 형태에 대한 설명으로 알맞은 것은 어느 것입니까? (   )

① 오늘날에 주로 많은 가족 형태이다.
② 가족 구성원의 수가 상대적으로 적다.
③ 가족 구성원이 반드시 다섯 명보다 많아야 한다.
④ 결혼한 자녀와 부모가 함께 사는 가족 형태이다.
⑤ 어머니, 아버지, 형, 나, 동생이 사는 가족과 같은 형태이다.

📋 서술형·논술형 문제   11종 공통

3 다음 질문에 대한 알맞은 댓글을 쓰시오.

질문
옛날에 확대 가족이 많았던 까닭은 무엇인가요?

댓글 입력 [   ] 등록
완료

_____

_____

4 다음 그림에 나타난 가족의 형태에 대한 설명으로 알맞은 것을 두 가지 고르시오. (　　,　　)

⚠ 부모님이 고향으로 내려와 생활 하심.　　⚠ 도시에 직장을 구해 부부끼리 삶.

① 가족의 형태는 핵가족이다.

② 가족의 형태는 확대 가족이다.

③ 오늘날에 많아진 가족 형태이다.

④ 주로 농사를 지으며 사는 가족 형태이다.

⑤ 옛날에는 전혀 찾아볼 수 없었던 가족 형태이다.

5 다음 ⊙과 ⓒ에 들어갈 말이 알맞게 짝 지어진 것은 어느 것입니까? (　　　)

> 오늘날에는 　⊙　이 많아졌습니다. 왜냐하면 사람들이 교육, 취업 등의 이유로 　ⓒ　(으)로 가면서 가족의 규모가 줄었기 때문입니다.

	⊙	ⓒ		⊙	ⓒ
①	핵가족	시골	②	확대 가족	도시
③	핵가족	도시	④	확대 가족	고향
⑤	핵가족	관광지			

6 다른 가족 없이 혼자 사는 사람들을 무엇이라고 하는지 쓰시오.

직장을 구하기 위해서 부모님과 떨어져 혼자 살게 되었어요.

(　　　　　　　)

7 옛날 가족 구성원의 역할로 알맞은 것에 ○표를 하시오.

(1) 남자는 농사일 등 바깥일을 합니다. (　　　　)

(2) 집안의 중요한 일은 가족회의로 결정합니다.

(　　　　)

(3) 부부가 함께 아이를 돌보거나 집안일을 합니다.

(　　　　)

8 옛날과 오늘날의 남녀 교육에 대해 바르게 말한 어린이를 쓰시오.

> 본준: 옛날에 여자아이는 과거 시험을 위한 공부를 해야 했어.
> 효경: 오늘날에는 남자아이와 여자아이가 같은 내용으로 교육을 받아.

(　　　　　　　)

9 오늘날 가족 구성원의 역할로 알맞은 것은 어느 것입니까? (　　　)

① 주로 남자가 아이를 돌본다.

② 여자가 주로 바깥일을 한다.

③ 가족 구성원의 역할을 모두가 함께 나눈다.

④ 가족 구성원의 나이에 따라 역할을 구분한다.

⑤ 집안의 중요한 일은 나이 많은 남자 어른이 결정한다.

10 옛날과 오늘날 중 다음과 같은 가족의 대화가 이루어지는 시대를 쓰시오.

> 아빠: 우주네 가족회의를 시작하겠습니다. 오늘의 회의 주제는 무엇인가요?
> 우주: 네. 오늘은 집안일을 어떻게 분담할지 이야기를 나누어 보기 위해 가족회의를 열었습니다.

(　　　　　　　)

❸ 가족 구성원의 역할 변화와 바람직한 역할

핵심 정리

🐚 가족 구성원의 역할이 변화한 까닭

교육의 기회 증가	성별과 관계없이 교육을 받을 수 있음.
활발한 사회 활동 참여	누구나 사회 활동에 참여할 수 있음.
남녀평등 의식 향상	남녀가 평등하다는 의식이 높아지면서 직업에 대한 구분이 사라졌고, 집안일을 위해 역할 분담이 필요하게 됨.

🐚 가족 구성원 사이의 갈등과 해결

① 가족 구성원 사이의 갈등: 가족 구성원의 생각이 다르고, 각자의 역할을 하지 않았기 때문에 가족 구성원 사이에 갈등이 생깁니다.

방 정리를 먼저 하고 게임을 하기로 했잖니.

나중에 할게요.

⚠ 내 방을 정리하지 않고 게임만 해서 부모님이 걱정하심.

② 갈등을 해결하는 바람직한 태도: 가족이 함께 대화를 하면서 서로를 이해하고, 문제 상황을 적극적으로 해결하려는 노력이 필요합니다.

🐚 가족 구성원으로서 실천할 수 있는 나의 역할 〔예〕

① 부모님을 도와 집안일을 합니다.
② 매일 저녁 강아지를 산책시킵니다.
③ 어려운 일은 가족과 함께 이야기하여 해결합니다.

비상교과서

비상교육

1 다음 신문 기사에 대해 알맞게 말한 어린이를 고르시오.

△△일보　　　　　　20△△년 △△월 △△일

달라지는 명절의 모습

　△△ 지역에서는 명절을 맞아 가족 구성원이 서로 배려하는 명절 문화를 만들자는 캠페인을 벌였습니다. 이 캠페인은 명절 때 하는 일을 가족 구성원 모두가 동등하게 나누어 행복한 명절을 보내자는 내용을 담고 있습니다.

단비: 위 캠페인의 내용을 실천하기 위해 명절에 집안일을 전부 엄마가 하기로 했어.
성준: 오늘날에는 남녀가 평등하다는 의식이 높아져서 위와 같은 캠페인을 할 수 있었어.

(　　　　　　　　　)

11종 공통

2 오늘날 교육의 측면에서 가족 구성원의 역할이 변화한 까닭으로 알맞은 것에 ○표를 하시오.

(1) 남자와 여자가 받는 교육이 달라서 　(　　　)
(2) 누구든지 원하면 교육을 받을 수 있어서

(　　　)

11종 공통

3 다음 글을 통해 알 수 있는 가족 구성원의 역할이 변화한 까닭으로 가장 알맞은 것은 어느 것입니까? (　　　)

　수연이네 엄마는 최근에 직장을 구했습니다. 엄마가 회사를 다니게 되면서 수연이네 가족은 집안일 역할 분담을 위해 가족회의를 열었습니다.

① 교육의 기회가 줄었다.
② 사회의 변화가 전혀 없다.
③ 남자들이 주로 바깥일을 한다.
④ 여자들이 주로 집안일을 한다.
⑤ 사회 활동에 참여하는 여성들이 많아졌다.

천재교육, 금성출판사

4 준범이네 아빠가 육아 휴직을 할 수 있었던 까닭으로 알맞은 것에 ○표를 하시오.

> 준범이네 가족은 맞벌이 가정입니다. 준범이네 아빠는 최근 육아 휴직을 하고 집에서 동생을 돌보거나 집안일을 합니다.

(1) 남녀가 평등하다는 의식이 높아졌습니다.

( )

(2) 가족 구성원이 서로에게 바라는 것이 달라 갈등이 생겼습니다. ( )

[5~6] 다음은 영희와 엄마의 대화입니다.

> 엄마: 내일은 할머니, 할아버지를 뵈러 가는 날이야.
> 영희: 어, 잠깐만요. 내일 저는 친구들과 놀기로 약속했어요.
> 엄마: 안 돼. 친구들과는 다음에 놀고, 내일은 할머니, 할아버지를 뵈러 가야 해.
> 영희: 지난번에 제가 놀러 가자고 했을 때는 피곤해서 안 된다고 하셨잖아요!

천재교육

5 영희와 엄마의 갈등이 발생한 까닭으로 알맞은 것에 ○표를 하시오.

(1) 영희는 할머니, 할아버지를 뵈러 가는 것을 자신과 상의하지 않고 정해서 속상합니다. ( )

(2) 엄마는 가족 모임보다 영희의 약속을 더 중요하게 생각하셔서 갈등이 일어났습니다. ( )

천재교육

6 위와 같은 갈등 상황을 해결하는 가장 바람직한 방법은 어느 것입니까? ( )

① 엄마의 말씀을 억지로 따른다.

② 가족 모임을 무시하고 약속을 간다.

③ 집안의 가장 어른인 사람의 의견을 따른다.

④ 엄마와 영희가 대화를 통해 시간을 조정한다.

⑤ 서로의 생각을 표현하지 않고 갈등 해결을 미룬다.

아이스크림 미디어

7 가족의 갈등 상황을 역할극으로 표현할 때 가장 먼저 해야 할 일은 어느 것입니까? ( )

① 역할 정하기   ② 주제 정하기

③ 대본 작성하기   ④ 역할극 연습하기

⑤ 역할극 발표하기

[8~9] 다음은 주현이가 만든 실천 계획표입니다.

행복한 가족생활을 위한 실천 계획표

나의 ㉠	○월 ○일	○월 ○일
1	장난감 정리하기		
2	㉡		

천재교육

8 위 실천 계획표의 ㉠에 들어갈 말을 보기 에서 찾아 쓰시오.

> **보기**
> • 역할   • 갈등   • 바깥일

( )

서술형·논술형 문제 11종 공통

9 위 ㉡에 들어갈 내용을 한 가지만 쓰시오.

_____

_____

11종 공통

10 가족 구성원 간의 갈등을 해결하기 위한 태도로 바르지 않은 것은 어느 것입니까? ( )

① 서로 자신의 입장만 생각하며 대화한다.

② 가족 모두가 서로 존중하는 마음을 갖는다.

③ 갈등을 피하지 않고 상대방의 생각을 듣는다.

④ 가족 구성원이 서로 협력하는 자세를 가진다.

⑤ 가족 구성원으로서 자신의 역할을 알고 실천한다.

핵심 정리

🐚 오늘날 다양한 가족의 형태

입양 가족	입양한 자녀와 그 부모로 구성된 가족
조손 가족	할머니, 할아버지가 손주와 함께 사는 가족
재혼 가족	부모님이 재혼하여 만들어진 가족
다문화 가족	다른 나라 사람과 우리나라 사람의 결혼으로 만들어진 가족
한 부모 가족	어머니와 아버지 어느 한 분과 자녀가 사는 가족
이산가족	6·25 전쟁으로 남한과 북한을 오고 갈 수 없게 되면서 헤어진 가족 비상교과서

🐚 오늘날 가족의 형태가 다양해진 까닭

① 가족의 형태가 상황에 따라 달라지기 때문입니다.
② 사회가 변화하면서 사람들의 생각도 변화하기 때문입니다.
③ 가족은 아니지만 가족처럼 지내는 경우도 있기 때문입니다.

🧁 다양한 가족이 살아가는 모습 ⑩ 다문화 가족   천재교육

20XX년 X월 X일 금요일

동훈이의 일기

오늘 친구들이 우리 집에 놀러 왔다. 엄마께서 엄마 고향에서 즐겨 먹는 베트남 고추로 떡볶이를 만들어 주셨다.

➡ 가족마다 자주 먹는 음식, 명절이나 여가를 보내는 방법 등은 다양하지만, 서로를 아끼고 살아가는 모습은 모두 같습니다.

❶ 다양한 가족의 형태

[1~2] 다음은 다양한 가족의 모습입니다.

11종 공통

1 위 ㉠과 같이 할머니, 할아버지가 손주와 함께 사는 가족의 형태는 무엇입니까? (   )

① 입양 가족
② 재혼 가족
③ 조손 가족
④ 다문화 가족
⑤ 한 부모 가족

11종 공통

2 위 ㉡ 가족에 대한 설명으로 알맞은 것은 어느 것입니까? (   )

① 부모님이 재혼하여 만들어진 가족
② 입양한 자녀와 그 부모로 구성된 가족
③ 할머니, 할아버지가 손주와 함께 사는 가족
④ 어머니와 아버지 어느 한 분과 자녀가 사는 가족
⑤ 다른 나라 사람과 우리나라 사람의 결혼으로 만들어진 가족

비상교과서

3 다음에서 설명하는 가족의 형태로 알맞은 것은 어느 것입니까? (   )

> 우리나라는 6·25 전쟁으로 인해 남한과 북한으로 분단되었습니다. 남한과 북한을 자유롭게 오고 갈 수 없게 되면서 많은 가족들이 헤어지고 흩어졌습니다.

① 이산가족
② 조손 가족
③ 재혼 가족
④ 확대 가족
⑤ 입양 가족

11종 공통

4 국적과 문화가 다른 사람으로 이루어진 가족의 모습을 찾아 ○표를 하시오.

(1) 인사해. 이제부터 네 동생이야. / 반가워.

(2) 아빠 고향인 캐나다는 날씨가 어때요?

(   ) (   )

천재교육, 동아출판, 비상교육

5 가족의 형태가 다양해진 까닭으로 알맞은 것을 보기 에서 찾아 기호를 쓰시오.

> **보기**
> ㉠ 입양에 대한 부정적인 시선이 늘어나서
> ㉡ 개인의 선택을 무시하는 사회 분위기가 생겨서
> ㉢ 맞벌이 부부가 결혼 후에도 부모님으로부터 자녀를 돌보는 데 도움을 받아서

(   )

비상교육

6 다음과 같은 라디오 사연을 듣고 보일 수 있는 반응으로 알맞지 않은 것을 보기 에서 찾아 기호를 쓰시오.

> 이번에는 ○○ 님의 사연입니다.
> 안녕하세요. 오늘은 제 인생에서 가장 기쁜 생일입니다. 다시 결혼하면서 생긴 딸이 4년 만에 저를 엄마라고 불렀거든요.

> **보기**
> ㉠ ○○ 님은 딸에게 감동을 받았어.
> ㉡ 가족의 형태는 시간이 지나도 변하지 않는구나.
> ㉢ 사연의 가족은 ○○ 님이 재혼하면서 구성된 가족이야.

(   )

11종 공통

7 가족의 형태에 대한 설명으로 알맞은 것에 ○표를 하시오.

(1) 사회가 변화하면서 가족의 형태는 하나만 남게 되었습니다. (   )

(2) 오늘날에는 우리 가족과 비슷한 형태의 가족도 있고, 다른 형태의 가족도 있습니다. (   )

11종 공통

8 오늘날 가족의 모습에 대한 설명으로 알맞지 <u>않은</u> 것은 어느 것입니까? (   )

① 입양한 동생도 우리 가족이다.

② 자녀 없이 부부끼리만 지내기도 한다.

③ 가족은 우리나라 사람으로만 이루어진다.

④ 반려동물을 가족 구성원처럼 생각하기도 한다.

⑤ 부모님 대신 조부모님이 손주를 키우기도 한다.

🖥 **서술형·논술형 문제**
천재교육

9 다음 민우네 가족의 특징을 한 가지만 쓰시오.

아빠, 오늘은 엄마네 집에 가는 날이에요. / 그래. 아빠가 데려다줄게. / 어서 와, 민우야! / 민우야, 엄마랑 즐겁게 시간 보내!

_____

_____

11종 공통

10 다양한 가족의 형태에 대해 알맞게 말한 어린이를 쓰시오.

> 동찬: 한집에서 함께 생활하지 않으면 가족이라 부를 수 없어.
> 예리: 가족들이 서로를 아끼고 사랑하는 마음은 가족의 형태와 상관없이 같아.

(   )

핵심 정리

🐚 다양한 가족의 생활 모습을 찾아보는 방법   미래엔

① 도서 자료 찾아보기 예 소설, 동화, 동시
② 뉴스·신문 기사 찾아보기
③ 영상 자료 찾아보기 예 텔레비전, 영화

🐚 다양한 가족의 생활 모습 표현하기   아이스크림 미디어

① 다양한 가족의 생활 모습을 만화, 뉴스, 그림, 역할극, 가족 정원 만들기 등으로 표현할 수 있습니다.

△ 만화로 표현하기

② 다양한 가족의 생활 모습을 표현하면서 다양한 가족의 생활 모습을 존중하는 마음을 가질 수 있습니다.

🐚 가족의 역할과 의미

① 우리가 힘들 때 위로와 용기를 주는 존재입니다.
② 가족 안에서 사회생활에 필요한 규칙과 예절을 배울 수 있습니다.
③ 가족의 형태가 다를 수 있지만, 서로 돌봐 주고 사랑하는 마음은 같습니다.

🐚 다양한 가족의 생활 모습을 존중하는 태도

① 다양한 가족의 생활 모습을 있는 그대로 바라보고 존중합니다.
② 다른 가족의 생활 모습을 이상하다고 생각하지 않고 서로의 다름을 인정합니다.
③ 다양한 가족들이 모두 행복하게 지내기 위해 서로 예의를 지키고 배려해야 합니다.

❷ 다양한 가족의 생활 모습을 존중하는 태도

11종 공통

1 다양한 가족의 생활 모습을 찾아보는 방법을 보기 에서 찾아 기호를 쓰시오.

> **보기**
> ㉠ 동화책에서 자료 찾아보기
> ㉡ 텔레비전에서 스포츠 프로그램 보기
> ㉢ 지구본에서 우리나라의 위치 찾아보기

(   )

[2~3] 다음은 다양한 가족의 생활 모습이 담긴 신문 기사입니다.

> △△일보   20△△년 △△월 △△일
> ### 우리 가족 참 많죠?
> 김□□ 씨 부부의 자녀들은 모두 10명이다. 그중에 8명은 가슴으로 낳은, 입양한 아이들이다. 김□□ 씨 부부는 모든 아이들을 사랑으로 보살피고 있다.

11종 공통

2 위 신문 기사를 보고 바르게 말한 내용에 ○표를 하시오.

(1) 김□□ 씨 가족은 입양 가족입니다. (   )

(2) 김□□ 씨 가족은 어머니와 아버지 어느 한 분과 자녀가 사는 한 부모 가족입니다. (   )

📋 서술형·논술형 문제   미래엔

3 위와 같이 다양한 가족의 생활 모습을 신문 기사에서 찾아보면 좋은 점을 쓰시오.

_____

_____

4

11종 공통

다양한 가족의 생활 모습을 찾아본 후 소감을 바르게 말한 어린이를 쓰시오.

> 영지: 한 부모 가족에 대한 뉴스를 보니 불쌍했어.
> 지우: 동화책에 나오는 가족의 형태가 우리 가족의 형태와 달라서 어색했어.
> 한서: 입양 가족이 나오는 영화를 보며 나와 다른 가족의 형태를 알고 존중하게 됐어.

(   )

5

비상교과서

다음 다양한 가족의 생활 모습을 표현한 뉴스에서 알 수 있는 점은 어느 것입니까? (   )

> 오늘은 한△△ 학생을 소개하려고 합니다. 독일인 아버지와 한국인 어머니 사이에서 태어난 한△△ 학생은 독일어와 한국어 모두를 사용하여 부모님과 대화합니다. 부모님은 영어로 대화하시기 때문에 한△△ 학생은 영어에도 익숙합니다.

① 한△△ 학생의 아버지는 한국인이다.
② 한△△ 학생의 어머니는 미국인이다.
③ 한△△ 학생의 가족은 다문화 가족이다.
④ 한△△ 학생은 한국어만 사용할 수 있다.
⑤ 한△△ 학생은 부모님과 영어로만 대화한다.

6

천재교과서

다음 가족 정원 만들기에서 지유네 가족의 형태를 보기 에서 찾아 ○표를 하시오.

> **보기**
> • 조손 가족   • 재혼 가족   • 한 부모 가족

7

천재교육, 교학사, 금성출판사, 김영사, 비상교과서, 비상교육

다양한 가족의 생활 모습을 역할극으로 표현할 때 주의할 점으로 알맞은 것은 어느 것입니까? (   )

① 모둠원 중 일부만 역할극에 참여한다.
② 가족들이 서로 다투는 장면을 표현한다.
③ 원하는 역할을 맡기 위해 친구와 다툰다.
④ 다양한 가족의 형태를 존중하며 표현한다.
⑤ 어떤 가족 형태가 더 좋은지 비교하는 장면을 넣는다.

8

교학사, 아이스크림 미디어

다음 만화를 보고 알 수 있는 점을 보기 에서 찾아 기호를 쓰시오.

> **보기**
> ㉠ 가족의 형태는 조손 가족입니다.
> ㉡ 역할을 나누어 빨래를 하는 가족의 생활 모습이 담겨 있습니다.

(   )

9

천재교육, 천재교과서, 교학사, 금성출판사, 미래엔, 비상교과서, 비상교육

다양한 가족의 생활 모습을 표현하는 방법으로 알맞지 않은 것은 무엇입니까? (   )

① 만화로 표현하기
② 가족 정원 만들기
③ 그림으로 표현하기
④ 자신의 모습 그리기
⑤ 역할극으로 표현하기

[10~11] 다음은 수미네 가족의 생활 모습을 소개하며 수미와 친구들이 나눈 대화입니다.

> 수미: 오늘 급식에서 달걀말이가 나왔어! 근데 나는 아빠가 만든 달걀말이가 더 맛있더라.
> 정연: 너희 아빠는 어떻게 요리하시는데?
> 수미: 아빠가 일본 사람이신데 일본에서는 설탕을 조금 넣어서 달걀말이를 만들어.
> 영진: 너희 집에서 달걀말이를 만드는 방법은 참 이상하다. 달걀말이에는 소금을 넣어야지.

11종 공통

10 위 대화에 나타난 수미네 가족의 형태는 어느 것입니까? ( )

① 입양 가족
② 재혼 가족
③ 조손 가족
④ 다문화 가족
⑤ 한 부모 가족

🖋 **서술형·논술형 문제**

11종 공통

11 위 대화에서 다양한 가족의 생활 모습을 존중하지 <u>않은</u> 어린이를 쓰고, 어린이가 한 말을 존중하는 말로 바꾸어 쓰시오.

(1) 존중하지 않은 어린이: ( )

(2) 존중하는 말: _____

_____

11종 공통

12 가족의 역할과 의미를 알맞게 설명한 것은 어느 것입니까? ( )

① 가족 안에서 규칙과 예절을 배울 수 없다.
② 가족은 서로를 격려하고 위로하며 돌봐 준다.
③ 가족은 서로를 싫어하고 갈등을 일으키는 존재이다.
④ 가족의 형태가 달라지면 가족이 지닌 의미도 변한다.
⑤ 가족마다 생활 모습이 다른 것처럼 서로를 아끼고 사랑하는 마음도 다르다.

11종 공통

13 다양한 가족을 존중하는 태도에 대해 알맞게 말한 어린이를 쓰시오.

> 빈우: 바람직한 가족의 형태는 정해져 있어.
> 선미: 가족의 생활 모습 차이를 이해해야 해.

( )

11종 공통

14 다음 가족 존중 서약서에 들어갈 내용으로 알맞은 것을 보기에서 찾아 기호를 쓰시오.

> 가족 존중 서약서
> 나는 다양한 형태의 가족들이 있다는 것을 알고, _____ 위해 노력하겠습니다.

보기
㉠ 다른 가족의 안 좋은 점을 찾기
㉡ 다른 가족이 어려울 때 도와주기
㉢ 다른 가족을 우리 가족과 비교하기

( )

천재교육

15 다음 우리 가족을 음식으로 표현한 대화를 읽고 알 수 있는 점은 어느 것입니까? ( )

> 소라: 우리 가족은 김밥 같아. 서로 다른 재료들이 잘 말려 있는 것처럼 우리 가족도 함께 어울려 살아.
> 서진: 우리 가족은 나이지리아 음식인 에구시 같아. 아빠가 나이지리아 사람이라 에구시를 자주 해 주셔. 우리 가족은 모두 키가 커서 에구시의 빨간 국물처럼 눈에 잘 띄어.

① 서진이의 아빠는 한국 사람이다.
② 서진이네 가족은 모두 키가 작다.
③ 소라네 가족은 사이가 좋지 않다.
④ 소라네 가족 구성원들은 성격이 똑같다.
⑤ 두 어린이는 모두 가족의 소중함을 표현했다.

✦ 리더가 되기 위한 공부 비법

사회
리더

교과서 개념을 쉽게 이해할 수 있는

개념북

BOOK 1

✦ 쉽고 자세한 개념 학습

✦ 다양한 검정 교과서 자료

3-2

천재교육

Chunjae
Makes
Chunjae

▼

사회 리더 3-2

편집개발   윤순란, 박진영, 김운용
디자인총괄   김희정
표지디자인   윤순미, 장미
내지디자인   박희춘
본문 사진 제공   국립경주박물관, 국립민속박물관, 게티이미지, 뉴스뱅크, 셔터스톡, 연합뉴스
제작   황성진, 조규영

발행일   2022년 6월 1일 초판 2022년 6월 1일 1쇄
발행인   (주)천재교육
주소   서울시 금천구 가산로9길 54
신고번호   제2001-000018호
고객센터   1577-0902

리더가 되기 위한 공부 비법

사회
리더

3-2

구성과 특징

개념북

1 쉽고 재미있게 개념을 익히고 다지기

검정 교과서 완벽 반영

2 Step ➊, ➋, ➌단계로 단원 실력 쌓기

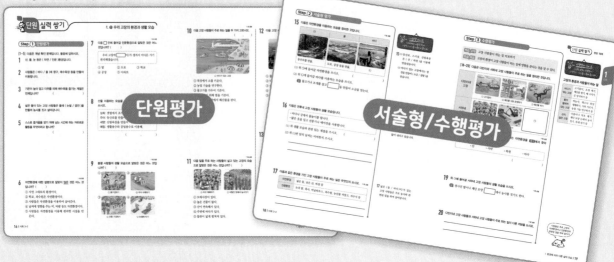

단원평가

서술형/수행평가

3 대단원 평가로 단원 마무리하기

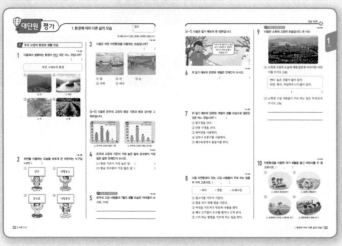

평가북

1 스피드 쪽지 시험

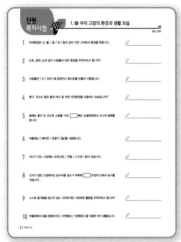

2 학교시험에 잘 나오는 대표 문제

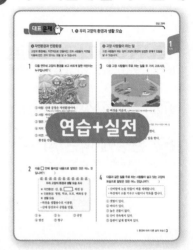

연습+실전

3 대단원 평가로 단원 정리

1회 / 2회

4 서술형·논술형 평가 완벽 대비

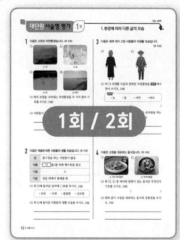

1회 / 2회

코칭북

① 문제 풀고

② 정답 보고

③ 자세한 풀이로 완벽 이해

차례

◀ 너와집

쥐불놀이 ▶

3 가족의 모습과 역할 변화

◀ 전통 혼례

 등장인물 소개

꼬망

꼬마망자의 준말로
인간 세계를 가이드
하는 저승 사자이다.
5살 답지 않게 아는 게
많고 냉철하다.

소복

10살 소녀 귀신으로
쿨한 성격에 아는 척,
잘난 척하기 좋아한다.

둘둘

10살 도깨비 소년으로
뿔이 없다.
단순하고 우직하다.

여비

애완 새끼 여우로
꼬망과 함께 다닌다.
별다른 능력은 없다.

연관 학습 안내

환경에 따라 다른 삶의 모습

🌸 단원 안내

① 우리 고장의 환경과 생활 모습
② 환경에 따른 의식주 생활 모습

개념 ① 고장의 자연환경과 인문환경

→ 우리를 둘러싸고 있는 모든 것

1. 자연환경

① 사람이 만들지 않은 자연 그대로의 환경입니다.

② 산, 들, 하천, 바다와 같은 땅의 생김새와 날씨에 영향을 주는 눈, 비, 기온, 바람 등이 있습니다.

→ 공기의 온도

땅의 생김새

[출처: 게티이미지]

⚠ 산 　⚠ 하천

날씨에 영향을 주는 것

[출처: 셔터스톡] 　[출처: 뉴스뱅크]

⚠ 비 　⚠ 우박

☑ 자연환경

산, 들, 바람 등 ❶ ㅈ ㅇ 그대로
의 환경을 자연환경이라고 합니다.

눈이 내린 산은 언제나 멋져!

바다도 너무 예쁘다.

우리 고장의 자연환경

2. 인문환경

① 사람들이 만든 환경을 말합니다.

② 사람들은 고장의 자연환경을 이용해 논과 밭, 과수원, 공원, 다리, 도로, 공장, 항구 등을 만듭니다.

논

[출처: 게티이미지]

땅이 평평한 곳에 논을 만들어 농사를 지음.

도로

도로를 만들어 어디든 편리하게 감.

항구

[출처: © tdy/shutterstock]

바닷가에 항구를 만들어 배가 드나들 수 있음.

☑ 인문환경

논, 항구와 같이 ❷ ㅅ ㄹ 들이
만든 환경을 인문환경이라고 합니다.

바다와 관련된 인문환경은?

양식장이나 항구!

딩동댕

정답 ❶ 자연 ❷ 사람

내 교과서 살펴보기 / 비상교과서

상황에 따라 달라지는 환경

호수	자연 상태의 호수는 자연환경, 사람이 만든 인공 호수는 인문환경임.
들	개발하지 않은 자연 상태의 들은 자연환경, 논과 밭 등으로 개발했다면 인문환경임.

용어 사전

● 들
평평하고 넓게 트인 땅

● 호수
땅이 우묵하게 들어가 물이 괴어 있는 곳

개념② 땅의 생김새에 따른 고장 사람들의 생활 모습

1. 고장의 땅의 생김새 살펴보기 예 디지털 영상 지도

① 인터넷 검색 누리집에 국토정보플랫폼을 검색하고 누리집에 들어감.

② 고장의 이름을 검색해서 위치를 알아봄.

내 교과서 살펴보기 / **천재교육**

map.ngii.go.kr

양양군

일반 / 영상 지도

③ 고장의 디지털 영상 지도를 통해 땅의 생김새를 확인함.

④ +, − 단추를 사용하여 고장 사람들이 땅을 어떻게 이용하고 있는지 살펴봄.

2. 고장 사람들이 땅의 생김새를 이용하는 모습

산

[출처: 연합뉴스]

• 산림욕장, 등산로 등을 만듦.
• 전망대나 케이블카를 설치함.

들

[출처: 게티이미지]

• 도로, 학교, 공장 등을 만듦.
• 논과 밭을 만들어 농사를 지음.

바다

• 해수욕장에서 물놀이를 함.
• 염전을 만들어 소금을 얻음.

↳ 소금을 만들기 위해 바닷물을 끌어 들여 논처럼 만든 곳

하천

• 하천 주변에 공원을 만듦.
• 생활용수와 공업용수로 이용함.

개념 체크

1 단원

☑ **고장의 환경 살펴보기**

답사, **③** ㄷ ㅈ ㅌ 영상 지도 살펴보기 등을 통해 고장의 환경을 살펴볼 수 있습니다.

고장의 환경에는 어떤 것이 있을까?

디지털 영상 지도로 살펴볼까?

답사는 어때?

내 교과서 살펴보기 / **천재교과서, 김영사, 미래엔, 아이스크림 미디어**

고장의 환경을 살펴보는 방법

• 직접 고장을 답사해 봅니다.
• 고장의 누리집을 방문해 고장의 환경에 대한 내용을 찾아봅니다.
• 고장 안내 책자를 살펴봅니다.

↳ 고장의 환경, 역사, 볼거리 등을 지도, 사진, 짧은 글로 소개한 책

☑ **땅의 생김새를 이용하는 모습**

산에는 **④** ㄷ ㅅ ㄹ , 들에는 논과 밭, 바다에는 해수욕장, 하천 주변에는 공원을 만듭니다.

등산로를 산책하니 상쾌하다.

하천 주변 공원을 산책하는 게 더 낫겠어.

정답 **③** 디지털 **④** 등산로

개념 체크

개념 ③ 계절에 따른 우리 고장 사람들의 생활 모습

1. 고장의 계절별 기온과 강수량 살펴보기

→ 일정 기간 동안 일정한 곳에 내린 비,
눈, 우박 등의 물의 총량

📊 **막대그래프 읽는 방법**

❶ 그래프의 제목을 확인함.	❷ 그래프의 가로와 세로가 무엇을 나타내는지 확인함.	❸ 그래프에서 눈금 한 칸의 양이 얼마인지 확인함.	❹ 각각의 막대가 나타내는 양을 확인함.

은우네 고장의 계절별 기온과 강수량

내 교과서 살펴보기 / **천재교육**

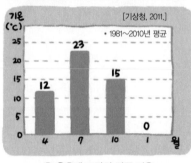

❤ 은우네 고장의 평균 기온

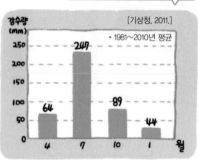

❤ 은우네 고장의 평균 강수량

① 7월에 기온이 가장 높고, 1월에 기온이 가장 낮습니다.
② 7월에 강수량이 가장 많고, 1월에 강수량이 가장 적습니다.

중요 2. 고장 사람들의 계절별 생활 모습 →

고장의 기온과 강수량은 계절에 따라 다르고
이에 따라 사람들의 생활 모습도 달라집니다.

봄
모내기를 하거나 꽃구경을 감.

여름
선풍기를 사용하고, 물놀이를 함.

가을
단풍 구경을 가고, 곡식을 수확함.

겨울
난로를 사용하며, 눈썰매를 즐김.

☑ **우리나라의 계절별 기온과 강수량**

우리나라는 ❺ [ㅇ][ㄹ]에 기온이
높고 강수량이 많으며, 겨울에 기온이
낮고 강수량이 적습니다.

이번 여름은 정말 덥네.

감기에 걸렸다지만 추운 겨울에나 입는 솜옷을 입다니……

☑ **계절에 따른 생활 모습**

봄에는 꽃구경, 여름에는 물놀이, 가
을에는 ❻ [ㄷ][ㅍ] 구경, 겨울에는
썰매 타기 등을 합니다.

여름에는 물놀이가 최고지!

겨울에 타는 눈썰매는 정말 재미있어.

정답 ❺ 여름 ❻ 단풍

용어
사전

🔹**모내기**
벼의 싹을 어느 정도 키운 다음 논에 옮겨
심는 일

개념 다지기

1 우리 주변에서 볼 수 있는 자연환경이 <u>아닌</u> 것은 어느 것입니까? (   )

①
⬆ 산

②
⬆ 하천

③
⬆ 과수원

④
⬆ 바다

2 다음 까닭으로 만들어진 인문환경은 무엇입니까?

(   )

> 평평한 땅을 이용해 농사를 쉽게 짓기 위해서

① 논   ② 도로   ③ 항구
④ 도서관   ⑤ 영화관

3 고장의 환경을 살펴보는 방법으로 알맞지 <u>않은</u> 것은 어느 것입니까? (   )

① 직접 찾아다니며 살펴본다.
② 고장의 안내 책자를 살펴본다.
③ 고장의 디지털 영상 지도를 살펴본다.
④ 경찰청 누리집에 들어가서 살펴본다.
⑤ 고장의 누리집에서 관련 내용을 찾아본다.

4 다음 자연환경을 이용하는 모습을 바르게 줄로 이으시오.

(1) 산   ·   · ㉠ 염전

(2) 바다   ·   · ㉡ 등산로

5 다음 은우네 고장의 계절별 기온과 강수량 그래프를 보고 바르게 말한 어린이를 쓰시오.

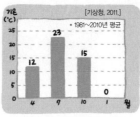
⬆ 은우네 고장의 평균 기온

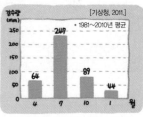
⬆ 은우네 고장의 평균 강수량

> 운용: 7월이 가장 덥고 비가 많이 내려.
> 아람: 1월과 7월의 기온과 강수량이 비슷해.
> 지우: 기온 그래프의 가로는 기온을, 세로는 월을
>   나타내.

(   )

6 겨울에 볼 수 있는 생활 모습으로 알맞은 것을 두 가지 고르시오. (,   )

① 모내기를 한다.
② 스키나 썰매를 탄다.
③ 난로나 온풍기를 사용한다.
④ 에어컨과 선풍기를 사용한다.
⑤ 더위를 피해 해수욕을 즐긴다.

개념 알기

개념❶ 바다가 있는 고장 사람들의 생활 모습

1. 바다가 있는 고장의 환경

자연환경	바다, 갯벌, 모래사장, 낮은 산, 좁은 들 등
인문환경	항구, 등대, 양식장, 해수욕장, 수산물 직판장, 조선소, 식당 등

2. 바다가 있는 고장 사람들이 하는 일
→ 물고기 잡는 도구를 팔거나 고치는 일을 하기도 합니다.

개념❷ 산이 많은 고장 사람들의 생활 모습

1. 산이 많은 고장의 환경

자연환경	가파른 산비탈, 울창한 숲, 계곡 등
인문환경	경사진 밭, 계단 모양의 논, 목장, 스키장, 식당, 리조트, 자연 휴양림 등

2. 산이 많은 고장 사람들이 하는 일
→ 목재를 얻거나 꿀을 얻기 위해 벌을 기르기도 합니다.

---

6 고장 사람들이 하는 일

개념 체크

☑ **바다를 이용하며 살아가는 곳**

바다가 있는 고장에 사는 사람들은 ❶ ☐☐☐ 잡기, 미역 기르기, 해산물 팔기 등의 일을 합니다.

☑ **산을 이용하며 살아가는 곳**

산이 많은 고장 사람들은 산비탈에 농사짓기, ❷ ☐☐ 기르기, 목장에서 가축 키우기 등의 일을 합니다.

정답 ❶ 물고기 ❷ 버섯

내 교과서 살펴보기 / 아이스크림 미디어

풍력 발전기
산이 많은 고장에서 볼 수 있는 인문환경 중에 풍력 발전기가 있습니다. 바람이 많이 부는 산 위에 설치하고 강한 바람을 이용해 전기를 만듭니다.

개념③ 넓은 들이 있는 고장 사람들의 생활 모습

1. 넓은 들이 있는 고장의 환경

자연환경	넓은 들, 낮은 산, 하천 등
인문환경	논과 밭, 축사, 비닐하우스, 과수원, 농산물 저장고, 저수지 등

└→ 가축을 기르는 건물

2. 넓은 들이 있는 고장 사람들이 하는 일 → 농업 기술을 연구하고 알려 주는 일을 하기도 합니다.

농기계 고치기
비닐하우스에서 채소 기르기
가축 기르기
논밭에서 곡식과 채소 기르기

개념④ 도시가 발달한 고장 사람들의 생활 모습

1. 도시의 환경 → 들이 펼쳐진 곳은 높은 건물과 도로를 만들기 유리해 많은 사람이 모여 사는 도시가 발달하기도 합니다.

자연환경	들, 하천, 낮은 산 등
인문환경	높은 건물, 넓은 도로, 아파트, 공장, 마트, 박물관, 백화점 등

2. 도시가 발달한 고장 사람들이 하는 일 → 생활에 필요한 물건을 만들거나, 생활을 편리하고 즐겁게 해 주는 일을 합니다.

공장에서 물건 만들기
회사에서 일하기
백화점에서 물건 팔기
버스나 택시 운전하기

☑ **들을 이용하며 살아가는 곳**

넓은 들이 펼쳐진 고장에서는 논밭에서 농사짓기, ❸ ㄴ ㅇ 기술 연구하기, 가축 기르기 등의 일을 합니다.

평평한 들에서는 곡식이 잘 자라지.

들 사이로 흐르는 강물도 농사짓는 데 도움이 돼.

[내 교과서 살펴보기 / 미래엔]

날씨에 따른 고장 사람들이 하는 일
• 겨울에도 따뜻한 고장: 감귤 재배
• 여름철 기온이 낮아 서늘한 고장: 산비탈에 있는 밭에서 배추와 무 재배
• 비가 내리는 날이 적고 햇볕이 잘 드는 고장: 염전에서 소금 생산

☑ **도시 사람들의 생활 모습**

도시에서는 자연환경을 이용한 일보다 주로 ❹ ㅇ ㅁ 환경을 이용하여 다양한 일을 합니다.

회사, 백화점, 공장 등등 도시는 너무 복잡해.

인문환경이 많은 만큼 사람들이 하는 일도 다양해.

정답 ❸ 농업 ❹ 인문

개념알기

개념 ⑤ 고장 사람들의 여가 생활

1. 여가 생활

① 스스로 즐거움을 얻고자 남는 시간에 하는 자유로운 활동을 말합니다.
② 사람들은 살고 있는 고장의 환경을 이용해 여가 생활도 하지만 다른 고장에 가서 그 고장의 환경을 이용해 여가 생활을 하기도 합니다.

2. 자연환경을 이용한 여가 생활

산	등산, 캠핑, 패러글라이딩 등
강	낚시, 래프팅, 물놀이 등
바다	낚시, 물놀이, 서핑 등

서핑 → 보드를 타고 파도 속을 요리조리 빠져나가며 즐기는 놀이

△ 바다낚시

3. 인문환경을 이용한 여가 생활

도서관 – 책 읽기

영화관 – 영화 보기

박물관 – 유물 관람하기

공원 – 산책하기

실내 수영장 – 수영하기

축구장 – 축구하기

내 교과서 살펴보기 / 비상교과서

고장 사람들의 여가 생활 모습을 면담으로 조사하기

면담	알아보고자 하는 내용을 면담 대상자를 만나 직접 물어보는 방법
조사 방법	면담 내용, 면담 대상자 등 정하기 → 면담할 시간과 장소를 약속하기 → 녹음기, 수첩 등 준비물을 가지고 면담하기 → 면담 결과 정리하기
주의할 점	약속한 방문 시간을 잘 지키고, 예의 바르게 행동함. → 녹음을 할 때 동의를 얻습니다.

개념 체크

☑ **자연환경과 관련 있는 여가 생활**

바다에서 낚시하기, 산에서 등산하기, ❺ ㄱ 에서 래프팅 하기 등은 자연환경을 이용한 여가 생활입니다.

야호! 강에서 즐기는 래프팅은 최고야!

아악~

☑ **인문환경과 관련 있는 여가 생활**

도서관에서 독서하기, ❻ ○ ㅎ

ㄱ 에서 영화 보기 등은 인문환경을 이용한 여가 생활입니다.

주말에 영화를 봤어.

우리 고장은 영화관이 많아서 좋아.

정답 ❺ 강 ❻ 영화관

용어 사전

*패러글라이딩
높은 산에서 특수한 낙하산을 메고 뛰어내려 하늘을 나는 스포츠
*래프팅
고무보트를 타고 계곡의 빠른 물살을 헤쳐 나가는 운동

1 다음 ☐ 안에 들어갈 알맞은 자연환경은 무엇입니까?
( )

> 항구, 등대 등은 ☐ 이/가 있는 고장에서
> 볼 수 있는 인문환경입니다.

① 들 ② 산 ③ 하천
④ 바다 ⑤ 사막

2 산이 많은 고장의 사람들이 주로 하는 일을 두 가지
고르시오. (,)

①
△ 목장에서 소 키우기

②
△ 계단 모양 논에서 농사짓기

③
△ 고기잡이

④
△ 해산물 따기

3 넓은 들이 있는 고장 사람들이 하는 일이 <u>아닌</u> 것은 어느
것입니까? ( )

① 가축을 기른다.
② 농업 기술을 연구한다.
③ 논에서 벼농사를 짓는다.
④ 염전을 만들어 소금을 생산한다.
⑤ 밭에서 여러 가지 채소를 재배한다.

4 도시에 사는 사람들이 주로 하는 일은 어느 것입니까?
( )

① 갯벌에서 조개를 캔다.
② 농기계를 팔거나 수리한다.
③ 경사진 밭에서 배추 농사를 짓는다.
④ 산에서 주로 나물이나 약초를 캔다.
⑤ 공장에서 물건을 만들거나 회사를 다닌다.

5 여가 생활에 대한 설명으로 알맞지 <u>않은</u> 것을 [보기]
에서 찾아 기호를 쓰시오.

> [보기]
> ㉠ 남는 시간에 하는 활동입니다.
> ㉡ 의무적으로 꼭 해야만 하는 활동입니다.
> ㉢ 자신의 즐거움을 얻고자 하는 활동입니다.
> ㉣ 사람들은 자연환경과 인문환경을 이용해 여가
>   생활을 합니다.

( )

6 다음 중 자연환경을 이용한 여가 생활은 어느 것입니
까? ( )

①
△ 공원에서 산책하기

②
△ 박물관에서 유물 관람하기

③
△ 도서관에서 책 읽기

④
△ 바다에서 낚시하기

Step ① 단원평가

[1~5] 다음은 개념 확인 문제입니다. 물음에 답하시오.

1 산, 들, 눈 등은 (자연 / 인문)환경입니다.

2 사람들은 (바다 / 들)에 항구, 해수욕장 등을 만들어 이용합니다.

3 기온이 높아 덥고 더위를 피해 해수욕을 즐기는 계절은 언제입니까? (   )

4 넓은 들이 있는 고장 사람들은 들에 (논밭 / 염전)을 만들어 농사를 짓고 살아갑니다.

5 스스로 즐거움을 얻기 위해 남는 시간에 하는 자유로운 활동을 무엇이라고 합니까?

(   )

11종 공통

6 자연환경에 대한 설명으로 알맞지 <u>않은</u> 것은 어느 것입니까? (   )

① 자연 그대로의 환경이다.
② 학교, 과수원은 자연환경이다.
③ 사람들은 자연환경을 이용하여 살아간다.
④ 날씨에 영향을 주는 비, 바람 등도 자연환경이다.
⑤ 사람들은 자연환경을 이용해 편리한 시설을 만든다.

11종 공통

7 다음 ☐ 안에 들어갈 인문환경으로 알맞은 것은 어느 것입니까? (   )

> 우리 고장에 ☐☐☐이/가 생겨서 어디든 가기 편리해졌습니다.

① 밭   ② 도로   ③ 학교
④ 공장   ⑤ 아파트

11종 공통

8 산을 이용하는 모습을 바르게 말한 어린이를 두 명 쓰시오.

> 성희: 갯벌에서 조개를 잡아.
> 주아: 등산로를 만들어 이용해.
> 세영: 산림욕장을 만들어 이용해.
> 예림: 생활용수와 공업용수로 이용해.

(,   )

11종 공통

9 봄철 사람들의 생활 모습으로 알맞은 것은 어느 것입니까? (   )

① 꽃구경하기

② 곡식 수확하기

③ 단풍 구경하기

④ 눈썰매 타기

11종 공통

10 다음 고장 사람들이 주로 하는 일을 두 가지 고르시오.
(,)

⚠ 바다가 있는 고장

① 목장에서 소를 키운다.
② 농업 기술을 연구한다.
③ 물고기를 가두어 기른다.
④ 꿀을 얻기 위해 벌을 기른다.
⑤ 수산물 직판장에서 해산물을 판다.

11종 공통

12 다음 고장 사람들이 주로 하는 일은 어느 것입니까?
( )

⚠ 도시

① 물고기를 잡는다.
② 약초나 나물을 캔다.
③ 숲에서 목재를 얻는다.
④ 김, 미역 등을 양식한다.
⑤ 백화점과 마트에서 물건을 판다.

천재교과서, 김영사, 동아출판, 미래엔, 비상교과서

13 강을 이용한 여가 생활은 어느 것입니까? ( )

① 축구 ② 등산
③ 독서 ④ 래프팅
⑤ 패러글라이딩

11종 공통

11 다음 일을 주로 하는 사람들이 살고 있는 고장의 모습으로 알맞은 것은 어느 것입니까? ( )

⚠ 버섯 재배하기   ⚠ 비탈진 땅에서 농사짓기

① 모래사장이 있다.
② 높은 건물이 많다.
③ 산이 연속해서 있다.
④ 주변에 바다가 있다.
⑤ 들판이 넓게 펼쳐져 있다.

비상교과서

14 면담할 때 주의할 점으로 알맞지 <u>않은</u> 것은 어느 것입니까? ( )

① 질문을 예의 바르게 한다.
② 미리 정한 방문 시간을 지킨다.
③ 면담 시 필요한 준비물을 미리 챙긴다.
④ 녹음을 할 때는 상대방의 동의를 얻는다.
⑤ 면담이 끝났을 때 감사의 인사를 전하지 않는다.

서술형 가이드
어려워하는 서술형 문제!
서술형 가이드를 이용하여 풀어 봐!

15 다음은 자연환경을 이용하는 모습을 정리한 것입니다.   11종 공통

㉠	들	바다
등산로를 만듦.	도로, 공장 등을 만듦.	㉡

(1) 위 ㉠에 들어갈 자연환경을 쓰시오.   (   )

(2) 위 ㉡에 들어갈 바다를 이용하는 모습을 쓰시오.

    답 물고기나 조개를 잡고 [   ]을 만들어 소금을 얻는다.

15 (1) 등산로, 스키장, 산림욕장은 (산 / 하천)을 이용해 만들었습니다.

(2) 바다가 있는 고장에서는 염전을 만들어 (소금 / 설탕)을 얻습니다.

16 다음은 연후네 고장 사람들의 생활 모습입니다.   11종 공통

• 바다나 강에서 물놀이를 합니다.
• 얇은 옷을 입고 선풍기나 에어컨을 사용합니다.

(1) 위 생활 모습과 관련 있는 계절을 쓰시오.   (   )

(2) 위 (1)번 답의 날씨는 어떠한지 쓰시오.

_____

_____

16 (1) 여름에는 (난로 / 선풍기)를 사용합니다.

(2) 여름에는 (눈 / 비)이/가 많이 내리고 덥습니다.

17 다음과 같은 환경을 가진 고장 사람들이 주로 하는 일은 무엇인지 쓰시오.   11종 공통

자연환경	넓은 들, 낮은 산, 하천 등
인문환경	논과 밭, 축사, 비닐하우스, 과수원, 농산물 저장고, 저수지 등

_____

_____

17 넓은 (들 / 바다)이/가 있는 고장 사람들은 주로 농사와 관련된 일을 하며 살아갑니다.

Step ③ 수행평가

학습 주제 고장 사람들이 하는 일 비교하기

학습 목표 고장의 환경이 고장 사람들이 하는 일에 영향을 준다는 것을 알 수 있다.

[18~20] 다음은 다빈이와 서하네 고장 사람들이 주로 하는 일을 정리한 것입니다.

다빈이네 고장	▲ 고기잡이 · ▲ 해산물 식당 운영하기 · ▲ 해산물 따기	
서하네 고장	▲ 버섯 기르기 · ▲ 목재 얻기 · ㉠	

11종 공통

고장의 환경과 사람들이 하는 일

바다가 있는 고장	고기잡이, 조개 캐기, 해산물 팔기, 배 고치기, 김 양식하기 등
들이 펼쳐져 있는 고장	벼농사, 채소나 과일 재배하기, 가축 기르기, 농업 기술 연구하기 등
산이 많은 고장	나물이나 약초 캐기, 계단 모양 논에서 농사 짓기, 목재 얻기 등

18 다빈이네 고장 사람들이 주로 이용하며 살아가는 자연환경을 보기 에서 찾아 쓰시오.

> 보기
> · 산   · 사막   · 하천   · 바다

(   )

19 위 ㉠에 들어갈 서하네 고장 사람들의 생활 모습을 쓰시오.   11종 공통

답 경사진 밭이나 계단 모양 [   ]에서 농사를 짓기도 한다.

11종 공통

20 다빈이네 고장 사람들과 서하네 고장 사람들이 주로 하는 일이 다른 까닭을 쓰시오.

_____

_____

사람들은 주로 고장의 자연환경이나 인문환경과 관련된 일을 하며 살아가.

개념 ① 의식주의 의미와 필요성

1. 의식주의 의미

① 의식주: 사람들이 생활하는 데 필요한 옷, 음식, 집을 뜻합니다.

② 의식주의 사례

의 (옷)	⚠ 티셔츠	⚠ 모자	⚠ 운동화
식 (음식)	⚠ 비빔밥	⚠ 빵	⚠ 음료수
주 (집)	⚠ 아파트 [출처: 셔터스톡]	⚠ 한옥	⚠ 단독 주택

→ 한 채씩 따로 지은 집

2. 의식주의 필요성

→ 다른 사람들과 함께 어울려 지내기 위해서도 의생활이 필요합니다.

의	식	주

피부를 보호하고 몸의 온도를 유지하기 위해서	영양분을 얻기 위해서	안전하고 편안하게 쉬기 위해서

내 교과서 살펴보기 / 아이스크림 미디어

하는 일에 따른 의생활의 필요성

해녀	차가운 바닷물이 몸에 직접 닿지 않도록 잠수복을 입음.
벌을 키우는 일을 하는 사람	방충 모자와 긴소매 옷을 입어 벌에 쏘이지 않게 함.
철을 녹이는 일을 하는 사람	뜨거운 열로부터 몸을 보호하기 위해 방열복을 입음.

☑ **의식주**

의식주는 인간이 살아가는 데 가장 필수적인 요소인 옷, ❶ [음][식], 집을 통틀어 이르는 말입니다.

옷만 꼭 필요해!

음식만 꼭 필요해!

옷, 음식, 집 모두 다 꼭 필요하다고.

☑ **의식주가 필요한 까닭**

옷은 몸을 보호해 주고, 음식은 영양분을 주며, 집에서 ❷ [안][전]하고 편안하게 쉴 수 있습니다.

만약 의식주가 없다면 어떨까?

정답 ❶ 음식 ❷ 안전

용어 사전

• **방충** (防 막을 방 蟲 벌레 충) 해로운 벌레가 침범하여 해를 끼치지 못하도록 막음.

개념 ② 계절과 날씨에 따른 고장 사람들의 ˚의생활 모습

1. 계절에 따라 다른 옷차림 → 계절의 날씨에 따라 고장 사람들의 옷차림이 달라집니다.

봄
• 날씨: 따뜻해짐. • 옷차림: 얇은 옷을 입거나 가벼운 외투를 걸침. 

여름
• 날씨: 무덥고 비가 많이 내림. • 옷차림: 더위를 피하려고 바람이 잘 통하는 옷을 입고, 햇볕을 막는 모자를 쓰기도 함. 

가을
• 날씨: 쌀쌀해짐. → 아침과 저녁, 낮의 기온 차이가 생깁니다. • 옷차림: 얇은 옷을 여러 겹 껴입거나 가벼운 외투를 입음.

겨울
• 날씨: 춥고 눈이 내리기도 함. • 옷차림: 추위를 막으려고 두꺼운 옷을 입고, 장갑을 끼거나 목도리를 두르기도 함.

2. 고장의 날씨에 따른 옷차림 예 평창과 제주도의 9월 옷차림

평창: 아침과 저녁에는 서늘하니까 긴팔 옷을 입고 가야지.

제주: 와, 똑같은 9월인데 제주도는 참 따뜻하다.

🔺 9월에 평창은 아침저녁으로 서늘해 긴팔을 입음.　　🔺 9월에 제주도는 따뜻해 반팔 옷을 입음.

내 교과서 살펴보기 / 미래엔

과거 사람들의 의생활 모습

설피	눈에 빠지지 않도록 신발 바닥에 덧대어 신던 덧신
도롱이	풀이나 볏짚 등으로 만든 비옷

개념 체크

1 단원

☑ 계절에 따른 옷차림

우리나라는 사계절이 뚜렷해 계절마다 옷차림이 ❸(같습니다 / 다릅니다).

날씨가 더워졌어.

이제 봄옷을 정리하고 여름옷을 준비해야겠어.

☑ 고장의 날씨에 따른 옷차림

고장의 ❹(날씨 / 이름)에 따라 옷차림이 달라질 수 있습니다.

우리 동네는 쌀쌀한데 제주도는 따뜻하네.

이럴 줄 알고 난 반팔 옷을 입고 왔지!

정답 ❸ 다릅니다 ❹ 날씨

용어 사전

˚의생활 (衣 옷 의 生 날 생 活 살 활)
입는 옷과 관련된 생활

개념 ③ 세계 여러 고장 사람들의 의생활 모습 → 고장의 환경에 맞게 옷의 모양이나 옷을 만드는 재료를 정합니다.

❶ 햇볕이 뜨겁고 모래바람이 많이 부는 고장

모래바람을 막고 햇볕에 타지 않도록 머리를 감쌈.

가벼운 천으로 만든 긴 옷으로, 바람이 잘 통하고 모래바람과 햇빛으로부터 몸을 보호함.

[출처: 셔터스톡]

❷ 춥고 눈이 많이 오는 고장

동물의 털과 가죽으로 만듦.

추위에 견디기 위해 옷이 두꺼움.

[출처: 셔터스톡]

❶ 사우디아라비아
❷ 캐나다
❸ 베트남
❹ 페루
대서양
태평양
인도양
0°

❸ 덥고 습한 고장

때로는 햇볕을 가리고, 때로는 비를 막아 줌.

얇고 바람이 잘 통해 시원함.

[출처: 셔터스톡]

❹ 낮과 밤의 기온 차가 큰 고장

낮의 뜨거운 햇볕을 막아 줌.

낮과 밤의 기온 차가 커서 여러 가지 옷을 겹쳐 입음.

[출처: 셔터스톡]

내 교과서 살펴보기 / 비상교과서, 비상교육

네덜란드의 전통 신발 '클로그'
• 네덜란드는 비가 자주 내리고 바다보다 낮은 땅과 갯벌이 많습니다.
• 단단한 나무를 깎아 만든 클로그는 굽이 높아서 땅이 질척해도 발이 빠지지 않고 오래 신을 수 있었습니다.

☑ **사막이 있는 고장의 의생활**

사막의 뜨거운 햇볕과 ❺ ㅁ ㄹ ㅂ ㄹ 을 막아 주는 긴 옷을 입고 머리를 천으로 감쌉니다.

덥다고 했잖아. 넌 왜 긴 옷이야?

모래바람을 막으려면 몸 전체를 감싸는 긴 옷을 입어야 한다고.

☑ **덥고 습한 고장의 의생활**

더위를 식힐 수 있도록 바람이 잘 통하는 옷을 입고 챙이 ❻ ㄴ ㅇ 모자를 씁니다.

짠! 베트남 전통 모자인 논라야.

챙이 넓어 햇볕을 가리고 비를 피할 수 있겠네.

정답 ❺ 모래바람 ❻ 넓은

용어
사전

●모래바람
모래와 함께 휘몰아치는 바람

개념 다지기

[1~2] 다음 사진은 일상생활에서 볼 수 있는 의식주의 사례입니다.

ⓐ
▲ 티셔츠

ⓑ
▲ 비빔밥

ⓒ
▲ 아파트

ⓓ
▲ 음료수

ⓔ
▲ 단독 주택

ⓕ
▲ 신발

11종 공통

1 위 ㉠~㉤을 다음 기준에 맞게 구분해 기호를 쓰시오.

(1) 의생활: (,   )
(2) 식생활: (,   )
(3) 주생활: (,   )

11종 공통

2 위 ㉠~㉤ 중 다음과 같은 역할을 하는 것을 두 가지 찾아 기호를 쓰시오.

> • 잠을 자고 쉴 수 있습니다.
> • 더위와 추위를 피할 수 있습니다.

(,   )

11종 공통

3 날씨가 더운 여름철 고장 사람들의 옷차림은 어느 것입니까? (   )

① 장갑을 낀다.
② 목도리를 두른다.
③ 가벼운 외투를 입는다.
④ 햇볕을 막는 모자를 쓴다.
⑤ 솜을 넣어 만든 옷을 입는다.

미래엔

4 다음에서 설명하는 것은 어느 것입니까? (   )

> 눈에 빠지지 않도록 신발 바닥에 덧대어 신던 덧신입니다.

① 설피   ② 갈옷   ③ 한복
④ 드레스   ⑤ 도롱이

천재교육, 교학사, 김영사, 동아출판, 비상교과서, 지학사

5 베트남처럼 덥고 습한 고장에 살고 있는 사람들의 의생활 모습은 어느 것입니까? (   )

①

②

③

④

11종 공통

6 세계 여러 고장 사람들의 의생활 모습을 보면서 알 수 있는 점으로 알맞은 것에 ○표를 하시오.

(1) 고장의 환경에 따라 옷의 재료나 두께가 다릅니다.
(   )

(2) 고장마다 사람들이 입는 옷의 모양에 차이가 없습니다.
(   )

개념 체크

개념 ① 우리 고장과 다른 고장의 식생활 모습

1. 고장에서 나는 음식 재료

바다가 있는 고장	생선, 김, 미역 등의 해산물이 많이 남.
산이 있는 고장	버섯, 나물과 같은 재료들이 많이 남.
논과 밭이 있는 고장	쌀, 채소 등의 농산물이 많이 남.

☑ **산이 많은 고장의 대표 음식**

산이 많은 고장에서는 버섯, 감자, ❶(나물 / 미역) 등을 이용한 음식이 발달했습니다.

> 산지가 많은 영월에서는 감자로 만든 음식이 많아.

> 나는 쫄깃쫄깃한 감자옹심이를 좋아해.

2. 고장의 대표 음식 → 고장에서 나는 재료가 다르므로 각 고장 사람들이 즐겨 먹는 음식도 조금씩 다릅니다.

서산 어리굴젓
서산은 주변 바닷가에서 많이 나는 굴로 만든 음식이 유명함.

정선 곤드레나물밥
정선은 주변 산에서 자란 곤드레나물을 넣어 만든 밥이 유명함.

울릉도 / 독도
동해

전주비빔밥
전주는 넓은 들에서 자란 쌀과 채소로 만든 비빔밥이 유명함.

황해 / 전주 / 하동

하동 재첩국
하동은 근처 강에서 잡은 조개를 넣어 만든 재첩국이 유명함.

남해

☑ **바다가 있는 고장의 대표 음식**

바다가 있는 고장은 조개, 물고기, 게 등

❷ | ㅎ | ㅅ | ㅁ | 을 이용한 음식이 발달했습니다.

> 바닷가에 왔으니 해산물 요리를 먹어야지.

> 영덕하면 대게찜이지!

➡ 각 고장을 대표하는 음식은 주변 환경에서 쉽게 구할 수 있는 재료로 만들어집니다.

내 교과서 살펴보기 / **천재교육**

고장의 환경에 따른 고장의 대표 음식

보성 꼬막무침	갯벌이 넓게 펼쳐진 보성에서는 꼬막이 많이 남.
제주 한라봉주스	따뜻한 제주에서는 한라봉이 잘 자람.

└ 한라산을 닮아서 이름 붙은 과일입니다.

정답 ❶ 나물 ❷ 해산물

 용어 사전

* **식생활** (食 먹을 식 生 날 생 活 살 활)
먹는 음식과 관련된 생활

개념 2 세계 여러 고장 사람들의 식생활 모습

덥고 습한 고장

열대 과일과 쌀을 이용한 음식과 기름이나 향신료를 넣어 만든 음식이 발달함.

파인애플 볶음밥(타이) ▶

[출처: 셔터스톡]

추운 고장

추운 곳에서도 자라는 호밀과 같은 곡식을 길러 음식의 재료로 이용함.

호밀빵(러시아) ▶

[출처: 셔터스톡]

산지가 많은 고장

산지에 젖소를 키워 얻은 우유로 퐁뒤와 같은 음식을 만들어 먹음.
└ 빵, 고기 등을 우유로 만든 치즈에 찍어 먹는 음식

퐁뒤(스위스) ▶

[출처: 셔터스톡]

바다로 둘러싸인 고장

바다에서 생선, 조개 등이 많이 잡히기 때문에 해산물을 이용한 음식이 많음.

초밥(일본) ▶

[출처: 게티이미지]

☑ 덥고 습한 고장의 식생활 모습

열대 과일이 잘 자라고 벼농사가 활발해 ❸(쌀 / 호밀)을 이용한 음식이 발달했습니다.

베트남에는 열대 과일하고 쌀이 잘 자라.

그래서 쌀국수가 유명하구나.

파인애플 볶음밥도 최고지.

개념 3 우리 고장과 다른 고장의 주생활 모습 ⑩ 전통 가옥

바람이 많이 부는 고장

└ 햇볕과 바람을 막는 풍채

[출처: 셔터스톡]

제주도에서는 바람에 지붕이 날아가지 않도록 지붕을 줄로 고정했음.

겨울에 눈이 많이 내리는 고장

└ 우데기

울릉도에서는 눈이 많이 쌓여도 집 안에서 생활할 수 있도록 우데기를 만들었음.
└→ 지붕의 끝에서부터 땅에 닿는 부분까지 둘러친 벽

나무를 쉽게 구할 수 있는 고장

[출처: 게티이미지]

나무를 쉽게 구할 수 있는 강원도 산지에서는 너와집을 지었음.
└→ 지붕을 덮기 위해 만든 나뭇조각

여름철 비가 많이 내리는 고장

홍수로 집이 물에 잠기는 것을 막으려고 터돋움집을 지었음.

☑ 고장의 환경에 따른 집 모양

사람들은 ❹(쉽게 / 어렵게) 얻을 수 있는 재료로 집을 짓고, 환경에 따라 집의 모양을 다르게 했습니다.

제주도에서는 지붕이 바람에 날아가지 않도록 지붕을 낮고 둥글게 만들었어.

또 주위에서 쉽게 구할 수 있는 돌로 담을 쌓아 바람을 막았지.

정답 ❸ 쌀 ❹ 쉽게

내 교과서 살펴보기 / 아이스크림 미디어

도시의 주생활 모습

도시가 발달한 고장에서는 많은 사람이 좁은 땅에 모여 살 수 있도록 아파트와 같이 집을 높게 짓습니다.

개념 ④ 세계 여러 고장 사람들의 주생활 모습 → 고장마다 날씨, 땅의 생김새와 같은 환경이 다르기 때문에 주생활 모습이 다양합니다.

덥고 습한 고장

△ 수상 가옥(미얀마)

더위와 해충을 피하기 위해 수상 가옥을 지었음.

화산 폭발이 있었던 고장

△ 동굴집(터키)

화산재가 쌓여 만들어진 단단하지 않은 바위를 파서 집을 지었음.

춥고 눈으로 둘러싸인 고장

[출처: 셔터스톡]

△ 이글루(캐나다)

사냥을 나왔을 때 추위를 피하려고 눈과 얼음으로 이글루를 지었음.

사막이 있고 건조한 고장

[출처: 셔터스톡]

△ 흙집(사우디아라비아)

주로 흙을 재료로 집을 짓고, 햇볕을 막기 위해 창문을 작게 냈음.

춥고 눈이 많이 오는 고장

△ 이즈바(러시아)

주변에서 쉽게 구할 수 있는 통나무로 집을 짓고 지붕을 가파르게 만들었음.

초원이 펼쳐진 고장

△ 게르(몽골)

가축에게 먹일 물과 풀을 찾아 옮겨 다니기 때문에 이동식 집인 게르를 지었음.

내 교과서 살펴보기 / 천재교육

여름이 덥고 건조한 고장

그리스에서는 여름에 강한 햇볕을 막기 위해 벽을 두껍게 만들어 열기를 막고, 벽을 흰색으로 칠해 햇빛을 반사했습니다.

[출처: 셔터스톡]

☑ **덥고 습한 고장의 주생활**

더위와 해충을 피하려고 물속에 말뚝을 박아 ❺ ☐☐☐☐ 을 짓거나 땅 위로 집을 올려 지었습니다.

더위를 피하려고 물 위에 집을 지었어.

아하! 그렇구나.

☑ **춥고 눈이 많이 오는 고장의 주생활**

춥고 눈이 많이 오는 러시아에서는 ❻ ☐ 이 쌓이지 않도록 지붕의 경사를 급하게 만들었습니다.

이즈바는 지붕이 가파르네?

눈이 쌓이지 않고 잘 흘러내릴 수 있겠어.

정답 ❺ 수상 가옥 ❻ 눈

📖 용어 사전

● **사막** (沙 모래 사 漠 넓을 막)
강수량이 적어 식물이 자라기 어려운 땅

● **게르**
나무로 뼈대를 만들고 그 위에 두꺼운 천이나 가죽을 덮어서 만든 몽골의 전통 가옥

개념 다지기

11종 공통

1 다음 고장에서 많이 나는 음식 재료를 바르게 줄로 이으시오.

(1) 바다가 있는 고장 · · ㉠ 쌀, 채소 등의 농산물

(2) 산이 있는 고장 · · ㉡ 생선, 김, 미역 등의 해산물

(3) 논과 밭이 있는 고장 · · ㉢ 버섯, 나물과 같은 재료

천재교과서, 금성출판사, 김영사, 동아출판, 미래엔, 비상교과서

2 넓은 들에서 쌀과 채소가 잘 자라는 전주에서 발달한 음식은 어느 것입니까? (　　　)

① 대게찜
② 비빔밥
③ 재첩국
④ 어리굴젓
⑤ 파인애플 볶음밥

11종 공통

3 해산물을 이용한 음식이 발달한 고장의 자연환경으로 알맞은 것은 어느 것입니까? (　　　)

① 바다가 있다.
② 초원이 발달했다.
③ 비가 거의 오지 않는다.
④ 일 년 내내 무덥고 습하다.
⑤ 일 년 내내 춥고 눈이 내린다.

천재교육, 천재교과서, 교학사, 김영사, 동아출판, 미래엔, 비상교과서, 비상교육, 지학사

4 울릉도에서 우데기를 만든 까닭으로 알맞은 것은 어느 것입니까? (　　　)

① 울릉도에 나무가 많기 때문에
② 울릉도는 바람이 많이 불기 때문에
③ 울릉도는 겨울에 눈이 많이 오기 때문에
④ 울릉도는 일 년 내내 기온이 높기 때문에
⑤ 울릉도는 여름에 비가 많이 내리기 때문에

교학사, 금성출판사, 동아출판, 비상교과서, 아이스크림 미디어, 지학사

5 춥고 눈이 많이 오는 고장에서 다음과 같은 집을 지은 까닭을 보기 에서 찾아 기호를 쓰시오.

보기
㉠ 무더운 날씨를 피하기 위해서
㉡ 홍수로 집이 물에 잠길 수도 있기 때문에
㉢ 주변에서 나무를 쉽게 구할 수 있었기 때문에

(　　　　　)

11종 공통

6 세계 여러 고장 사람들의 주생활 모습에 대해 바르게 말한 어린이를 쓰시오.

서아: 자연환경은 고장 사람들의 주생활 모습에 영향을 주지 않아.
주희: 몽골에서는 여름에 강한 햇볕을 막기 위해 벽을 흰색으로 칠했어.
아람: 터키의 동굴집은 바위가 단단하지 않아 그 속을 파서 집을 지을 수 있었어.

(　　　　　)

Step ❶ 단원평가

[1~5] 다음은 개념 확인 문제입니다. 물음에 답하시오.

1 사람이 살아가는 데 반드시 필요한 옷과 음식, 집을 통틀어 무엇이라고 합니까?

(   )

2 의생활과 관련된 것에는 청바지, (주스 / 신발) 등이 있습니다.

3 날씨가 (더울 / 추울) 때에는 바람이 잘 통하는 옷을 입습니다.

4 하동 재첩국과 관련 있는 고장의 자연환경은 산과 강 중 무엇입니까? (   )

5 강원도 산지에서는 나무를 쉽게 구할 수 있었기 때문에 (너와집 / 초가집)을 지었습니다.

11종 공통

6 집이 없을 때 불편한 점을 바르게 설명한 어린이를 쓰시오.

> 현아: 영양분을 얻을 수 없어.
> 주민: 나의 직업을 표현할 수 없어.
> 세영: 안전하고 편안하게 쉴 수가 없어.

(   )

11종 공통

7 겨울철 사람들의 의생활 모습으로 알맞은 것은 어느 것입니까? (   )

①    ②

③    ④

11종 공통

8 사우디아라비아에서 오른쪽과 같은 옷 차림을 하는 까닭은 어느 것입니까?

(   )

① 눈이 많이 오기 때문에
② 직업을 나타내기 위해서
③ 화산재를 피하기 위해서
④ 비가 많이 내리기 때문에
⑤ 뜨거운 햇볕과 모래바람을 막기 위해서

천재교육, 천재교과서, 교학사, 금성출판사, 김영사,
동아출판, 미래엔, 비상교과서, 비상교육, 지학사

9 춥고 눈이 많이 내리는 고장 사람들의 의생활 모습으로 알맞은 것을 [보기]에서 찾아 기호를 쓰시오.

보기
> ㉠ 바람이 잘 통하는 얇은 옷을 입습니다.
> ㉡ 동물의 털과 가죽으로 만든 두꺼운 옷을 입습니다.

(   )

천재교육, 교학사, 미래엔

10 갯벌이 넓게 펼쳐진 보성에서 발달한 음식은 어느 것입니까? (   )

① 파전　　　　② 비빔밥
③ 꼬막무침　　④ 한라봉주스
⑤ 곤드레나물밥

천재교육, 교학사, 미래엔, 비상교과서, 비상교육, 지학사

11 산지에서 젖소를 키우는 고장에서 발달한 음식으로 알맞은 것에 ○표를 하시오.

(1)
🔺 초밥
(   )

(2)
🔺 퐁뒤
(   )

김영사, 동아출판, 비상교육, 아이스크림 미디어, 지학사

12 여름철 홍수로 집이 물에 잠길 위험이 있는 고장 사람들의 주생활 모습은 어느 것입니까? (   )

①
②
③
④

천재교육, 천재교과서, 김영사, 동아출판, 비상교육

13 다음 설명과 관련 있는 주생활 모습은 어느 것입니까?
(   )

> 가축에게 먹일 물과 풀을 찾아 이동할 때 간편하게 설치할 수 있습니다.

①
②
③
④

천재교육, 천재교과서, 동아출판, 비상교육

14 다음 주생활과 관련된 고장의 환경으로 알맞은 것은 어느 것입니까? (   )

🔺 이글루

① 여름이 덥고 건조하다.
② 춥고 눈이 많이 내린다.
③ 덥고 비가 많이 내린다.
④ 햇볕이 뜨겁고 모래바람이 분다.
⑤ 화산재가 쌓여 만들어진 바위가 있다.

1
단원

15 다음은 의식주와 관련된 사진입니다.

 ㉠  ㉡  ㉢

11종 공통

(1) 위 ㉠~㉢ 중 주생활과 관련된 것의 기호를 쓰시오.

( )

(2) 위 ㉡과 관련된 생활이 필요한 까닭은 무엇인지 쓰시오.

답 생활에 필요한 [ ]을 얻기 위해서이다.

16 다음은 세계 각 고장의 전통 의생활 모습입니다.

 ㉠  ㉡  ㉢

11종 공통

(1) 모래바람이 많이 부는 고장의 의생활 모습은 무엇인지 기호를 쓰시오.

( )

(2) 위 ㉢과 같은 의생활 모습을 볼 수 있는 고장의 자연환경을 쓰시오.

_____

_____

11종 공통

17 제주도에서 오른쪽과 같은 집을 지은 까닭은 무엇인지 쓰시오.

_____

_____

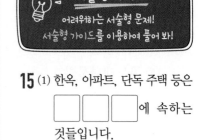
서술형 가이드
어려워하는 서술형 문제!
서술형 가이드를 이용하여 풀어 봐!

15 (1) 한옥, 아파트, 단독 주택 등은 [ ][ ][ ]에 속하는 것들입니다.

(2) 영양분을 얻기 위해 음식을 먹는 것은 [ ][ ][ ]과 관련이 있습니다.

16 (1) 모래바람이 많이 부는 고장에서는 몸 (전체 / 일부)를 감싸는 옷을 입습니다.

(2) 춥고 눈이 많이 오는 고장에서는 동물의 [ ]과 가죽으로 만든 옷을 입습니다.

17 제주도는 [ ][ ]이 많이 불어서 지붕이 날아가지 않도록 집을 지었습니다.

학습 주제 고장의 대표 음식

학습 목표 고장마다 발달한 음식이 다른 까닭을 알 수 있다.

고장 사람들의 식생활 모습

• 환경은 사람들의 식생활에 많은 영향을 줍니다.

• 음식은 각 고장의 환경에서 쉽게 구할 수 있는 재료를 중심으로 발달해 왔습니다.

[18~20] 다음은 고장의 대표 음식을 소개하는 모습입니다.

보성 꼬막을 이용한
꼬막무침

┌─────┐
│ ㉠ │ 이 넓게 펼
└─────┘
쳐진 우리 고장에는 꼬막이 많아. 그래서 꼬막으로 만든 음식이 발달했지. 그중에서 나는 꼬막무침이 좋아.

[출처: 게티이미지]

영월 곤드레를 이용한
곤드레나물밥

우리 고장의 산골짜기에서는 곤드레나물이 잘 자라. 향이 가득한 곤드레나물밥에 양념장을 쓱쓱 비벼 먹으면 정말 맛있어!

[출처: 게티이미지]

제주 한라봉을 이용한
한라봉주스

㉡

18 위 ㉠에 들어갈 알맞은 자연환경을 보기 에서 찾아 쓰시오.
천재교육, 교학사, 미래엔

보기
• 산 • 갯벌 • 사막 • 고원 • 계곡

(   )

천재교육

19 위 ㉡에 들어갈 내용이 되도록 ( ) 안의 알맞은 말에 각각 ○표를 하시오.

한라봉이라고 들어 봤니? ❶(한라산 / 백두산)을 닮아서 이름 붙은 과일이야. 우리 고장은 ❷(따뜻해서 / 추워서) 한라봉이 잘 자라. 나는 달콤한 한라봉주스를 좋아해.

20 위와 같이 고장마다 발달한 음식이 다른 까닭을 쓰시오.
11종 공통

_____

_____

고장마다 나는 재료가 달라서 각 고장 사람들이 즐겨 먹는 음식도 조금씩 달라.

1. 환경에 따라 다른 삶의 모습

점수

> 배점 표시가 없는 문제는 문제당 4점입니다.

1 우리 고장의 환경과 생활 모습

11종 공통

1 다음에서 설명하는 환경이 <u>아닌</u> 것은 어느 것입니까?
( )

> 자연 그대로의 환경

① 산
② 하천
③ 비
④ 밭

11종 공통

2 하천을 이용하는 모습을 바르게 쓴 어린이는 누구입니까? ( )

① 염전
② 생활용수
③ 등산로
④ 산림욕장

3 다음은 어떤 자연환경을 이용하는 모습입니까?
( )

 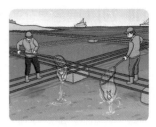

① 들
② 산
③ 눈
④ 우박
⑤ 바다

[4~5] 다음은 은우네 고장의 평균 기온과 평균 강수량 그래프입니다.

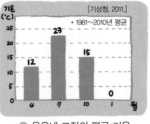 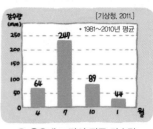

△ 은우네 고장의 평균 기온　　△ 은우네 고장의 평균 강수량

천재교육

4 은우네 고장의 기온이 가장 높은 달과 강수량이 가장 많은 달은 언제인지 쓰시오.

(1) 평균 기온이 가장 높은 달: ( )

(2) 평균 강수량이 가장 많은 달: ( )

🗒️ 서술형·논술형 문제　　11종 공통

5 은우네 고장 사람들의 7월의 생활 모습은 어떠할지 쓰시오. [10점]

_____

_____

[6~7] 다음은 일기 예보의 한 장면입니다.

기온이 뚝 떨어지고 많은 눈이 내리면서, 빙판이 생기고 하얀 눈꽃이 피었습니다.

11종 공통

6 위 일기 예보와 관련된 계절은 언제인지 쓰시오.

( )

11종 공통

7 위 일기 예보와 관련된 계절의 생활 모습으로 알맞은 것은 어느 것입니까? ( )

① 꽃구경을 간다.
② 단풍 구경을 간다.
③ 에어컨을 사용한다.
④ 난로나 온풍기를 사용한다.
⑤ 해수욕장에서 물놀이를 한다.

11종 공통

8 다음 자연환경이 있는 고장 사람들이 주로 하는 일을 두 가지 고르시오. (,)

• 바다   • 갯벌   • 모래사장

① 물고기를 가두어 기른다.
② 꿀을 얻기 위해 벌을 기른다.
③ 버섯을 기르거나 약초와 나물을 캔다.
④ 배나 고기잡이 도구를 팔거나 고쳐 준다.
⑤ 스키 타는 방법을 가르쳐 주는 일을 한다.

🗂 서술형·논술형 문제

11종 공통

9 다음은 소희네 고장의 모습입니다. [총 10점]

(1) 소희네 고장의 모습에 대해 알맞게 이야기한 어린이를 쓰시오. [3점]

연아: 높은 건물이 많이 있어.
미연: 축사, 비닐하우스가 많이 있어.

( )

(2) 소희네 고장 사람들이 주로 하는 일은 무엇인지 쓰시오. [7점]

_____

_____

11종 공통

10 인문환경을 이용한 여가 생활을 즐긴 어린이를 두 명 고르시오. (,)

①
🔼 강에서 래프팅하기

② 🔼 숲에서 캠핑하기

③
🔼 공원에서 인라인 스케이트 타기

④
🔼 영화관에서 영화 보기

2 환경에 따른 의식주 생활 모습

11종 공통

11 의식주 생활에 해당하는 것은 어느 것입니까? (　　　)

① 영화를 본다.
② 자전거를 탄다.
③ 밥과 국을 먹는다.
④ 휴대 전화로 통화를 한다.
⑤ 기차를 타고 여행을 간다.

11종 공통

12 의생활, 식생활, 주생활이 필요한 까닭을 바르게 줄로 이으시오.

(1) 의생활 ・　・㉠ 영양분을 얻기 위해

(2) 식생활 ・　・㉡ 안전하고 편안하게 쉬기 위해

(3) 주생활 ・　・㉢ 피부를 보호하고 온도를 유지하기 위해

11종 공통

13 다음 중 가을철 사람들의 의생활 모습은 무엇인지 기호를 쓰시오.

㉠  　㉡

(　　　　　)

천재교육, 교학사, 금성출판사, 동아출판, 미래엔, 비상교과서, 비상교육, 지학사

14 다음 어린이가 살고 있는 고장은 어디입니까? [6점]

(　　　　)

우리 고장에서는 망토와 같은 쉽게 덧입을 수 있는 옷을 걸쳐.

① 덥고 습한 고장
② 덥고 건조한 고장
③ 춥고 눈이 많이 내리는 고장
④ 낮과 밤의 기온 차가 큰 고장
⑤ 사막이 있어 모래바람이 부는 고장

천재교육, 천재교과서

15 강원도 정선에서 곤드레나물밥이 발달한 까닭과 관련된 자연환경은 어느 것입니까? (　　　　)

①
△ 바다

②
[출처: 게티이미지]
△ 눈

③
△ 산지

④
△ 하천

천재교과서, 김영사, 동아출판

16 다음 대화의 □ 안에 공통으로 들어갈 음식은 어느 것입니까? (   )

> 연후: 원권아, □□□(이)라는 음식 알아?
> 원권: 응. 서산에서 발달한 음식이잖아.
> 연후: 그런데 서산에서는 왜 □□□이/가 유명할까?
> 원권: 서산은 주변 바닷가에서 굴이 많이 나거든.

① 파전
② 재첩국
③ 어리굴젓
④ 한라봉주스
⑤ 곤드레나물밥

11종 공통

🖥️ 서술형·논술형 문제

17 다음은 세계 여러 고장의 자연환경과 식생활을 정리한 것입니다. [총 10점]

㉠	열대 과일, 쌀을 이용한 음식이 많음.
바다로 둘러싸인 고장	㉡
산지가 있는 고장	젖소를 키워 얻은 우유로 음식을 만듦.

(1) 위 ㉠에 들어갈 고장의 환경으로 알맞은 것을 보기 에서 찾아 쓰시오. [3점]

> 보기
> • 날씨가 덥고 습한 고장
> • 춥고 눈이 많이 오는 고장

(   )

(2) 위 ㉡에 들어갈 내용을 알맞게 쓰시오. [7점]

_____

_____

11종 공통

1 단원

18 나무를 쉽게 구할 수 있는 고장에서 발달한 집에 ○표를 하시오.

(1)
△ 터돋움집
(   )

(2)
△ 너와집
(   )

동아출판, 미래엔, 비상교과서, 비상교육, 지학사

19 터키에서 동굴집을 지었던 까닭은 어느 것입니까? (   )

① 바위가 단단하지 않았기 때문에
② 집이 물에 잠기는 것을 막기 위해서
③ 집에 눈이 들어오는 것을 막기 위해서
④ 날씨가 추워 나무가 곧게 자라기 때문에
⑤ 주변에서 짚을 쉽게 구할 수 있었기 때문에

교학사, 금성출판사, 김영사, 동아출판, 미래엔, 비상교육

20 사막이 있고 건조한 고장의 주생활 모습으로 알맞은 것은 어느 것입니까? (   )

①
△ 이즈바

②
△ 수상 가옥

③
△ 흙집

④
△ 이글루

연관 학습 안내

초등 3학년	초등 5학년	중학교
옛날과 다른 오늘날의 모습 옛날과 오늘날의 생활 도구, 생활 모습을 살펴봐요.	나라의 발전 옛날 사람들의 생활 모습부터 발달해 온 과정을 배워요.	문명의 형성 도구의 발달 등에 대해 배울 거예요.

시대마다 다른 삶의 모습

2

이어서
개념 웹툰

2. ❶ 옛날과 오늘날의 생활 모습(1)

6 옛날 사람들의 생활 모습

개념 체크

개념 ① 옛날 생활 모습 살펴보기

1. 옛날 사람들의 생활 모습을 살펴보는 방법

사람들이 생활하는 데 필요한 여러 가지 물건

| 박물관이나 민속촌, 유적지 등 옛날 사람들의 생활 모습을 재현한 장소를 방문함. | ➡ | 옛날 사람들이 사용했던 생활 도구와 살았던 집의 모습을 살펴봄. |

☑ 옛날 생활 모습을 살펴보는 방법

민속촌이나 ❶ ⬜ⅤⅢⅠ(ㅂㅁㄱ), 유적지 등을 방문하여 살펴봅니다.

중요 2. 박물관에서 할 수 있는 활동

옛날 사람들의 생활을 직접 체험해 볼 수 있음.

옛날 사람들이 남긴 여러 가지 문화유산을 관람할 수 있음.

옛날 생활 도구를 직접 만들어 볼 수 있음.

☑ 박물관에서 할 수 있는 활동

옛날의 ❷ ⬜(ㅁㅎㅇㅅ) 관람뿐 아니라 다양한 활동을 할 수 있습니다.

정답 ❶ 박물관 ❷ 문화유산

내 교과서 살펴보기 / 천재교과서

박물관과 관련된 다양한 직업 → 고고학자, 문화 관광 해설사도 있습니다.

문화재 감정 평가사	보존 과학자	학예 연구사
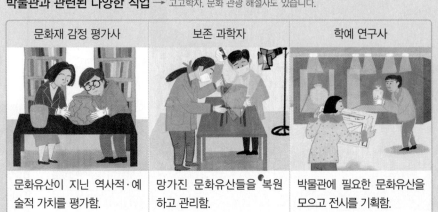		
문화유산이 지닌 역사적·예술적 가치를 평가함.	망가진 문화유산들을 ●복원하고 관리함.	박물관에 필요한 문화유산을 모으고 전시를 기획함.

용어사전

● 재현 (再 두 재 現 나타날 현)
다시 나타냄.
● 복원 (復 회복할 복 元 처음 원)
원래대로 회복함.

개념 ② 자연에서 얻은 재료로 도구를 만들어 쓰던 시대

1. 돌을 깨뜨려 만든 도구를 사용한 시대의 생활 모습

추위나 동물들의 공격을 피하기 위해

동굴이나 바위 그늘에서 생활하며 사냥을 하거나 열매를 따 먹었음.

⬥ 주먹 도끼

동물 가죽으로 옷을 만들었음.

돌을 깨뜨려 도구를 만들었음.

2. 돌을 갈아서 만든 도구를 사용한 시대의 생활 모습

강가나 바닷가에 모여 살며 땅을 갈아서 농사를 짓기 시작했음.

⬥ 뼈로 만든 낚시 도구

⬥ 빗살무늬 토기

쓰임새에 맞게 돌이나 동물의 뼈를 갈아 더 좋은 도구를 만들었음.

흙으로 그릇을 만들어 음식을 담아 보관했음.

내 교과서 살펴보기 / 천재교과서, 교학사, 금성출판사, 김영사, 동아출판, 미래엔, 지학사

돌을 갈아서 만든 여러 가지 도구

돌괭이	땅을 갈아 농사짓는 데 사용했음.
가락바퀴	실을 뽑는 데 사용했음.
갈돌과 갈판	곡식의 껍질을 벗기고 가루로 만드는 데 사용했음.

⬥ 가락바퀴

☑ **돌을 깨뜨려 도구를 만들었던 시대**

동굴이나 바위 그늘에서 생활하며 ❸[ㅅ][ㄴ]을 하고 열매를 따 먹었습니다.

이거 혹시 옛날에 썼던 주먹 도끼가 아닐까?

아무리 봐도 그냥 돌 같지 않니?

☑ **돌을 갈아서 도구를 만들었던 시대**

땅을 갈아서 ❹[ㄴ][ㅅ]를 짓고, 돌이나 동물의 뼈를 갈아서 도구를 만들었습니다.

옛날 사람들처럼 이 뼈로 도구를 만들 수 있을까?

어서 먹은 거나 치워!

정답 ❸ 사냥 ❹ 농사

_{중요} 개념 ③ 금속으로 도구를 만들어 쓰던 시대

1. 청동으로 만든 도구를 사용한 시대의 생활 모습

반달 돌칼 ▶

→ 청동은 재료를 구하기 어렵고, 만드는 과정이 복잡했기 때문입니다.

농사를 지을 때나 일상생활에서는 돌과 나무를 사용했음.

청동으로 무기, 장신구, 제사 지내는 도구를 만들었음.

⬆ 비파형 동검   ⬆ 청동 거울

내 교과서 살펴보기 / 김영사, 동아출판, 비상교과서

농경문 청동기

• 농사짓는 모습이 새겨져 있는 청동기로, 당시의 생활 모습을 파악할 수 있습니다.

• 토기에 수확물을 담는 모습, 따비로 땅을 가는 모습, 괭이로 땅을 파는 모습 등이 새겨져 있습니다.

→ 일상생활에서도 청동보다 훨씬 단단한 철을 널리 사용했습니다.

2. 철로 만든 도구를 사용한 시대의 생활 모습

전쟁에서 철로 만든 무기를 사용했음.

◀ 철로 만든 무기

철로 만든 농사 도구를 사용해 더 많은 곡식을 수확했음.

⬆ 철로 만든 농기구   → 농업이 크게 발달했습니다.

☑ **청동으로 도구를 만들었던 시대**

다양한 도구를 청동으로 만들었지만 일상생활에서는 ❺ (돌 / 철)로 만든 도구를 사용했습니다.

철로 만든 도구를 사용한 시대

이 시대에도 돌이 있네요?

엇?

일상생활에서는 여전히 돌로 만든 도구를 사용했어요.

☑ **철로 도구를 만들었던 시대**

시간이 지난 후 사람들은 청동보다 ❻ (단단한 / 부드러운) 철로 도구를 만들었습니다.

이건 철로 만든 무기와 갑옷이에요.

엄청 단단하고 무거워 보여요.

정답 ❺ 돌 ❻ 단단한

📖 용어 사전

• 청동 (靑 푸를 청 銅 구리 동)
  구리와 주석을 섞어서 만든 금속

• 장신구 (裝 꾸밀 장 身 몸 신 具 갖출 구)
  몸을 꾸미는 데 쓰는 도구

개념 다지기

천재교과서

1 다음과 같은 활동을 할 수 있는 장소로 알맞은 곳은 어디입니까? (   )

> • 옛날 생활 도구를 직접 만들어 봅니다.
> • 옛날 사람들의 생활을 직접 체험합니다.
> • 옛날 사람들이 남긴 문화유산을 관람합니다.

① 공원
② 박물관
③ 기차역
④ 태권도장
⑤ 전통 시장

천재교육, 천재교과서, 교학사, 금성출판사, 김영사,
동아출판, 미래엔, 비상교과서, 비상교육, 지학사

2 돌을 깨뜨려 만든 도구로 알맞은 것은 어느 것입니까? (   )

①
⚠ 빗살무늬 토기

②
⚠ 반달 돌칼

③
⚠ 비파형 동검

④
⚠ 주먹 도끼

11종 공통

3 돌을 갈아서 만든 도구를 사용한 시대의 생활 모습으로 알맞지 <u>않은</u> 것은 어느 것입니까? (   )

① 흙으로 그릇을 만들었다.
② 땅을 갈아 농사를 지었다.
③ 강가나 바닷가에 모여 살았다.
④ 청동으로 만든 장신구를 사용했다.
⑤ 동물의 뼈를 갈아 도구를 만들었다.

천재교과서, 김영사, 동아출판, 미래엔, 지학사

4 다음 옛날 사람들이 사용했던 도구의 쓰임새를 바르게 말한 어린이를 쓰시오.

⚠ 가락바퀴

> 석규: 실을 뽑는 데 사용했어.
> 도윤: 낚시를 할 때 사용했던 도구야.
> 민희: 곡식을 담아 음식을 저장할 때 사용했어.

(   )

11종 공통

5 청동으로 만든 도구를 사용한 시대에 대한 설명으로 알맞은 것에 ○표를 하시오.
(1) 무기, 장신구, 제사용 도구를 청동으로 만들었습니다. (   )
(2) 농사를 지을 때나 일상생활에서도 청동으로 만든 도구를 사용했습니다. (   )

천재교육, 교학사, 금성출판사, 김영사, 동아출판, 미래엔,
비상교과서, 비상교육, 아이스크림 미디어, 지학사

6 철로 만든 도구를 사용한 시대에 대한 설명으로 알맞은 것은 어느 것입니까? (   )
① 농업이 크게 발달했다.
② 일상생활에서 돌을 주로 사용했다.
③ 돌을 깨뜨려 농사 도구를 만들었다.
④ 동굴이나 바위 그늘에서 주로 생활했다.
⑤ 철은 구하기 어려워 나무로 무기를 만들었다.

개념 ① 농사 도구의 변화

1. 땅을 가는 도구의 변화

→ 긴 나무 막대기 끝에 뾰족한 돌을 묶어 만들었습니다.

돌괭이

돌괭이로 땅을 고르게 했음.

철로 만든 괭이

단단한 철로 더 넓은 땅을 갈았음.

트랙터

한 번에 많은 땅을 갈 수 있음.

쟁기

소를 이용해 편하게 땅을 갈았음.

2. 곡식을 수확하는 도구의 변화

→ 돌을 날카롭게 갈아 만들었습니다.

반달 돌칼

돌을 이용해 곡식의 이삭을 땄음.

낫

날카로운 낫을 쓰니 곡식이 잘 잘리네.

철을 이용해 곡식을 쉽게 베었음.

콤바인(수확기)

한 번에 많은 곡식을 수확함.

탈곡기

곡식의 낟알을 쉽게 틸 수 있음.

3. 달라진 생활 모습: 한 사람이 갈 수 있는 논밭의 넓이가 넓어졌고, 많은 양의 곡식을 얻을 수 있게 되었습니다. → 기계를 이용해 편리하게 농사를 짓습니다.

개념 체크

☑ 땅을 가는 도구의 변화

오늘날에는 ❶ [ㅌ][ㄹ][ㅌ] 를 이용해 갈 수 있는 논밭의 넓이가 넓어졌습니다.

이 밭을 혼자 다 가신 거예요?

기계를 이용하면 넓은 땅을 갈 수 있단다.

내 교과서 살펴보기 / 금성출판사, 비상교과서

농사용 무인기(드론)
오늘날에는 과학과 기술의 발달로 논밭에 농약을 뿌릴 때 농사용 무인기를 사용하기도 합니다.

☑ 곡식을 수확하는 도구의 변화

콤바인이 등장하면서 더 ❷ (많은 / 적은) 곡식을 수확할 수 있게 되었습니다.

오늘날에는 기계를 이용해 많은 곡식을 빠르게 수확할 수 있어.

정답 ❶ 트랙터 ❷ 많은

2
단원

개념 ② 음식을 만드는 도구의 변화 → 음식을 만드는 시간이 줄어들었습니다.

1. 음식을 만드는 도구가 변화한 까닭: 농사를 짓고 가축을 기르기 시작하면서 음식 재료가 다양해졌기 때문입니다.

2. 음식을 요리할 때 사용하는 도구의 변화
> 무거운 솥 안의 열기가 잘 빠져나가지 않아 음식이 잘 익습니다.

토기에 재료를 넣고 끓여 요리했어.

철로 만든 가마솥에 열을 가해 요리를 했어.

전기밥솥으로 불을 피우지 않고 빠르게 밥을 지어.

3. 재료를 갈 때 사용하는 도구의 변화

[출처: 국립경주박물관]　　[출처: 국립민속박물관]

☑ **음식을 만드는 도구의 변화**

요리 도구는 토기, ❸ ㄱ ㅁ ㅅ , 전기밥솥의 순서로 변화했습니다.

가마솥으로 한 밥은 처음 봐요!

요즘에는 전기밥솥을 쓰는데!

> 내 교과서 살펴보기 / 천재교육, 교학사, 김영사, 동아출판, 미래엔, 지학사

시루
- 바닥의 구멍에서 올라오는 뜨거운 김으로 음식을 쪄서 요리하는 도구입니다.
- 불 위에 찜통을 올리고, 찜통 안의 물을 데워서 생기는 뜨거운 김을 이용했습니다.

개념 ③ 옷을 만드는 도구의 변화 → 다양한 종류의 옷을 쉽고 빠르게 만들 수 있습니다.

1. 실이나 옷감을 만드는 도구의 변화

식물의 줄기를 꼬아서 실을 만들었어.

베틀에 실을 올리고 서로 엮어 옷감을 만들었어.

방직기로 빠르고 편하게 많은 옷감을 만들어.

2. 옷감을 꿰매는 도구의 변화

> 빠르고 정확하게 옷감을 꿰맬 수 있습니다.

☑ **옷을 만드는 도구의 변화**

입을 수 있는 옷의 종류가 다양해졌고, 필요한 옷을 ❹ (쉽게 / 어렵게) 구할 수 있습니다.

입고 싶은 옷이 엄청 많아!

이게 다 옷을 만드는 도구가 발달한 덕분이라고!

정답 ❸ 가마솥 ❹ 쉽게

개념 ④ 집의 변화로 달라진 사람들의 생활 모습

동굴이나 바위 그늘
- 먹을 것을 찾아 옮겨 다녔음.
- 동굴에서 추위와 더위를 피하고, 동물의 공격을 피했음.

움집
- 땅을 파서 기둥을 세우고, 풀과 짚을 덮어 만들었음.
- 하나의 방에서 음식을 만들고 잠을 자며 생활 도구를 손질했음.
- 집 가운데에 불을 피웠음.

초가집
- 볏짚으로 지붕을 덮어 만들었음.
- 방, 마루, 부엌, 외양간, 화장실, 헛간 등을 쓰임에 맞게 나누어 사용했음.
- 마당에서는 농사와 관련된 일을 했음.

기와집
- 흙을 구워 만든 기와로 지붕을 덮었음.
- 주로 여자들이 생활했던 안채와 남자들이 글공부를 하거나 손님을 맞이했던 사랑채 등이 있었음.

오늘날의 집
예 아파트, 단독 주택, 연립 주택
- 철근과 콘크리트로 만들어 튼튼함.
- 거실과 주방이 연결되어 있고 화장실이 집 안에 있음.
- 가족이 함께 식사를 준비하고, 거실에서 이야기를 나눔. → 하나의 공간에서 다양하고 편리하게 생활합니다.

내 교과서 살펴보기 / 천재교육, 천재교과서, 김영사, 동아출판, 미래엔, 비상교과서, 비상교육, 아이스크림 미디어

한옥에 숨은 조상들의 지혜: 온돌
- 방바닥 아래에 있는 구들장을 따뜻하게 데우는 난방 방법입니다.
- 아궁이에 불을 피우면 뜨거운 공기가 이동하면서 구들장을 데우고 굴뚝으로 나가는 원리입니다.
- 데워진 구들장이 방 안을 따뜻하게 해 주어 추운 겨울을 따뜻하게 보낼 수 있었습니다.

아궁이 / 굴뚝 / 구들장

개념 체크

☑ **집의 모습 변화**

동굴, 움집, ❺ ㅊ ㄱ ㅈ 과 기와집, 오늘날 우리가 사는 집으로 변화했습니다.

옛날에는 저런 집에서 살기도 했었지.

오늘날 집의 모습과 많이 다르네요!

☑ **오늘날 집에서의 생활**

오늘날의 집에서는 하나의 공간에서 다양하고 ❻ ㅍ ㄹ 하게 생활합니다.

음식을 만드는 곳과 식사를 하는 곳이 한 공간에 있어서 좋아.

배고파

정답 ❺ 초가집 ❻ 편리

📖 용어 사전

●**볏짚**
벼의 낟알을 떨어낸 줄기

●**마루**
집 안에 바닥과 사이를 띄우고 깐 널빤지 또는 그 널빤지를 깔아 놓은 곳

●**외양간**
농가에서 말이나 소를 키우는 공간

개념 다지기 🌸

천재교육, 교학사, 김영사, 동아출판, 미래엔, 비상교과서, 비상교육, 아이스크림 미디어

1 땅을 가는 도구가 변화한 순서대로 기호를 쓰시오.

㉠ 쟁기	㉡ 돌괭이
㉢ 트랙터	㉣ 철로 만든 괭이

( ) → ( ) → ( ) → ( )

11종 공통

4 다음 도구들을 사용한 경우로 알맞은 것은 어느 것입니까? ( )

• 베틀 • 뼈바늘 • 재봉틀 • 가락바퀴

① 옷을 만들 때
② 집을 지을 때
③ 운동을 할 때
④ 농사를 지을 때
⑤ 음식을 만들 때

11종 공통

2 농사 도구가 발달하면서 달라진 사람들의 생활 모습으로 알맞은 것은 어느 것입니까? ( )

① 농사를 짓는 데 힘이 더 든다.
② 넓은 땅을 한 번에 갈 수 없다.
③ 한 번에 많은 곡식을 수확할 수 있다.
④ 농사지을 때 더 이상 기계를 이용하지 않는다.
⑤ 땅을 가는 데 옛날보다 시간이 더 오래 걸린다.

11종 공통

5 다음에서 설명하는 집의 모습으로 알맞은 것을 찾아 기호를 쓰시오.

• 옛날에 주변에서 구하기 쉬웠던 볏짚을 이용해 지붕을 덮어 만든 집입니다.
• 방, 마루, 부엌, 외양간 등을 쓰임에 맞게 나누어 사용했습니다.

㉠
▲ 기와집

㉡
▲ 초가집

( )

천재교육, 천재교과서, 금성출판사, 김영사, 미래엔,
비상교과서, 아이스크림 미디어, 지학사

3 음식의 재료를 갈 때 사용했던 다음 도구의 이름을 보기 에서 찾아 쓰시오.

보기
• 토기 • 맷돌 • 가마솥 • 전기밥솥

( )

천재교육, 천재교과서, 김영사, 동아출판, 미래엔,
비상교과서, 비상교육, 아이스크림 미디어

6 다음 ☐ 안에 들어갈 알맞은 말은 어느 것입니까?
( )

우리 조상들은 ☐을/를 이용해 추운 겨울을 따뜻하게 보낼 수 있었습니다.

① 마루 ② 온돌
③ 시루 ④ 마당
⑤ 콘크리트

Step ① 단원평가

[1~5] 다음은 개념 확인 문제입니다. 물음에 답하시오.

1 사람들이 생활하는 데 필요한 여러 가지 물건을 무엇이라고 합니까? ( )

2 주먹 도끼는 돌을 (깨뜨려 / 갈아서) 만든 도구입니다.

3 농경문 청동기에는 (집 / 농사)을/를 짓는 모습이 새겨져 있습니다.

4 소를 이용해 땅을 갈았던 농사 도구는 무엇입니까? ( )

5 오늘날의 집은 주로 (흙과 나무 / 철근과 콘크리트)로 만들어 튼튼합니다.

6 오른쪽 그림과 관련 있는 직업으로 알맞은 것은 어느 것입니까? ( )

천재교과서

저는 박물관에 필요한 문화유산을 모으는 일을 해요.

① 고고학자
② 보존 과학자
③ 학예 연구사
④ 문화 관광 해설사
⑤ 문화재 감정 평가사

11종 공통

7 다음과 같은 생활을 했던 사람들이 사용한 도구로 알맞지 <u>않은</u> 것은 어느 것입니까? ( )

> 주로 강가나 바닷가에 모여 살며 땅을 갈아서 농사를 짓기 시작했습니다.

① 돌괭이
② 가락바퀴
③ 빗살무늬 토기
④ 철로 만든 무기
⑤ 뼈로 만든 낚시 도구

11종 공통

8 청동으로 만든 도구를 사용한 시대의 농사 도구로 알맞은 것을 찾아 기호를 쓰시오.

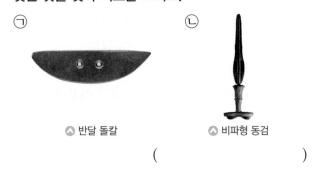

ⓐ 반달 돌칼   ⓐ 비파형 동검

( )

천재교육, 교학사, 금성출판사, 김영사, 동아출판, 미래엔,
비상교과서, 비상교육, 아이스크림 미디어, 지학사

9 다음과 같은 도구를 사용하면서 달라진 점은 어느 것입니까? ( )

ⓐ 철로 만든 농사 도구

① 농사지을 때 힘이 더 들었다.
② 돌을 깨뜨려 무기를 만들게 되었다.
③ 동굴이나 바위 그늘에서 생활하기 시작했다.
④ 농사지을 때 외에는 철을 사용하지 않게 되었다.
⑤ 이전보다 더 많은 곡식을 수확할 수 있게 되었다.

10 오늘날 곡식을 수확할 때 사용하는 농사 도구는 어느 것입니까? (   )

①
⚠ 트랙터

②
⚠ 반달 돌칼

③
⚠ 돌괭이

④
⚠ 콤바인

천재교육, 교학사, 김영사, 동아출판, 미래엔, 지학사

11 바닥의 구멍에서 올라오는 뜨거운 김으로 음식을 요리하는 오른쪽 도구의 이름은 무엇입니까? (   )

① 시루
② 맷돌
③ 믹서
④ 갈돌
⑤ 가마솥

천재교육, 교학사, 금성출판사, 김영사, 아이스크림 미디어

12 옷감을 꿰매는 도구의 변화 과정에 따라 기호를 나열한 것은 어느 것입니까? (   )

┌─────────────────────────────┐
│ ㉠ 재봉틀   ㉡ 뼈바늘   ㉢ 쇠 바늘 │
└─────────────────────────────┘

① ㉠ → ㉡ → ㉢
② ㉡ → ㉢ → ㉠
③ ㉡ → ㉠ → ㉢
④ ㉢ → ㉡ → ㉠
⑤ ㉢ → ㉠ → ㉡

13 다음 집에서의 생활 모습으로 알맞은 것은 어느 것입니까? (   )

⚠ 움집

① 먹을 것을 찾아 옮겨 다녔다.
② 남자들은 사랑채에서 생활했다.
③ 온돌을 이용해 겨울을 따뜻하게 보냈다.
④ 집 가운데에 불을 피워 따뜻하게 지냈다.
⑤ 방, 마루, 부엌 등을 쓰임에 맞게 나눠 사용했다.

14 오늘날 사람들이 많이 사는 집에서 생활하는 모습으로 알맞은 것은 어느 것입니까? (   )

①
②
③
④

15 다음은 청동으로 도구를 만들었던 시대의 생활 모습입니다. 11종 공통

(1) 농사를 지을 때 사용했던 위 ㉠ 도구의 이름을 쓰시오.

(   )

(2) 위 그림에 나타난 시대의 특징을 쓰시오.

> **답** 청동으로 **❶**[　　　], 장신구 등을 주로 만들고, **❷**[　　　]를 지을 때나 일상생활에서는 돌과 나무를 사용했다.

16 다음은 요리 도구의 변화 모습입니다. 11종 공통

토기에 재료를 넣고 끓였음.	[　　]에 열을 가해 요리를 했음.	전기밥솥으로 편리하게 요리함.

(1) 위 ☐ 안에 들어갈 알맞은 요리 도구를 쓰시오.

(   )

(2) 음식을 만드는 도구가 변화한 까닭을 쓰시오.

_____

_____

17 오른쪽 집의 이름과 특징을 한 가지만 쓰시오. 11종 공통

(1) 집의 이름: (   )

(2) 집의 특징: _____

_____

서술형 가이드
어려워하는 서술형 문제!
서술형 가이드를 이용하여 풀어 봐!

15 (1) 청동으로 도구를 만들었던 시대에는 [　　]를 지을 때 반달 돌칼을 사용했습니다.

    (2) 청동은 재료를 구하기 (쉽기 / 어렵기) 때문에 무기를 만들 때 주로 쓰였습니다.

16 (1) 요리할 때 사용하는 도구는 [　　], 가마솥, 전기밥솥으로 변화했습니다.

    (2) 음식 재료가 [　　]해지면서 음식을 만드는 도구도 같이 변화했습니다.

17 (1) 사람들은 기와로 지붕을 덮은 (기와집 / 초가집)에서 살기도 했습니다.

    (2) 기와집은 여자들이 생활했던 [　　]와 남자들이 글공부를 했던 사랑채 등으로 이루어져 있습니다.

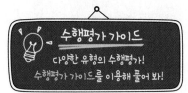
학습 주제 옛날과 오늘날의 생활 도구 비교하기

학습 목표 옛날과 오늘날의 생활 도구를 보고, 변화 과정을 알 수 있다.

생활 도구

• 사람들이 생활하는 데 필요한 여러 가지 물건입니다.

• 사람들이 사용하는 생활 도구가 달라지면서 사람들의 생활 모습에도 큰 변화가 생겼습니다.

[18~20] 다음은 옛날과 오늘날의 생활 도구입니다.

㉠
△ 베틀

㉡
△ 믹서

㉢
△ 맷돌

㉣
△ 방직기

㉤
△ 가락바퀴

㉥
△ 갈돌과 갈판

11종 공통

18 위 도구를 쓰임새에 따라 각각 분류하여 변화한 순서대로 기호를 쓰시오.

(1) 음식의 재료를 갈 때	→	→
(2) 실이나 옷감을 만들 때	→	→

천재교육, 교학사, 금성출판사, 김영사, 동아출판, 미래엔,
비상교과서, 비상교육, 아이스크림 미디어, 지학사

19 옛날 사람들이 실을 올려 놓고 서로 엮어 옷감을 만들었던 도구의 기호를 쓰시오.

( )

천재교육, 천재교과서, 금성출판사, 김영사, 미래엔,
비상교과서, 아이스크림 미디어, 지학사

20 ㉡의 발달로 달라진 오늘날의 생활 모습을 쓰시오.

_____

_____

㉡은 무엇을 할 때 쓰는 도구일까?

개념 알기

개념 ① 세시 풍속

중요
1. 세시 풍속의 의미

① 세시 풍속: 옛날부터 명절과 같이 일정한 시기에 되풀이하여 행해 온 <u>고유의 생활 모습</u> → 입는 옷, 하는 놀이, 하는 일, 먹는 음식 등이 있습니다.

② 세시 풍속과 세시 풍속이 아닌 것의 구분 〈 내 교과서 살펴보기 / **천재교과서** 〉

세시 풍속인 것 └→ 특별한 날에만 되풀이합니다.	• 동짓날에 가족들과 함께 팥죽을 만들어 먹음. • 지난 설날에 할아버지, 할머니께 세배를 드림.
세시 풍속이 아닌 것	• 지난 주말에 가족들과 함께 외식을 함. • 학교 가는 길에 만난 동네 어른께 인사를 드림.

2. 세시 풍속의 사례 ㉖ 설날

한복
윷놀이
깨끗한 새 옷
연날리기
제기차기
하는 놀이
입는 옷
설날의 풍속
하는 일
먹는 음식
세배하기
성묘하기
떡국
차례 지내기

〈 내 교과서 살펴보기 / **천재교과서, 교학사, 금성출판사, 비상교과서, 비상교육, 지학사** 〉

추석의 세시 풍속

⬥ 송편을 빚어 가족들과 나누어 먹음.

⬥ 추석날 아침에 차례를 지냄.

⬥ 조상들의 산소를 찾아가 성묘를 함.

☑ **세시 풍속**

세시 풍속은 옛날부터 ❶ [ㅇ][ㅈ]한 시기에 되풀이하여 행해 온 고유의 생활 모습입니다.

우리 가족은 동짓날마다 팥죽을 끓여 먹어.

나도 올해 동짓날엔 너희 집 가도 되니?

☑ **설날에 하는 일**

설날에는 한복이나 새 옷을 입으며, ❷ [ㄸ][ㄱ]을 먹고, 세배를 합니다.

빨리 떡국 먹어~ 설날이니까 얼른 세배 드려야지!

나 이거 먹고 더 먹어야 하는데.

열린!

정답 ❶ 일정 ❷ 떡국

용어 사전

⬥**풍속**(風 풍속 풍 俗 풍속 속)
옛날부터 전해 내려오는 생활 습관
⬥**명절**(名 이름 명 節 마디 절)
해마다 일정하게 지키고 기념하는 때

개념 ② 옛날 사람들이 즐겼던 세시 풍속 → 계절에 따른 옛날 사람들의 생활 모습과 생각을 알 수 있습니다.

1. 옛날 세시 풍속의 특징

① 한 해 농사가 잘되기를 기원했습니다.

② 계절에 따라 다양한 세시 풍속이 있었습니다. → 계절마다 사람들이 하는 일이 다르기 때문입니다.

③ 나쁜 기운을 쫓고 건강하게 지내기를 바랐습니다.

④ 수확 후에는 조상들께 감사하는 마음을 표현했습니다.

2. 새해를 시작하는 시기의 세시 풍속

설날(음력 1월 1일)

- 아침에 조상들께 차례를 지냈음.
- 집안 어른들께 세배를 드리고, 덕담을 들었음.
- 널뛰기, 윷놀이 등을 했음.

정월 대보름(음력 1월 15일)

- 새해 첫 보름달이 뜨는 날로, 한 해의 건강과 풍년을 빌며 부럼을 깨 먹고, 오곡밥과 나물을 먹었음.
- 달집태우기와 쥐불놀이를 했음.

3. 농사를 시작하는 시기의 세시 풍속

삼짇날(음력 3월 3일)

- 농사를 새로 시작하며 한 해의 풍년을 기원했음.
- 진달래꽃으로 전을 만들어 먹고, 들판에서 꽃놀이를 했음.

한식

- 씨를 뿌리는 시기로, 농사가 잘되기를 바라며 조상들의 산소를 찾아가 성묘를 했음.
- 불을 사용하지 않고 찬 음식을 먹었음.

☑ 개념 체크

☑ 옛날 세시 풍속의 특징

계절과 시기에 따라 다양한 세시 풍속이 있었고, 풍년과 ❸(건강 / 감기), 복을 바랐습니다.

올해도 모두 건강하게 해 주세요.

2 단원

☑ 정월 대보름의 세시 풍속

정월 대보름에는 쥐불놀이와 ❹(달집 / 별집)태우기를 하며 나쁜 기운을 쫓고자 했습니다.

나쁜 기운아 물렀거라!

우와

정답 ❸ 건강 ❹ 달집

용어 사전

음력(陰 그늘 음 曆 책력 력)
달의 모양 변화를 기준으로 날짜를 세는 방법

부럼
정월 대보름날에 까먹는 잣·날밤·호두·은행·땅콩 등의 견과류

달집태우기
나뭇더미를 쌓아 달집을 만들어 마을의 평안과 풍년을 빌며 태우는 놀이

4. 날씨가 무더워지는 시기의 세시 풍속

단오(음력 5월 5일)

• 부채를 주고받았음. → 더운 여름을 시원하게 지내라는 의미입니다.
• 창포물에 머리를 감고, 그네뛰기와 씨름을 즐겼음. → 수리취떡을 먹기도 했습니다.

삼복(초복, 중복, 말복)

• 더위를 이겨 내기 위해 물놀이를 했음.
• 삼계탕이나 육개장과 같이 영양이 풍부한 음식을 먹었음.

내 교과서 살펴보기 / 금성출판사, 김영사, 아이스크림 미디어

백중(음력 7월 15일): 호미를 씻는 날
• 호미로 논밭의 잡초를 없애는 김매기가 끝난 시기입니다.
• 여러 가지 과일과 채소로 조상들께 제사를 지냈습니다.
• 농사일로 지친 몸과 마음을 쉬며 마을 사람들과 잔치를 벌였습니다.

5. 수확을 끝내고 한 해를 마무리하는 시기의 세시 풍속

추석(음력 8월 15일)

• 수확에 감사하는 마음을 담아 조상들께 차례를 지냈음.
• 송편과 토란국을 먹고 강강술래와 줄다리기를 했음.

중양절(음력 9월 9일)

• 수확을 마무리하는 시기로, 산에 올라가 단풍을 즐겼음.
• 국화로 만든 술과 떡을 먹으며 건강을 기원했음.

동지(양력 12월 22일경)

• 일 년 중 밤이 가장 긴 날로, 한 해를 마무리하고 새해를 맞이하는 날로 보냈음.
• 나쁜 기운을 쫓는 의미로 팥죽을 먹고, 새해 달력을 주고받기도 했음.

☑ 단오에 즐겼던 세시 풍속

단오에는 나쁜 기운을 쫓으려고 창포물에 머리를 감았고, 그네뛰기와 ❺ 씨ㄹ 을 즐겼습니다.

아까 창포물에 열심히 머리 감더니 머릿결이 달라졌네.

☑ 추석의 세시 풍속

추석에는 조상들께 감사하는 마음으로 차례를 지내고, ❻(팥죽 / 송편)을 먹었습니다.

아까 송편을 너무 많이 먹었나 봐!

정답 ❺ 씨름 ❻ 송편

내 교과서 살펴보기 / 아이스크림 미디어

상달
• 음력 10월로 한 해 농사가 끝나고 먹을거리가 많아 사람들은 이 달을 '가장 좋은 달'로 생각했습니다.
• 상달에는 다가올 겨울을 대비해 김장을 하고, 수확한 콩으로 메주를 만들어 띄웠습니다.

개념 다지기

1 11종 공통

다음 ☐ 안에 들어갈 알맞은 말은 어느 것입니까?
( )

> 옛날부터 일정한 시기에 되풀이하여 행해 온 고유의 생활 모습을 ☐(이)라고 합니다.

① 성묘   ② 차례
③ 절기   ④ 계절
⑤ 세시 풍속

2 천재교과서

세시 풍속을 즐겼던 경험을 잘못 말한 어린이는 누구입니까? ( )

① 정아: 추석 때 가족들과 성묘를 했어.
② 운용: 동짓날 부모님과 팥죽을 먹었어.
③ 지우: 지난 추석에 송편을 빚어 먹었어.
④ 아람: 설날에 할머니, 할아버지께 세배를 했어.
⑤ 윤진: 지난 주말에 가족들과 놀이공원에 다녀왔어.

3 천재교육, 김영사, 아이스크림 미디어

설날의 풍속에 대해 정리한 다음 표에서 알맞지 않은 것은 어느 것입니까? ( )

설날의 풍속	
입는 옷	① 한복
하는 놀이	② 윷놀이
먹는 음식	③ 찬 음식
하는 일	④ 세배하기 ⑤ 차례 지내기

4 11종 공통

옛날 세시 풍속에 대한 설명으로 알맞은 것은 어느 것입니까? ( )

① 농사와 관련이 없었다.
② 명절에는 즐기지 않았다.
③ 건강을 빌기 위해 하기도 했다.
④ 계절에 상관없이 똑같은 세시 풍속을 즐겼다.
⑤ 세시 풍속을 통해 옛날 사람들의 생각은 알 수 없다.

5 금성출판사, 김영사, 아이스크림 미디어

다음에서 설명하는 날로 알맞은 것은 어느 것입니까?
( )

> 김매기가 끝나 농사일로 지친 몸과 마음을 쉬는 시기로, 여러 가지 과일과 채소로 조상들께 제사를 지내고 마을 사람들과 잔치를 벌였습니다.

① 상달   ② 삼복
③ 백중   ④ 중양절
⑤ 삼짇날

6 천재교육, 천재교과서, 교학사, 금성출판사, 김영사, 동아출판, 미래엔, 비상교과서, 비상교육, 아이스크림 미디어

동지에 먹었던 음식으로 알맞은 것을 찾아 기호를 쓰시오.

ㄱ
△ 삼계탕

ㄴ
△ 팥죽

( )

옛날과 오늘날의 세시 풍속 비교하고 체험하기

개념① 옛날과 오늘날의 세시 풍속 비교 예 설날

1. 옛날 설날의 모습

차례를 지낸 후 세배를 드렸음.

건강을 기원하며 떡국을 먹었음.

집에 복조리를 걸어 놓고 새해에 복이 많이 들어오기를 빌었음.

야광귀에게 빼앗기지 않도록 신발을 방 안에 숨겨 두었음.
　↳ 야광귀에게 신발을 빼앗기면 그해 운이 나쁘다고 생각했습니다.

2. 오늘날 설날의 모습 → 차례를 지내는 집도 있고, 지내지 않는 집도 있습니다.

새해 인사로 어른들께 세배를 드림.

아침에 가족들과 떡국을 먹음.

3. 옛날과 오늘날 설날의 비교

① 옛날에는 복을 기원하고 나쁜 기운을 몰아내는 세시 풍속이 많았지만, 오늘날에는 간단한 세시 풍속만 이어져 오고 그 의미도 약해졌습니다.
② 옛날과 오늘날 모두 가족의 행복과 건강을 바랍니다.

내 교과서 살펴보기 / 천재교육, 미래엔

옛날과 오늘날의 추석 모습

옛날	오늘날
• 올게심니를 달고 차례 지내기와 성묘를 함.	• 가족들이 모여 차례를 지내고 성묘를 함.
• 마을에서 소먹이놀이 등의 민속놀이를 했음.	• 보름달을 보며 소원을 빎.

　↳ 소로 꾸민 사람들이 여러 집을 다니며 음식을 받는 대신 복을 빌어 주는 놀이

☑ 옛날 설날의 모습

우리 조상들은 설날이 되면 ❶ ㅂ ㅈ ㄹ 를 걸어 놓고 복이 많이 들어오기를 빌었습니다.

설날이니까 우리도 옛날 사람들처럼 복조리를 걸어 놓자!

세 개나 걸어 놓았으니 복이 세 배로 들어오겠지?

☑ 오늘날 설날의 모습

평소 떨어져 지내는 ❷ ㄱ ㅈ 들을 만나고, 어른들께 세배를 합니다.

할머니, 할아버지! 새해 복 많이 받으세요.

정답 ❶ 복조리 ❷ 가족

용어사전

복조리
음력 정월 초하룻날 새벽에 부엌이나 안방, 마루 등의 벽에 걸어 놓는 조리

올게심니
추석에 풍년을 바라며 방문, 벽, 기둥에 매달아 놓는 벼, 수수, 조 등의 곡식

개념 ② 세시 풍속의 변화

1. 옛날의 세시 풍속

① 주로 농사를 짓고 살았기 때문에 날씨와 계절의 변화를 중요하게 생각하는 사람들이 많았습니다. → 날씨와 계절에 따라 해야 하는 농사일이 달랐습니다.

② 계절마다 농사와 관련된 다양한 세시 풍속이 있었습니다.

→ 농사의 풍년을 빌며 축제를 열기도 했습니다.

봄	여름

한 해 농사가 잘되기를 빌며 조상들의 산소에 성묘를 했음.	더위에도 농사일을 할 수 있도록 영양이 풍부한 음식을 먹었음.
가을	겨울

수확한 곡식과 과일로 조상들께 감사 드리는 차례를 지냈음.	보름달을 보며 새해에도 풍년이 들기를 바라고 소원을 빌었음.

중요 2. 오늘날의 세시 풍속

① 세시 풍속에 담긴 의미가 변하기도 했습니다.

② 농사와 관련된 세시 풍속이 많이 사라졌습니다.

③ 계절과 날씨에 상관없이 세시 풍속을 체험할 수 있습니다.

④ 설날, 추석과 같은 큰 명절을 중심으로만 세시 풍속이 이어져 옵니다.

3. 세시 풍속이 변화한 까닭: 교통과 통신, 과학 기술의 발달로 직업이 다양해져 농사를 짓는 사람들이 많이 줄어들었기 때문입니다.

☑ 옛날의 세시 풍속

옛날에는 농사와 관련된 세시 풍속이 많았고, ❸ ㄱ ㅈ 마다 그 모습과 의미가 다양했습니다.

옛날에는 농사와 관련된 세시 풍속이 많았어요.

계절마다 세시 풍속의 모습도 달랐구나.

> **내 교과서 살펴보기 / 천재교육**
>
> **농사와 관련된 세시 풍속 – 거북놀이**
> • 주로 추석에 하는 놀이로, 수숫잎으로 거북 모양을 만들어 그 속에 들어가 집집마다 찾아다니는 놀이입니다.
> • 마을에 나쁜 일이 생기지 않고 농사가 잘되기를 바랐습니다.

☑ 오늘날의 세시 풍속

계절에 상관없이 세시 풍속을 체험할 수 ❹ (있습니다 / 없습니다).

오늘날에는 언제든지 세시 풍속을 체험할 수 있어!

정답 ❸ 계절 ❹ 있습니다

개념❸ 옛날부터 전해 내려오는 세시 풍속 체험하기

1. 옛날부터 전해 내려오는 세시 풍속

씨름	조상들이 큰 명절에 했던, 모래판에서 힘을 겨루는 놀이
널뛰기	널빤지 양 끝에 한 사람씩 서서 번갈아 뛰는 놀이
강강술래	둥글게 모여 돌며 노래를 부르고 춤을 추는 놀이
제기차기	주로 설날에 어린이들이 즐겼던, 제기를 발로 차면서 노는 놀이
윷놀이	윷을 던져 말을 움직이며 노는 놀이
줄다리기	많은 사람이 두 편으로 나뉘어 줄을 마주 잡아당겨 승부를 겨루는 놀이

2. 세시 풍속 체험하기

① 제기 만들기 ◁ 내 교과서 살펴보기 / 천재교육

1 세 장의 한지를 겹친 후 반으로 접고 잘라 술을 만듦.
2 종이를 펼쳐 끝부분에 자석이나 건전지를 올리고 종이를 돌돌 맒.
3 윗부분을 감싸 고무줄로 묶음.

② 윷놀이 하기 → 설날과 정월 대보름 사이에 여럿이 함께 즐겼습니다.

1 두 편으로 나눠 윷을 던지고 윷이 뒤집힌 모양에 따라 윷말을 옮김.
2 윷 또는 모가 나오거나, 상대편의 윷말을 잡으면 윷을 한 번 더 던짐.
3 네 개의 윷말이 먼저 출발지로 돌아오면 이김.

> 내 교과서 살펴보기 / **천재교육, 김영사, 비상교과서, 비상교육, 아이스크림 미디어**

윷놀이에 담긴 의미
• 옛날에는 윷놀이를 하며 운세를 점치거나 마을의 풍년을 빌었습니다.
• 윷이 뒤집힌 모양에 따라 이름 붙인 도, 개, 걸, 윷, 모는 각각 돼지, 개, 양, 소, 말을 나타냅니다.

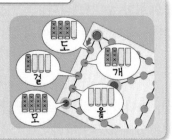

☑ **옛날부터 전해 내려오는 세시 풍속**

옛날부터 전해져 오는 세시 풍속에는 씨름, 강강술래, ❺ [ㄴ][ㄸ][ㄱ], 줄다리기 등이 있습니다.

> 널뛰기는 주로 설날이나 추석에 하던 세시 풍속이야!

☑ **윷놀이 하기**

윷을 던졌을 때 윷 또는 ❻ (도 / 모)가 나오면 윷을 한 번 더 던질 수 있습니다.

> 오늘따라 운이 좋은 걸 어떡해?
> 벌써 몇 번째 다시 던지는 거야?
> 모!!
> 한번 더!

정답 ❺ 널뛰기 ❻ 모

용어 사전

°제기
엽전이나 그와 비슷한 것을 종이나 헝겊에 싼 다음 나머지 부분을 먼지떨이처럼 여러 갈래로 늘여 발로 차고 노는 장난감

개념 다지기

천재교과서, 교학사, 김영사, 동아출판, 비상교과서,
비상교육, 아이스크림 미디어

1 옛날 설날의 모습으로 알맞지 <u>않은</u> 것은 어느 것입니까?

( )

①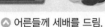
⚠ 어른들께 세배를 드림.

②
⚠ 떡국을 만들어 먹음.

③
⚠ 신발을 방에 숨겨 둠.

④
⚠ 송편을 만들어 먹음.

천재교육

2 다음 모습을 볼 수 있었던 옛날 명절은 언제입니까?

( )

> • 풍년을 바라며 올게심니를 매달았습니다.
> • 마을 사람들과 소먹이놀이를 즐겼습니다.

① 설날   ② 한식   ③ 단오
④ 추석   ⑤ 동지

천재교과서, 교학사, 금성출판사, 김영사, 동아출판,
비상교과서, 비상교육, 아이스크림 미디어

3 다음 모습을 볼 수 있었던 계절은 언제인지 쓰시오.

조상님들 덕분에 농사가 잘됐어.
수확한 곡식과 과일로 차례를 지내요.

( )

천재교육

4 다음 ☐ 안에 들어갈 알맞은 동물은 어느 것입니까?

( )

> 주로 추석에 즐겼던 놀이로, 수숫잎으로 ☐☐☐ 모양을 만들어 사람이 그 속에 들어가 집집마다 찾아다니며 농사가 잘되기를 바랐습니다.

① 쥐   ② 말   ③ 닭
④ 거북   ⑤ 호랑이

11종 공통

5 옛날에 농사와 관련 있는 세시 풍속이 많았던 까닭은 어느 것입니까? ( )
① 과학 기술이 발달했기 때문에
② 농사를 짓는 사람들이 많았기 때문에
③ 설날과 추석 외에는 명절이 없었기 때문에
④ 교통과 통신의 발달로 직업이 다양해졌기 때문에
⑤ 사람들이 날씨를 중요하게 여기지 않았기 때문에

천재교과서

6 옛날부터 전해 내려오는 다음 세시 풍속으로 알맞은 것은 어느 것입니까? ( )

> 조상들이 큰 명절에 했던, 모래판에서 힘을 겨루는 놀이입니다.

① 씨름   ② 널뛰기
③ 줄다리기   ④ 강강술래
⑤ 제기차기

Step 1 단원평가

[1~5] 다음은 개념 확인 문제입니다. 물음에 답하시오.

1 옛날부터 일정한 시기에 (되풀이하여 / 한 번만) 행해 온 고유의 생활 모습을 세시 풍속이라고 합니다.

2 단오에 더운 여름을 시원하게 지내라는 의미로 주고 받았던 것은 무엇입니까?

(   )

3 삼복에는 (더위 / 추위)를 이겨 내기 위해 영양이 풍부한 음식을 먹었습니다.

4 새해 첫 보름달이 뜨는 날로, 풍년을 바라며 오곡밥을 먹고 달집태우기를 했던 날은 언제입니까?

(   )

5 오늘날에는 옛날에 비해 농사와 관련된 세시 풍속이 많이 (생겼습니다 / 사라졌습니다).

11종 공통

6 세시 풍속에 대한 설명으로 알맞은 것은 어느 것입니까? (   )
① 명절에는 하지 않는다.
② 특별한 날이 아니더라도 되풀이한다.
③ 설날에 하는 세배하기, 떡국 먹기 등이 있다.
④ 명절에 입는 옷은 세시 풍속에 해당되지 않는다.
⑤ 친구와 운동장에서 축구를 하는 것은 세시 풍속이다.

11종 공통

7 정월 대보름에 행해졌던 세시 풍속을 찾아 기호를 쓰시오.

ⓐ 쥐불놀이   ⓐ 물놀이하기

(   )

[8~9] 다음은 옛날 사람들의 세시 풍속입니다.

> 씨를 뿌리는 시기인 ☐☐☐ 에는 조상들의 산소에 가서 성묘를 했어요.

천재교육, 천재교과서, 교학사, 금성출판사, 김영사, 동아출판, 비상교과서, 비상교육, 아이스크림 미디어, 지학사

8 위 ☐ 안에 들어갈 알맞은 말을 **보기** 에서 찾아 쓰시오.

보기
• 단오   • 한식   • 추석

(   )

천재교육, 천재교과서, 교학사, 금성출판사, 김영사, 동아출판, 비상교과서, 비상교육, 아이스크림 미디어, 지학사

9 위 **8**번 답에 대한 설명으로 알맞은 것은 어느 것입니까? (   )
① 음력 5월 5일이다.
② 진달래꽃으로 전을 만들어 먹었다.
③ 새해를 기념하며 달력을 주고받았다.
④ 불을 사용하지 않고 찬 음식을 먹었다.
⑤ 한 해의 건강을 빌며 부럼을 깨물었다.

천재교육, 천재교과서, 교학사, 김영사, 미래엔, 비상교과서,
비상교육, 아이스크림 미디어, 지학사

10 삼복에 주로 행해졌던 세시 풍속으로 알맞은 것은 어느 것입니까? (   )

① 씨름   ② 그네뛰기
③ 강강술래   ④ 육개장 먹기
⑤ 부럼 깨 먹기

11종 공통

11 다음 세시 풍속과 관련 있는 날을 찾아 줄로 바르게 이 으시오.

(1) | 창포물에 머리 감기 | •   • ㉠ | 추석 |

(2) | 송편 먹기 | •   • ㉡ | 단오 |

(3) | 산에 올라가 단풍 즐기기 | •   • ㉢ | 중양절 |

11종 공통

12 다음 세시 풍속 중 즐겼던 계절이 다른 하나는 어느 것입니까? (   )

①
🔺 동지에 팥죽을 먹음.

②
🔺 설날에 세배를 드림.

③
🔺 삼짇날에 꽃으로 전을 만들어 먹음.

④
🔺 정월 대보름에 쥐불놀이를 함.

천재교과서, 교학사, 금성출판사, 김영사, 동아출판,
비상교과서, 비상교육, 아이스크림 미디어

13 다음과 같은 세시 풍속이 행해진 계절은 언제입니까? (   )

> 더위를 이겨 내기 위해 영양이 풍부한 음식을 먹고, 풍년을 바라며 축제를 열었습니다.

①
🔺 봄

②
🔺 여름

③
🔺 가을

④
🔺 겨울

천재교육, 김영사, 비상교과서, 비상교육, 아이스크림 미디어

14 다음 세시 풍속에 대한 설명으로 알맞지 않은 것은 어느 것입니까? (   )

🔺 윷놀이

① 여럿이 함께 즐겼던 놀이이다.
② 설날과 정월 대보름 사이에 즐겼다.
③ 옛날에 운세를 점칠 때 하기도 했다.
④ 둥글게 모여 돌며 춤을 추는 놀이이다.
⑤ 윷이 뒤집힌 모양에 따라 도, 개, 걸, 윷, 모로 나뉜다.

15 다음은 어떤 검색어에 대한 검색 결과입니다.

11종 공통

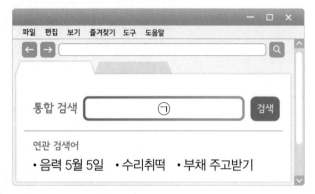

(1) 위 ㉠에 들어갈 명절을 쓰시오. (   )

(2) 위 (1)번 답의 명절에 행해졌던 세시 풍속을 쓰시오.

답 씨름과 **❶** [   ] 를 즐기고, **❷** [   ] 에 머리를 감았다.

🔦 **서술형 가이드**
어려워하는 서술형 문제!
서술형 가이드를 이용하여 풀어 봐!

15 (1) 단오는 음력 (3월 3일 / 5월 5일)로 더위와 잦은 비가 시작되는 시기였습니다.

(2) 단오에는 나쁜 기운을 쫓으려 [   ]에 머리를 감는 풍속이 있었습니다.

천재교육, 천재교과서, 교학사, 김영사, 미래엔, 비상교과서, 비상교육, 아이스크림 미디어, 지학사

16 다음은 옛날 사람들이 행했던 세시 풍속입니다.

㉠

🔺 물놀이하고 삼계탕 먹기

㉡

🔺 국화로 만든 술과 떡 먹기

(1) 위 ㉠, ㉡ 중 중양절에 행해졌던 세시 풍속을 찾아 기호를 쓰시오.

(   )

(2) 옛날 사람들이 ㉠과 같은 세시 풍속을 즐겼던 까닭을 쓰시오.

_____

_____

16 (1) 수확을 마무리하는 시기인 [   ]에는 단풍을 즐기고 국화로 만든 술과 떡을 먹었습니다.

(2) 삼복에는 더위를 이겨 내려고 [   ]을 먹었습니다.

천재교과서, 김영사, 비상교육, 지학사

17 오른쪽 그림과 같이 옛날 사람들이 설날에 신발을 방 안에 두었던 까닭을 쓰시오.

_____

_____

17 옛날에는 (설날 / 추석)에 신발을 방 안에 숨겨 두는 풍속이 있었습니다.

Step ③ 수행평가

학습 주제 옛날과 오늘날의 세시 풍속 비교

학습 목표 옛날 설날의 모습을 보고, 오늘날과 비교할 수 있다.

[18~20] 다음은 옛날 설날의 모습입니다.

ㄱ

아침에 [   ]을 먹었음.

ㄴ

차례를 지낸 후 세배를 드렸음.

ㄷ

신발을 방 안에 숨겨 두었음.

ㄹ

집에 복조리를 걸어 놓았음.

18 위 ㉠의 □ 안에 들어갈 음식을 다음 설명을 참고하여 쓰시오.　　11종 공통

> 긴 가래떡처럼 건강하게 오래 살라는 의미로 만들어 먹었던 음식입니다.

(　　　　　　　　)

천재교과서, 교학사, 동아출판, 비상교과서, 비상교육, 아이스크림 미디어

19 위 ㉠~㉣ 중 오늘날의 설날에도 하는 세시 풍속을 두 가지 찾아 기호를 쓰시오.

(　　 , 　　)

20 옛날과 비교했을 때 오늘날 세시 풍속의 특징을 쓰시오.　　11종 공통

_____

_____

옛날과 오늘날의 세시 풍속

• 옛날에는 농사와 관련된 세시 풍속이 많았고, 계절에 따라 세시 풍속의 모습과 의미가 다양했습니다.

• 오늘날에는 교통과 통신, 과학 기술의 발달로 직업이 다양해지면서 농사와 관련된 세시 풍속이 많이 줄어들었습니다.

오늘날 설날에는 무엇을 하지?

2. 시대마다 다른 삶의 모습

점수

Q 배점 표시가 없는 문제는 문제당 4점입니다.

11종 공통

1 옛날과 오늘날의 생활 모습

[1~2] 다음 그림을 보고, 물음에 답하시오.

⊙ 돌을 갈아서 만든 도구를 사용한 시대

11종 공통

1 위 시대에 대한 설명으로 가장 알맞은 것은 어느 것입니까? ( )

① 농사를 짓기 시작했다.
② 주로 금속을 이용해 도구를 만들었다.
③ 청동으로 만든 도구로 제사를 지냈다.
④ 농사를 지을 때 반달 돌칼을 사용했다.
⑤ 동굴이나 바위 그늘에서 주로 생활했다.

11종 공통

2 위 시대의 사람들이 사용했던 도구로 알맞지 <u>않은</u> 것은 어느 것입니까? ( )

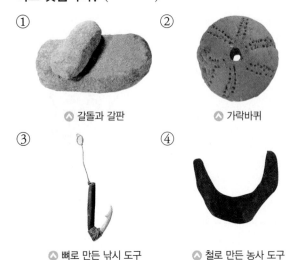

① ⊙ 갈돌과 갈판
② ⊙ 가락바퀴
③ ⊙ 뼈로 만든 낚시 도구
④ ⊙ 철로 만든 농사 도구

11종 공통

3 음식을 담는 데 사용했던 도구로 알맞은 것의 기호를 쓰시오.

⊙ ⊙ 청동 거울   ⓛ ⊙ 빗살무늬 토기

( )

김영사, 동아출판, 비상교과서

4 다음 농경문 청동기에 새겨진 모습을 두 가지 고르시오. [6점] (,)

① 전쟁을 하는 모습
② 낚시를 하는 모습
③ 괭이로 땅을 파는 모습
④ 토기에 수확물을 담는 모습
⑤ 바다에서 수영을 하는 모습

천재교육, 교학사, 금성출판사, 김영사, 동아출판, 미래엔, 비상교과서, 비상교육, 아이스크림 미디어, 지학사

5 다음과 같은 변화가 일어난 까닭으로 알맞은 것은 어느 것입니까? ( )

청동보다 훨씬 단단한 재료로 만든 농사 도구와 무기를 이용해 농업이 크게 발달했고, 전쟁에서 쉽게 이길 수 있었습니다.

① 사냥을 시작했다.
② 제사를 지내기 시작했다.
③ 동굴에서 살기 시작했다.
④ 돌과 나무로 도구를 만들기 시작했다.
⑤ 철로 만든 도구를 사용하기 시작했다.

6 오늘날 농사를 지을 때 사용하는 도구는 무엇입니까?
금성출판사, 비상교과서
( )

① 토기 ② 뼈바늘
③ 돌괭이 ④ 반달 돌칼
⑤ 농사용 무인기

서술형·논술형 문제
11종 공통

7 다음 농사 도구의 발달로 달라진 생활 모습을 한 가지 만 쓰시오. [8점]

△ 트랙터

△ 콤바인

_____

_____

11종 공통

8 다음 도구의 쓰임새를 찾아 줄로 바르게 이으시오.

(1) △ 토기 · · ㉠ 재료를 넣고 음식을 끓였음.

(2) △ 맷돌 · · ㉡ 음식의 재료를 갈았음.

천재교육, 천재교과서, 교학사, 금성출판사, 김영사, 동아출판, 비상교과서, 아이스크림 미디어, 지학사

9 다음 도구의 발달로 달라진 사람들의 생활 모습으로 알맞은 것은 어느 것입니까? ( )

△ 재봉틀

① 곡식의 낟알을 쉽게 턴다.
② 다양한 재료로 요리를 한다.
③ 논밭에 농약을 쉽게 뿌린다.
④ 빠르고 정확하게 옷감을 꿰맨다.
⑤ 불을 피우지 않고 편리하게 밥을 짓는다.

11종 공통

10 다음에서 설명하는 집의 모습으로 알맞은 것은 어느 것입니까? ( )

> 땅을 파고 기둥을 세워 풀과 짚으로 지붕을 덮어 만든 집입니다.

①
△ 움집

②
△ 초가집

③
△ 기와집

④
△ 아파트

2
단원

2 옛날과 오늘날의 세시 풍속

11종 공통

11 옛날의 세시 풍속에 대해 알맞게 말한 어린이를 쓰시오.

> 준호: 여름에 즐겼던 세시 풍속은 없어.
> 지윤: 세시 풍속의 종류가 오늘날보다 적어.
> 윤주: 농사의 풍년을 바라며 세시 풍속을 즐겼어.

(   )

11종 공통

12 다음 세시 풍속과 관련 있는 날에 대한 설명으로 알맞은 것을 보기에서 찾아 기호를 쓰시오.

△ 쥐불놀이와 달집태우기

보기
> ㉠ 수확을 마무리하는 시기입니다.
> ㉡ 새해 첫 보름달이 뜨는 날입니다.
> ㉢ 농사를 새로 시작하는 시기입니다.

(   )

교학사, 미래엔, 비상교육, 아이스크림 미디어, 지학사

13 다음은 무엇에 대한 설명인지 보기에서 찾아 쓰시오.

> • 음력 3월 3일로, 농사를 새로 시작하며 한 해의 풍년을 기원했던 날입니다.
> • 사람들은 이 날이 되면 진달래꽃으로 전을 만들어 먹고, 들판에서 꽃놀이를 즐겼습니다.

보기
> • 삼복   • 삼진날   • 중양절

(   )

11종 공통

14 다음은 단오에 대한 설명입니다. 밑줄 친 부분에 들어갈 알맞은 말은 어느 것입니까? (   )

> 단오는 음력 5월 5일로, 더위가 시작되는 시기입니다. 단오에는 부채를 주고받았고, 창포물에 머리를 감았습니다. 또한 _____

① 그네뛰기와 씨름을 즐겼습니다.
② 불을 사용하지 않고 찬 음식을 먹었습니다.
③ 어른들께 세배를 드리고 덕담을 들었습니다.
④ 더위를 이겨 내기 위해 삼계탕을 먹었습니다.
⑤ 야광귀에게 빼앗기지 않기 위해 방 안에 신발을 숨겨 두었습니다.

서술형·논술형 문제   천재교육, 천재교과서, 교학사, 금성출판사, 김영사, 동아출판, 미래엔, 비상교과서, 비상교육, 아이스크림 미디어

15 다음은 옛날 사람들이 기념하던 날에 대한 설명입니다.

[총 10점]

> 양력 12월 22일 경으로 한 해를 마무리하고 새해를 맞이하는 날로 보냈습니다.

(1) 윗글에서 설명하는 날은 언제인지 쓰시오. [3점]

(   )

(2) 윗글에서 설명하는 날에 즐겼던 세시 풍속을 한 가지만 쓰시오. [7점]

_____

_____

천재교과서, 교학사, 김영사, 비상교과서
비상교육, 아이스크림 미디어

 서술형·논술형 문제

16 다음은 옛날 사람들이 설날에 행했던 세시 풍속입니다.

[총 10점]

(1) 옛날에 설날이 되면 집에 걸어 놓았던 위 ㉠의 이름을 보기 에서 찾아 쓰시오. [3점]

> **보기**
> ・짚신 ・복조리 ・올게심니

( )

(2) 설날에 위 ㉠을 걸어 놓았던 까닭을 쓰시오. [7점]

_____

_____

천재교육

17 옛날 사람들이 주로 추석에 즐겼던 놀이를 두 가지 고르시오. [6점] (,)

① 거북놀이

② 달집태우기

③ 연날리기

④ 강강술래

천재교과서, 교학사, 금성출판사, 김영사, 동아출판,
비상교과서, 비상교육, 아이스크림 미디어

18 다음과 같은 세시 풍속을 볼 수 있었던 계절을 쓰시오.

> 농사를 시작하는 시기로, 풍년을 기원하며 조상들의 산소에 성묘를 했습니다.

( )

11종 공통

19 오늘날 세시 풍속에 대한 설명으로 알맞은 것은 어느 것입니까? ( )

① 농사와 관련된 세시 풍속이 다양하다.

② 세시 풍속에 담긴 의미는 모두 옛날과 같다.

③ 날씨와 상관없이 세시 풍속을 체험할 수 있다.

④ 대부분의 세시 풍속은 특정 계절에만 할 수 있다.

⑤ 옛날부터 지금까지 전해 내려오는 세시 풍속은 없다.

천재교육, 김영사, 비상교과서, 비상교육, 아이스크림 미디어

20 다음 윷놀이 규칙에서 □ 안에 들어갈 알맞은 윷말을 두 가지 고르시오. (,)

> 윷을 던져서 □□□이/가 나오면 윷을 한 번 더 던질 수 있습니다.

① 　　② 　　③

④ 　　⑤

🌸 연관 학습 안내

만화로 단원 미리 보기

3 가족의 모습과 역할 변화

 단원 안내

1 가족의 구성과 역할 변화

2 다양한 가족이 살아가는 모습

이어서
개념 웹툰

옛날과 오늘날의 혼인 풍습

개념 ① 가족의 의미

① 가족은 우리가 태어나서 가장 먼저 만나는 사람들입니다.

② 여러 가족이 모여서 우리 사회를 이룹니다.

③ 가족은 사랑하는 두 사람이 결혼하여 이루어지기도 하고, 아이를 낳거나 새로운 관계를 맺어 더 커지기도 합니다.
→ 출산   → 입양

🔺 결혼을 통해 가족이 생김.

☑ **가족의 의미**

가족은 ❶ ㄱ ㅎ , 출산, 입양 등으로 만들어지며, 가족이 모여 우리 사회를 이룹니다.

우리 삼촌이 이번에 결혼하셨어.

새로운 가족이 생겼구나.

개념 ② 옛날의 혼인 풍습
→ 결혼

1 신랑이 혼인 날 말을 타고 신부의 집으로 감. 나무 기러기를 건네주면서 혼례가 시작됨.

2 한복을 입은 신랑과 신부가 마주 보고 절을 하고 부부가 되었음을 사람들에게 알림.

4 신랑의 집에 도착하면 어른들께 큰절을 올리고 새로운 가족이 되었음을 알리는 폐백을 드림.
→ 신부가 신랑의 집에서 어른들께 처음으로 인사를 드리는 것

3 혼례를 치르고 나면 신랑과 신부는 신부의 집에서 며칠을 지낸 후 신랑의 집으로 감.

☑ **옛날의 혼인 풍습**

옛날 사람들은 혼인할 때 나무로 만든 ❷ (기러기 / 비둘기)를 건네주면서 혼례를 시작했습니다.

옛날에 신랑이 신부에게 주었던 나무 기러기야.

오랫동안 행복하게 살자는 의미가 담겨 있대.

정답 ❶ 결혼 ❷ 기러기

내 교과서 살펴보기 / **천재교과서, 교학사, 김영사, 동아출판, 비상교과서, 비상교육, 아이스크림 미디어**

옛날의 혼례에서 나무 기러기를 준 까닭

• 기러기는 평생 자기 짝을 지키는 새로 알려져 있습니다.

• 신랑은 신부에게 오랫동안 행복하게 살자는 의미로 나무 기러기를 주었습니다.

🔺 나무로 만든 기러기

용어
사전

• **풍습**(風 바람 풍 習 익힐 습)
옛날부터 사람들 사이에 널리 퍼져서 전해 오는 습관

• **혼례**(婚 혼인할 혼 禮 예절 례)
결혼식과 같은 말로, 부부가 되었음을 알리는 예식

개념 ③ 오늘날의 혼인 풍습

1. 오늘날의 결혼식 → 오늘날에는 혼례를 결혼식이라고 합니다.

주로 결혼식장에서 신랑은 턱시도를, 신부는 웨딩드레스를 입고 결혼을 함.

신랑과 신부는 결혼을 약속하는 의미로 반지를 주고받음.

신랑과 신부의 집안 어른들께 폐백을 드림.

결혼식을 마치고 부부가 신혼여행을 떠남.

2. 오늘날의 다양한 결혼식 → 오늘날에는 결혼식에 대한 사람들의 생각이 다양해지면서 결혼식의 모습도 달라지고 있습니다.

야외 결혼식

[출처: 뉴스뱅크]

결혼식장이 아닌 공원이나 바닷가 등 야외에서 결혼식을 함.

주례 없는 결혼식

[출처: 뉴스뱅크]

주례 대신 신랑과 신부가 서로에게 직접 쓴 편지를 읽음.

전통 혼례

전통 혼례복을 입고 전통 혼례 방식으로 결혼식을 함.

> 내 교과서 살펴보기 / 교학사, 금성출판사, 김영사, 동아출판, 비상교과서, 비상교육, 지학사

오늘날의 다양한 결혼식
- 오늘날에는 결혼식장 외에도 스키장, 물속 등 다양한 장소에서 색다른 결혼식을 하기도 합니다.
- 공연처럼 춤과 음악을 넣어 결혼식을 하기도 합니다.
- 결혼식에 참석하지 못한 사람들을 위해 결혼식을 촬영해 온라인으로 보여 주기도 합니다.

△ 물속에서 하는 결혼식

☑ 오늘날 결혼식을 하는 장소

오늘날에는 결혼식을 주로 ❸(결혼식장 / 신부의 집)에서 합니다.

☑ 오늘날 다양한 결혼식의 모습

오늘날에는 물속에서 하는 결혼식이나 주례 없는 결혼식을 하는 등 결혼식의 모습이 ❹ ㄷ ㅇ 합니다.

정답 ❸ 결혼식장 ❹ 다양

용어 사전

주례(主 주인 주 禮 예절 례)
결혼식에서 부부에게 도움이 되는 이야기를 하고 결혼 선서 등을 하는 사람

개념④ 옛날과 오늘날의 혼인 풍습 비교하기

1. 옛날과 오늘날 혼인 풍습의 차이점

구분	옛날의 혼인 풍습	오늘날의 혼인 풍습
배우자 선택 방법	주로 집안의 어른이 정해 준 사람과 결혼함.	주로 개인이 스스로 배우자를 선택해서 결혼함.
결혼식 때 입는 옷	⬆ 한복	⬆ 턱시도, 웨딩드레스
결혼식 장소	신부의 집	주로 결혼식장
주고받는 물건	나무 기러기	결혼반지 → 폐백을 드리지 않기도 합니다.
폐백	신랑의 집에 가서 신랑의 집안 어른들께 폐백을 드렸음.	결혼식장에 있는 폐백실에서 양쪽 집안 어른들께 폐백을 드림.
결혼식 후에 하는 일	신부의 집에서 며칠을 지낸 후 신랑의 집에서 살았음.	신혼여행을 다녀온 후 둘이 함께 사는 경우가 많음.

2. 옛날과 오늘날 혼인 풍습의 공통점

① 새로운 가족이 만들어집니다.
② 결혼식을 통해 두 사람의 결혼을 알립니다.
③ 가족, 친척, 친구들이 모여 신랑과 신부의 행복한 미래를 축하해 줍니다.
➡ 결혼식의 모습과 과정은 옛날과 달라졌지만, 그 속에 담긴 의미는 변함 없이 이어져 오고 있습니다.

3. 옛날과 오늘날의 혼인 풍습이 달라진 까닭

① 외국 문화의 영향을 받았기 때문입니다.
② 사회와 사람들의 생활 모습이 변했기 때문입니다.
③ 사람들의 생각이나 중요하게 여기는 것이 바뀌었기 때문입니다.

개념 체크

☑ **옛날과 오늘날 혼인 풍습의 차이점**

옛날과 오늘날의 결혼식은 복장, 주고받는 물건, 결혼식을 하는 장소 등이 ❺(같습니다 / 다릅니다).

> 오늘날에는 결혼할 때 반지를 주고받는대.
> 나무 기러기 대신에 주고받는 거구나!

내 교과서 살펴보기 / 천재교과서

폐백에 담긴 의미
• 신부와 신랑에게 큰절을 받은 집안 어른들은 신부의 치마에 대추나 밤을 던져 줍니다.
• 대추와 밤을 많이 받을수록 자식을 많이 낳고 행복한 가정을 이룬다고 믿었습니다.

☑ **옛날과 오늘날 혼인 풍습의 공통점**

가족과 친척, 친구들이 결혼식에 모여서 부부를 ❻[초 | ㅎ]해 줍니다.

> 옛날과 오늘날 결혼식의 공통점은 무엇일까?
> 사람들이 모여서 부부를 축하해 준다는 것!
> 정답!

정답 ❺ 다릅니다 ❻ 축하

개념 다지기

11종 공통

1 다음에서 설명하는 말을 보기 에서 찾아 쓰시오.

> 우리가 태어나서 가장 먼저 만나 행복을 나누며 함께 사는 사람들

보기
• 가족   • 친구   • 선생님

(   )

11종 공통

4 다음에서 설명하는 혼인 풍습은 어느 것입니까?

(   )

🔺 신랑과 신부의 집안 어른들께 새로운 가족이 되었음을 알리는 인사를 드리는 것

① 주례   ② 축가
③ 폐백   ④ 피로연
⑤ 신혼여행

천재교과서, 교학사, 김영사, 동아출판, 비상교과서, 비상교육, 아이스크림 미디어

2 옛날의 혼례에서 신랑이 신부에게 오랫동안 행복하게 살자는 의미로 주었던 것은 어느 것입니까? (   )

①
🔺 반지

②
🔺 꽃다발

③
🔺 대추와 밤

④
🔺 나무 기러기

11종 공통

5 옛날과 오늘날의 결혼식 장소를 찾아 바르게 줄로 이으시오.

(1) 옛날의 결혼식   •   • ㉠ 결혼식장

(2) 오늘날의 결혼식 •   • ㉡ 신부의 집

11종 공통

3 오늘날의 결혼식에 대해 <u>잘못</u> 말한 어린이를 쓰시오.

> 혜지: 결혼식의 순서와 방법은 옛날과 같아.
> 세영: 결혼을 약속하는 의미로 보통 반지를 주고받아.
> 성대: 정원이나 공원 등 야외에서 결혼식을 하는 사람들도 있어.

(   )

11종 공통

6 옛날과 오늘날 혼인 풍습의 공통점으로 알맞은 것에 ○표를 하시오.

(1) 턱시도와 웨딩드레스를 입습니다.   (   )

(2) 개인이 스스로 배우자를 선택합니다. (   )

(3) 가족과 친척, 친구들이 모여 신랑과 신부의 결혼을 축하해 줍니다.   (   )

개념 ① 옛날과 오늘날 가족 형태의 변화

1. 확대 가족과 핵가족

→ 확대 가족이 상대적으로 가족 구성원의 수가 많은 편이지만 가족 구성원의 수가 확대 가족을 결정하는 것은 아닙니다.

구분	확대 가족	핵가족
의미	결혼한 자녀와 부모가 함께 사는 가족	결혼하지 않은 자녀와 부모, 또는 부부로만 이루어진 가족
특징	• 가족의 수가 많은 편임. • 옛날에 주로 많았음.	• 가족의 수가 상대적으로 적음. • 오늘날에 주로 많음.

2. 옛날과 오늘날의 가족 형태가 달라진 까닭

옛날	확대 가족 • 옛날에는 사람들이 대부분 농사를 지으며 생활했음. • 농사를 지으려면 일손이 많이 필요했기 때문에 가족들이 한곳에 모여 살았음.

⬇

오늘날	핵가족 • 사람들이 일자리를 구하기 위해 도시로 감. • 자녀의 교육을 위해 이사하는 사람이 많아짐. • 개인의 자유를 중요하게 생각하는 사람이 많아지면서 가족으로부터 독립함.

직장을 찾으러 도시로 이사했어요.

아이들 교육 때문에 학교 근처로 왔어요.

➡ 사회의 변화에 따라 교육, 취업 등의 이유로 가족이 이동하면서 오늘날에는 핵가족이 많아졌습니다.

내 교과서 살펴보기 / 금성출판사

1인 가구의 증가
• 다른 가족 없이 혼자 사는 사람들을 1인 가구라고 합니다.
• 혼자 사는 사람들이 많아지면서 즉석식품이나 혼자 먹기 좋게 포장한 과일, 혼자 하는 취미 생활 등이 인기를 얻고 있습니다.

☑ 확대 가족

결혼한 자녀와 부모가 함께 사는 가족을 ❶ⓗⓓ 가족이라고 합니다.

우리 가족 사진이야.

너희 가족은 확대 가족이구나.

☑ 오늘날에 핵가족이 많아진 까닭

오늘날에는 ❷ⓢⓗ의 변화에 따라 교육, 취업, 생활 등의 이유로 가족이 이동하면서 핵가족이 많아졌습니다.

아이가 다닐 학교가 너무 멀어서 학교가 가까운 곳으로 이사 왔어요.

정답 ❶ 확대 ❷ 사회

용어 사전

●독립(獨 홀로 독 立 설 립)
다른 것에 의존하지 않는 상태

개념 ② 옛날과 오늘날 가족 구성원의 역할 변화

1. 옛날 가족 구성원의 역할 → 가족 구성원의 역할이 구분되어 있었습니다.

농사일이나 바깥일은 남자가 함.

아이를 돌보고 음식을 만드는 등 집안일은 여자가 함.

가족의 중요한 일은 나이 많은 남자 어른이 결정함.

2. 오늘날 가족 구성원의 역할 → 가족 구성원의 성별이나 나이에 따른 역할 구분이 많이 사라졌습니다.

부모가 모두 직장에서 일하는 가족이 많음.

가족 구성원 모두가 집안일을 나누어서 함.

가족회의로 집안일을 함께 의논함.

3. 가족 구성원의 역할이 변화한 모습

① 옛날에는 남자와 여자가 하는 일이 달랐지만, 오늘날에는 남자와 여자가 하는 일에 구분이 없습니다.

② 옛날에는 집안의 중요한 일을 결정할 때 나이 많은 남자 어른이 결정했지만, 오늘날에는 가족 구성원 모두가 함께 의논합니다.

4. 오늘날 가족 구성원의 역할이 변화한 까닭

교육의 기회 증가	성별과 관계없이 누구나 교육을 받을 수 있음.
활발한 사회 활동 참여	누구나 원한다면 사회 활동에 참여할 수 있음.
남녀평등 의식 향상	남녀가 평등하다는 의식이 높아지면서 직업에 대한 구분이 사라졌고, 집안일을 위해 역할 분담이 필요하게 됨.

➡ 나이나 성별에 따라서 사람을 차별하지 않고 동등하게 대우하는 것이 중요하다고 생각하는 사회가 되었기 때문입니다.

옛날에 남자들은 ❸ ⬚ㅂ⬚ㄲ일, 여자들은 집안일을 주로 했습니다.

☑ **오늘날 가족 구성원의 역할이 변화한 까닭**

나이나 ❹ ⬚ㅅ⬚ㅂ에 따라 사람을 차별하지 않고 동등하게 대우하면서 가족 구성원의 역할이 변화했습니다.

정답 ❸ 바깥 ❹ 성별

내 교과서 살펴보기 / 미래엔

옛날과 오늘날의 남녀 교육

• 옛날: 남자아이는 과거 시험에 합격하기 위해 공부를 해야 했습니다. 여자아이는 청소나 요리, 바느질 등을 배웠습니다.

• 오늘날: 성별과 관계없이 같은 교육을 받고 있습니다.

개념 ③ 가족 구성원의 바람직한 역할

1. 가족 구성원 사이의 갈등과 해결

① 가족 구성원 사이의 갈등: 가족 구성원의 생각이 다르고, 각자의 역할을 하지 않았기 때문에 갈등이 생깁니다.

내 방을 정리하지 않고 게임만 해서 부모님이 걱정하심.

집안일을 어머니만 하셔서 어머니가 화가 나심.

② 가족 구성원 사이의 갈등 해결 방법 살펴보기 ⑩ 역할극 해 보기 → 가족의 상황이 구체적으로 드러나도록 대본을 작성합니다.

> 주원: (시무룩한 표정으로) 게임 중인데 엄마가 방 정리를 하라고 하셔서 속상했어요.
>
> 엄마: 엄마는 주원이가 방 정리를 먼저 하고 게임을 하기로 약속했는데 약속을 지키지 않아 서운했어.
>
> 주원: 약속을 지키지 않아서 죄송해요. 앞으로는 가족 간의 약속을 잘 지키도록 할게요.
>
> 엄마: (기쁜 표정으로) 그렇게 말해 주니 고맙구나. 엄마도 주원이의 입장을 배려하도록 노력할게.

➡ 가족이 함께 대화를 하면서 서로를 이해하고, 문제 상황을 적극적으로 해결하려는 노력이 필요합니다.

중요 2. 가족 구성원의 바람직한 역할 → 가족 구성원으로서 나의 역할을 알고 실천해야 합니다.

① 가족 구성원 모두가 서로 배려하며 협력해야 합니다.

② 자신이 맡은 일을 하고, 가족 구성원으로서 할 수 있는 일을 스스로 찾아서 하려는 자세가 필요합니다.

내 교과서 살펴보기 / **천재교육**

> **행복한 가족생활을 위해 내가 할 수 있는 일**
>
> ☑ 가족들에게 사랑과 애정이 담긴 말을 합니다.
>
> ☑ 빨래 널기나 신발 정리 같은 집안일을 함께 돕습니다.
>
> ☑ 방 청소나 숙제같이 내가 해야 할 일을 미루지 않습니다.

☑ 가족 구성원 간 갈등이 생기는 까닭

가족 구성원의 ❺ [ㅅ][ㄱ]이 다르고 각자의 역할을 하지 않아 갈등이 생깁니다.

☑ 가족 구성원의 바람직한 역할

가족이 행복하게 살아가려면 가족 구성원 모두가 서로 ❻ [ㅂ][ㄹ]하며 협력해야 합니다.

정답 ❺ 생각 ❻ 배려

용어 사전

*갈등(葛 칡 갈 藤 등나무 등)
칡과 등나무가 서로 얽힌 것처럼 서로의 입장이나 의견이 맞지 않아 생기는 다툼

개념 다지기

11종 공통

1 다음 그림의 가족 형태와 관련 있는 것을 보기에서 모두 찾아 기호를 쓰시오.

보기
ㄱ 가족의 수가 상대적으로 적습니다.
ㄴ 가족의 수가 상대적으로 많습니다.
ㄷ 부부만 사는 가족과 형태가 같습니다.
ㄹ 결혼한 자녀와 부모가 함께 사는 가족 형태입니다.

(,   )

11종 공통

2 다음 ㉠과 ㉡에 들어갈 말이 알맞게 짝 지어진 것은 어느 것입니까? (   )

오늘날에는 일자리를 구하기 위해 ㉠ 로 가는 사람들이 많아지면서 ㉡ 이 많아졌습니다.

	㉠	㉡		㉠	㉡
①	도시	핵가족	②	시골	핵가족
③	도시	확대 가족	④	시골	확대 가족
⑤	도시	입양 가족			

11종 공통

3 다음 ( ) 안의 알맞은 말에 각각 ○표를 하시오.

윤환: 옛날 가족의 생활 모습은 어땠을까?
혜영: 남자들은 주로 농사 등 ❶(집안일 / 바깥일)
을 했고 여자들은 음식 준비, 아이 돌보기 등
❷(집안일 / 바깥일)을 했어.

11종 공통

4 오늘날 가족 구성원의 역할로 알맞지 <u>않은</u> 것은 어느 것입니까? (   )

① 부모가 함께 자녀를 돌본다.
② 남자아이만 공부를 열심히 해야 한다.
③ 가족 구성원의 역할을 모두가 함께 나눈다.
④ 집안의 중요한 일을 결정할 때 함께 의논한다.
⑤ 집안일과 바깥일을 구분하지 않고 부부가 함께 한다.

11종 공통

5 다음과 같은 상황에서 가족의 갈등을 해결하기 위한 방법에 대해 바르게 말한 어린이를 쓰시오.

집안일을 나 혼자만 하네.

집안의 어른이 가족의 역할을 다 정해 주어야 해.

가족회의를 통해 서로 대화하며 갈등의 원인을 파악해야 해.

▲ 태리   ▲ 민규

(   )

11종 공통

6 다음 중 가족 구성원으로서 나의 바람직한 역할로 알맞은 것에 ○표를 하시오.

(1) 다른 가족 구성원과 서로 다투고 싸웁니다.
(   )

(2) 부모님을 도와 함께 빨래를 널거나 집안일을 돕습니다. (   )

3 단원

Step 1 단원평가

[1~5] 다음은 개념 확인 문제입니다. 물음에 답하시오.

1 우리가 태어나서 가장 먼저 만나는 사람들로 나와 함께 사는 사람들을 (제자 / 가족)(이)라고 합니다.

2 옛날의 혼례에서 신부가 신랑의 집에 가서 신랑의 집안 어른들께 처음으로 인사를 드리는 것을 무엇이라고 합니까? ( )

3 결혼하지 않은 자녀와 부모 또는 부부만으로 구성된 가족의 형태를 무엇이라고 합니까? ( )

4 오늘날에는 집안일과 바깥일을 부부가 (함께 / 따로) 하는 경우가 많습니다.

5 가족 구성원 간의 갈등은 (차별 / 대화)을/를 통해 해결해야 합니다.

11종 공통

6 가족에 대한 설명으로 알맞지 <u>않은</u> 것은 어느 것입니까? ( )

① 결혼으로 만들어진다.
② 가족들이 모여 우리 사회를 이룬다.
③ 입양으로는 가족이 만들어지지 않는다.
④ 부모, 형제자매, 조부모 등으로 이루어진다.
⑤ 행복을 함께 나누고 힘들 때 서로 돕는 존재이다.

[7~8] 다음은 옛날의 혼인 풍습입니다.

11종 공통

7 위 혼인 풍습과 관련 있는 것을 두 가지 고르시오.

(,)

① 한복
② 신혼여행
③ 결혼식장
④ 신부의 집
⑤ 턱시도와 웨딩드레스

11종 공통

8 위와 같은 혼인 풍습에 대해 알맞게 말한 어린이를 쓰시오.

승곤: 주로 신랑의 집에서 혼례를 치렀어.
경하: 결혼을 약속하는 의미로 부부가 반지를 주고받았어.
상욱: 혼례가 끝나면 신부의 집으로 가서 부부가 폐백을 드렸어.
지수: 신랑이 신부에게 나무 기러기를 건네주며 혼례가 시작됐어.

( )

11종 공통

9 오늘날의 결혼식에 대한 설명으로 가장 알맞은 것은 어느 것입니까? ( )

① 다양한 형태의 결혼식이 많아졌다.

② 결혼식을 마치면 신랑의 집으로 간다.

③ 반드시 신부의 집에서만 결혼식을 한다.

④ 신랑 측 집안 어른들께만 폐백을 드린다.

⑤ 대부분 한복을 입고 전통 혼례 방식으로 결혼을 한다.

[10~11] 다음은 가족 형태를 비교한 표입니다.

구분	㉠	핵가족
의미	결혼한 자녀와 부모가 함께 사는 가족	결혼하지 않은 자녀와 부모 또는 부부로만 이루어진 가족
특징	• 가족의 수가 상대적으로 많은 편임. • 옛날에 주로 많았음.	• 가족의 수가 상대적으로 적음. • ㉡

11종 공통

10 위 ㉠에 들어갈 가족 형태를 보기 에서 찾아 쓰시오.

보기

• 확대 가족　• 조손 가족　• 다문화 가족

( )

11종 공통

11 위 밑줄 친 ㉡에 들어갈 내용으로 알맞은 것은 어느 것입니까? ( )

① 옛날에는 전혀 찾아볼 수 없었다.

② 오늘날에 주로 많은 가족 형태이다.

③ 가족 구성원이 반드시 많아야 한다.

④ 농사를 짓는 사람이 많아지면서 생긴 가족 형태이다.

⑤ 할아버지, 할머니, 아빠, 엄마, 나로 이루어진 가족이 포함된다.

11종 공통

12 오늘날 가족 구성원의 역할로 알맞은 것을 두 가지 고르시오. (,)

① 여자만 주로 집안일을 한다.

② 남자만 농사일 등 바깥일을 한다.

③ 가족 구성원 모두가 함께 집안일을 한다.

④ 부모가 모두 직장에서 일하는 가족이 많다.

⑤ 가족의 중요한 일은 나이 많은 남자 어른이 결정한다.

11종 공통

13 다음 중 가족 구성원 사이에 갈등이 일어나는 까닭으로 알맞은 것에 ○표를 하시오.

(1) 가족 구성원의 생각이 모두 같기 때문입니다.

( )

(2) 가족 구성원이 처한 상황이 모두 같기 때문입니다.

( )

(3) 가족 구성원으로서 나의 역할을 하지 않았기 때문입니다.

( )

11종 공통

14 다음과 같은 갈등 상황을 해결하기 위한 방법으로 알맞지 <u>않은</u> 것은 어느 것입니까? ( )

① 대화를 통해 갈등의 원인을 파악한다.

② 갈등을 피하기 위해 내가 하고 싶은 대로 한다.

③ 가족회의를 열어 방 정리에 대한 규칙을 정한다.

④ 부모님의 입장에서 부모님을 이해하려고 노력한다.

⑤ 가족 모두가 만족할 수 있는 방법을 찾으려 노력한다.

15 다음은 옛날과 오늘날의 혼인 풍습을 나타낸 표입니다.   11종 공통

구분	옛날의 결혼식	오늘날의 결혼식
결혼식 때 입는 옷	한복	㉠
결혼식 장소	신부의 집	주로 결혼식장
주고받는 물건	㉡ 나무 기러기	결혼반지

(1) 위 ㉠에 들어갈 알맞은 옷을 한 가지만 쓰시오.

(   )

(2) 옛날의 결혼식에서 신랑이 신부에게 ㉡을 주었던 까닭을 쓰시오.

답 신랑은 신부에게 오랫동안 [　　　　　　　]하게 살자는 의미로 나무 기러기를 주었다.

16 다음은 윤아와 상현이네 가족 사진입니다.   11종 공통

윤아네 가족

상현이네 가족

(1) 윤아네 가족은 확대 가족과 핵가족 중 무엇인지 쓰시오.

(   )

(2) 오늘날에 상현이네 가족과 같은 가족 형태가 많아진 까닭을 쓰시오.

_____

_____

17 행복한 가족생활을 위해 내가 할 수 있는 일을 한 가지만 쓰시오.   11종 공통

_____

_____

15 (1) 오늘날 남자들은 결혼할 때 (운동복 / 턱시도)을/를 입고 결혼을 합니다.

　(2) 옛날의 혼례에서는 신랑이 신부에게 나무로 만든 [　][　][　]를 건네주며 혼례가 시작되었습니다.

16 (1) 결혼한 자녀와 부모가 함께 사는 [　][　] 가족은 가족 구성원의 수가 상대적으로 많은 편입니다.

　(2) 오늘날에는 직업이 다양해지면서 [　][　]을 위해 가족과 떨어져 사는 경우가 많습니다.

17 가족 구성원으로서 할 수 있는 일을 (스스로 / 억지로) 찾아서 하는 자세가 필요합니다.

Step 3 수행평가

학습 주제 가족 구성원 역할의 변화

학습 목표 가족 구성원 역할의 변화와 그 까닭을 알 수 있다.

수행평가 가이드
다양한 유형의 수행평가!
수행평가 가이드를 이용해 풀어 봐!

가족 구성원의 역할 변화

• 옛날에 집안일은 주로 여자가 하고 바깥일은 주로 남자가 했습니다.

• 오늘날에는 가족의 일을 구성원들이 함께합니다.

[18~20] 다음은 옛날과 오늘날 가족 구성원의 역할을 나타낸 그림입니다.

ㄱ
◈ 남자들은 농사일이나 바깥일을 함.

ㄴ
◈ 가족 구성원 모두가 함께 집안일을 함.

ㄷ
◈ 부모가 모두 직장에서 일하는 경우가 많음.

ㄹ
◈ 여자들은 아이를 돌보고 집안일을 함.

ㅁ
◈ 가족 구성원이 가족회의로 집안일을 의논함.

ㅂ
◈ 가족의 중요한 일은 남자 어른이 결정함.

11종 공통

18 위 그림을 옛날과 오늘날 가족 구성원의 역할로 구분하여 기호를 쓰시오.

옛날 가족 구성원의 역할	(1)	오늘날 가족 구성원의 역할	(2)

19 위 그림을 보고 ☐ 안에 알맞은 말을 각각 넣어 문장을 완성하시오. 11종 공통

옛날에는 가족 구성원의 ❶ ☐ 이 구분되어 있었지만, 오늘날에는

가족 구성원 ❷ ☐ 가 함께 집안일과 바깥일을 합니다.

20 오늘날 가족 구성원의 역할이 변화한 까닭을 한 가지만 쓰시오. 11종 공통

_____

_____

오늘날에는 사회가 변화하면서 사람들의 생각이 달라졌어.

3. ❷ 다양한 가족이 살아가는 모습(1)

6 다양한 가족의 형태

개념① 오늘날 다양한 가족의 형태

입양 가족
- 부모님이 아이를 낳는 대신 입양하여 기르는 가족
- 핏줄로 연결되어 있지 않지만, 서로를 아끼고 사랑함.

조손 가족
- 할머니, 할아버지가 손주와 함께 사는 가족
  └→ 손자와 손녀
- 할머니, 할아버지가 따뜻한 사랑과 보살핌으로 가족을 지킴.

재혼 가족
- 부모님이 재혼을 하시면서 만들어진 가족
  └→ 다시 결혼함.
- 다른 환경에서 살던 사람들이 새롭게 한 가족을 이룸.

다문화 가족
- 다른 나라 사람과 우리나라 사람의 결혼으로 만들어진 가족
- 서로 다른 문화와 말을 이해하고 배우며 자랄 수 있음.

한 부모 가족
- 어머니와 아버지 어느 한 분과 자녀가 사는 가족
- 여러 가지 이유로 부부가 따로 살게 되는 경우도 있음.

개념 체크

☑ **조부모님과 함께 사는 가족**
할머니, 할아버지가 손주와 함께 사는 가족을 ❶ [ㅈ][ㅅ] 가족이라고 합니다.

☑ **다른 나라 사람과 결혼한 가족**
다른 나라 사람과 우리나라 사람이 결혼한 가족을 ❷ [ㄷ][ㅁ][ㅎ] 가족이라고 합니다.

정답 ❶ 조손 ❷ 다문화

이산가족들은 오늘날에도 여전히 가족을 그리워하고 있습니다.

[내 교과서 살펴보기 / 비상교과서]

평생 만나지 못하는 이산가족
- 1950년 우리나라에서 6·25 전쟁으로 남한과 북한을 자유롭게 오고갈 수 없게 되었습니다.
- 이때 헤어진 많은 가족을 '이산가족'이라고 부릅니다.

개념② 오늘날 가족의 형태가 다양한 까닭

① 가족의 형태가 상황에 따라 달라지기 때문에

> 자녀를 낳거나 입양을 하면 가족의 수가 늘어나.

> 여러 가지 이유로 부부가 따로 살게 되는 경우도 있어.

> 부모님이 자녀를 키우기 힘든 경우 조부모님이 손주를 키우기도 해.

② 사회가 변화하면서 사람들의 생각도 변화하기 때문에

가족 형태	사회 변화에 따른 사람들의 생각 변화
재혼 가족	행복을 위한 개인의 선택을 존중하는 사회 분위기가 만들어져 재혼 가족이 늘어나고 있음.
입양 가족	가족이 없는 아이들에게 가족이 되어 주고 싶어 하는 사람들이 많아지고, 입양에 대해 긍정적으로 생각하는 사람이 많아져 입양 사실을 밝히는 사람이 늘어남.
다문화 가족	경제 · 사회 · 문화 등 여러 분야에서 다양한 나라의 문화를 가진 사람들이 활동하게 되었음.

③ 가족은 아니지만 가족처럼 지내는 경우도 있기 때문에

반려동물을 기르는 사람들	개, 고양이, 물고기 등 반려동물을 기르며 반려동물을 가족처럼 여기는 사람들이 늘어나고 있음. → 동물을 끝까지 보살피는 책임감을 가지고, 안전사고에 유의해야 합니다.
친구들과 함께 사는 사람들	친한 친구들과 한집에서 가족처럼 함께 생활하면서 집을 공유하기도 함.
1인 가구	결혼하지 않고 자유롭게 혼자 살고 싶어 하는 사람들이 많아지고, 혼자 사시는 할아버지, 할머니가 많아졌음.

> 내 교과서 살펴보기 / **천재교육**

달라지고 있는 가족의 모습

> 결혼 후 남편과 둘이 살고 있어요.

△ 자녀 없이 부부끼리 살기도 함.
[출처: 게티이미지]

> 딸 부부가 일하고 있는 동안 손자를 돌봐 줘요.

△ 조부모가 맞벌이를 하는 자식을 대신해서 손주를 돌봐 주기도 함. [출처: 뉴스뱅크]

☑ **다양한 가족의 형태**

입양, 재혼, 사람들의 ❸ [ㅅ][ㄱ] 변화 등의 이유로 가족의 형태가 다양해지고 있습니다.

> 이번에 딸을 입양하면서 가족의 수가 늘었어요.

> 아이에게 가족이 되어 주셨네요.

☑ **변화하는 가족의 모습**

친구와 같이 살거나 반려동물을 가족처럼 여기는 사람들도 ❹(늘어나고 / 줄어들고) 있습니다.

> 반려동물을 가족처럼 여기는 사람들도 많아졌어.

> 우리 가족도 고양이를 기르고 있어.

> 정답 ❸ 생각 ❹ 늘어나고

용어사전

●**반려동물**
사람이 정서적으로 의지하고자 가까이 두고 기르는 동물

개념 ③ 다양한 가족이 살아가는 모습 ⑩

1. 부모님이 재혼하신 지윤이네 가족

> 언니, 안녕? 나 지윤이야.
>
> 엄마와 아빠가 결혼해서 나에게 언니가 생겼다니, 꿈만 같아! 나도 언니가 생겼다고 친구들에게 자랑했어. 학교에 갈 때도 언니랑 함께 가서 든든했어.
>
> 언니, 앞으로 우리 사이좋게 지내자! 좋은 동생이 될게.
>
> 10월 3일, 새로 생긴 동생이.

➡ 지윤이네 가족의 생활 모습: 새롭게 가족이 된 사람들이 서로 대화를 하면서 생활 방식을 맞춰갈 것 같습니다.
  └→ 부모님이 재혼하신 재혼 가족입니다.

2. 아빠와 둘이 사는 민우네 가족

➡ 민우네 가족의 생활 모습: 민우는 평소에는 아빠와 생활하지만, 한 번씩 엄마의 집에 가서 생활합니다.

3. 엄마, 아빠 피부색이 다른 동훈이네 가족

떡볶이

오늘 친구들이 우리 집에 놀러 왔다. 엄마께서 엄마 고향에서 즐겨 먹는 베트남 고추를 넣은 떡볶이를 만들어 주셨다. 친구들은 떡볶이가 맵긴 하지만 맛있다고 했다.

20ХХ년 Х월 Х일 금요일

➡ 동훈이네 가족의 생활 모습: 베트남 음식을 자주 먹고 베트남어로 대화를 할 것 같습니다.

4. 다양한 가족이 살아가는 모습: 가족 형태에 따라 가족이 살아가는 모습은 다르지만, 가족이 서로를 아끼고 사랑하며 살아가는 모습은 같습니다.

개념 다지기

11종 공통

1 다음 중 오늘날의 가족 형태에 대한 설명으로 알맞은 것에 ○표를 하시오.

(1) 옛날에 비해 달라진 것이 거의 없습니다.

( )

(2) 다양한 형태의 가족들이 늘어나고 있습니다.

( )

(3) 반드시 결혼과 출산으로만 가족이 이루어집니다.

( )

11종 공통

2 다음 그림을 통해 알 수 있는 가족의 형태를 보기 에서 찾아 기호를 쓰시오.

> 저기가 엄마가 태어난 나라죠?

보기
| ㉠ 확대 가족 | ㉡ 조손 가족 |
| ㉢ 다문화 가족 | ㉣ 한 부모 가족 |

( )

11종 공통

3 다음 대화를 통해 알 수 있는 수진이네 가족의 형태는 어느 것입니까? ( )

> 어머니: 수진아. 새로운 동생이 생긴 기분이 어떠니?
> 수진: 엄마, 아빠가 낳지 않았지만, 동생이 생겨서 이제 저는 외롭지 않아요.

① 확대 가족
② 조손 가족
③ 입양 가족
④ 다문화 가족
⑤ 맞벌이 가족

11종 공통

4 다음 그림에 나타난 가족의 형태는 무엇인지 쓰시오.

> 할머니! 내일 공개 수업에 꼭 오세요!

🔺 부모님 없이 할아버지, 할머니와 손주가 함께 사는 가족

( )

3 단원

천재교육

5 다음 편지를 통해 알 수 있는 사실로 알맞은 것은 어느 것입니까? ( )

> 언니, 안녕? 나 지윤이야.
> 엄마와 아빠가 결혼해서 나에게 언니가 생겼다니, 꿈만 같아! 나도 언니가 생겼다고 친구들에게 자랑했어.

① 지윤이네 가족은 조손 가족이다.
② 지윤이의 언니는 다른 나라에서 왔다.
③ 지윤이네 가족은 옛날에 많았던 가족 형태이다.
④ 지윤이의 부모님이 재혼하여 새로운 가족이 생겼다.
⑤ 엄마 나라와 아빠 나라의 서로 다른 문화와 말을 이해하고 배울 수 있는 장점이 있다.

미래엔

6 다양한 가족의 생활 모습을 찾아보는 방법에 대해 알맞게 말한 어린이를 쓰시오.

> 지연: 도서 자료를 조사하면 가족과 관련된 생생한 영상 자료를 찾아볼 수 있어.
> 승아: 뉴스나 신문 기사를 조사하면 특별한 사례를 소개하는 자료를 찾아볼 수 있어.

( )

**6 가족의 생활 모습 표현하기 /
다양한 가족을 존중하는 태도**

개념 체크

개념 ① 다양한 가족의 생활 모습 표현하기 → 다양한 가족이 살아가는 모습을 구체적으로 알 수 있습니다.

1. 역할극으로 표현하기 예) 입양 가족

> 큰언니: 오늘은 희은이가 입양원을 떠나 우리 가족이 된 지 9년째 되는 날이야. 축하해!
> 엄마: 희은아, 축하해!
> 희은: 고마워요, 엄마, 아빠, 언니들.
> 엄마: 네가 우리 가족이 되어서 참 기쁘구나. 그동안 잘 자라 주어서 고맙다.
> 둘째 언니: 내가 언니랑 용돈을 모아서 산 선물이야.
> 아빠: 서로 사이좋게 지내서 보기 좋구나.

정해야 할 것	• 어떤 형태의 가족을 표현할지 결정함. • 역할극에 필요한 등장인물을 결정함. • 어떤 생활 모습을 표현할지 결정함.
좋은 점	• 다양한 가족의 생활 모습을 실감 나게 표현할 수 있음. • 다양한 역할을 표현하면서 가족의 상황과 가족 구성원의 마음을 이해하고 존중할 수 있음.
주의할 점	• 가족의 생활 모습이 드러나도록 대본을 작성함. • 다양한 가족의 형태를 나쁘게 표현하지 않아야 함. • 가족들이 다투고 갈등하는 장면보다 서로 존중하고 배려하는 모습이 드러나는 것이 좋음.

→ 대사와 동작을 연습해야 합니다.

내 교과서 살펴보기 / **비상교과서**

뉴스로 표현하기 → 다양한 가족의 모습을 사실적이고 정확하게 전달할 수 있습니다.

> 오늘은 한△△ 학생을 소개하려고 합니다. 독일인 아버지와 한국인 어머니 사이에서 태어난 한△△ 학생은 독일어와 한국어 모두를 사용하여 부모님과 대화합니다. 부모님은 영어로 대화하시기 때문에 한△△ 학생은 영어에도 익숙합니다.

☑ 역할극으로 표현할 때 좋은 점

역할극을 통해 다양한 가족의 생활 모습을 ❶ [ㅅ][ㄱ] 나게 표현할 수 있습니다.

> 이제 한 가족이 된 걸 축하해.
> 가족의 생활 모습을 실감 나게 표현해야지!

☑ 역할극으로 표현할 때 주의할 점

가족의 생활 모습이 잘 드러나도록 ❷ [ㄷ][ㅂ]을 작성합니다.

> 역할극을 만들 때 주의할 점이 있을까?
> 가족의 생활 모습이 잘 드러나도록 대본을 작성해야 해.

정답 ❶ 실감 ❷ 대본

용어 사전

*실감(實 열매 실 感 느낄 감)
실제로 체험하는 느낌

2. 가족 정원 만들기 → 다양한 형태의 가족이 함께 살아가는 곳이 우리 사회입니다.

1️⃣ 모둠 구성원 각자 어떤 가족 나무를 만들지 이야기해 봄.
2️⃣ 붙임딱지에 가족 구성원의 얼굴을 그려서 나무에 붙이고, 가족 나무를 만듦.
3️⃣ 큰 도화지에 모둠 구성원의 가족 나무를 붙이고 꾸며 가족 정원을 완성하고 소개함.

3. 그림으로 표현하기 예 한 부모 가족

- 다양한 가족의 생활 모습을 담은 그림을 그려 표현할 수 있음.
- 표현하고 싶은 가족의 모습을 자유롭고 재미있게 표현할 수 있음.

내 교과서 살펴보기 / **천재교육**

그림 문자 만들기

조부모님과 함께 사는 가족을 표현함.	아빠가 혼자 아들을 키우는 가족을 표현함.	반려동물과 함께 사는 사람을 표현함.

➡ 다양한 가족 형태가 잘 드러나도록 그림 문자를 만듭니다.

☑ 가족 정원 만들기

가족 정원 만들기를 통해 우리 사회에
❸ ⬚ ⬚ ⬚ 가족들이 어울려
산다는 것을 알 수 있습니다.

☑ 그림으로 표현하기

그림으로 다양한 가족의 생활 모습을
❹ (정해진 대로 / 자유롭게) 표현할
수 있습니다.

정답 ❸ 다양한 ❹ 자유롭게

용어사전

그림 문자
누구나 쉽게 이해할 수 있게 대상을 그림으로 표현한 것

개념 알기

개념② 다양한 가족이 살아가는 모습을 대하는 바람직한 태도

1. 가족의 역할과 의미

아플 때 부모님이 간호해 주셔서 힘이 났어.

가족과 함께 즐거운 여가 시간을 보냈어.

가족에게서 어른을 공경하는 예절을 배웠어.

↓

• 가족은 힘들 때 의지할 수 있는 쉼터이자 보금자리임.
• 가족 안에서 사회생활에 필요한 규칙과 예절을 배울 수 있음.
• 가족의 형태가 달라도 서로 돌봐 주고 사랑하는 마음은 같음.

내 교과서 살펴보기 / 금성출판사

우리 가족의 의미를 다양한 것에 빗대어 표현하기 → 모두 가족의 소중함을 표현했습니다.

충전기	우리 가족은 충전기입니다. 힘이 없을 때 가족이 안아 주면 충전이 되는 것처럼 힘이 납니다.
장갑	우리 가족은 장갑입니다. 추운 겨울에 따뜻한 장갑처럼 우리 가족은 내 마음을 따뜻하게 해 줍니다.

2. 다양한 가족의 생활 모습을 존중하는 태도

 다른 가족의 생활 모습을 이상하다고 생각해서는 안 돼.

다양한 가족들이 모두 행복하게 지내기 위해 서로 배려해야 해.

 우리 가족과 다른 생활 모습을 있는 그대로 바라보아야 해.

가족은 누구에게나 소중한 존재라는 것을 잊지 않아야 해.

↓

• 서로의 다름을 인정하는 태도를 가져야 함.
• 나와 다른 생활 모습을 가진 모든 가족을 존중하는 태도를 가져야 함.

개념 체크

☑ **가족의 의미**

가족은 우리가 힘들 때 의지할 수 있는 ❺[ㅅ][ㅌ]이자 보금자리입니다.

가족은 쉼터이자 보금자리야.

☑ **다양한 가족을 대하는 바람직한 태도**

가족의 모습이 다르다는 것을 인정하고 서로를 ❻[ㅈ][ㅈ]하는 태도를 가져야 합니다.

저희 가족은 엄마랑 저 둘뿐인데 운동회에 참가할 수 있나요?

가족의 형태와 관계없이 환영해!

정답 ❺ 쉼터 ❻ 존중

 용어 사전

●존중(尊 높을 존 重 무거울 중) 높이어 귀중하게 대함.

개념 다지기

1 다음 ☐ 안에 들어갈 말로 가장 알맞은 것을 보기 에서 찾아 쓰시오.

> 역할극을 통해 다양한 가족의 생활 모습을 ☐ 표현할 수 있습니다.

> **보기**
> • 어렵게   • 부끄럽게   • 실감 나게

(   )

2 역할극으로 다양한 가족의 생활 모습을 표현할 때 주의할 점은 어느 것입니까? (   )

① 대사와 동작을 연습하지 않는다.
② 가족들이 다투는 장면을 넣어 구성한다.
③ 다양한 가족의 형태를 나쁘게 표현한다.
④ 우리 가족의 형태만 역할극으로 만든다.
⑤ 가족의 생활 모습이 드러나도록 대본을 작성한다.

3 가족 정원 만들기로 다양한 가족의 생활 모습을 표현하는 방법을 순서대로 기호를 쓰시오.

> ㉠ 어떤 가족 나무를 만들지 이야기해 봅니다.
> ㉡ 모둠 구성원의 가족 나무를 붙이고 꾸미며 가족 정원을 완성하고 소개합니다.
> ㉢ 붙임딱지에 가족 구성원의 얼굴을 그려 나무에 붙이고, 가족 나무를 만듭니다.

(   ) → (   ) → (   )

4 다음은 가족의 생활 모습을 표현하는 방법 중 무엇인지 보기 에서 찾아 쓰시오.

> **보기**
> • 뉴스   • 그림   • 영화

(   )(으)로 표현하기

3 단원

5 다음 중 가족의 의미에 대해 알맞게 말한 것에 ○표를 하시오.

(1) 가족과 사회는 관계가 없습니다. (   )
(2) 가족은 힘들 때 의지할 수 있는 쉼터입니다.
(   )
(3) 가족의 형태와 생활 모습에 따라 가족이 지닌 의미가 달라집니다. (   )

6 다양한 가족들을 대하는 바람직한 태도로 알맞은 것은 어느 것입니까? (   )

① 우리 가족과 다른 가족을 비교한다.
② 서로 다른 가족의 생활 모습을 존중한다.
③ 나와 다른 형태의 가족을 이해할 필요는 없다.
④ 다양한 가족의 생활 모습을 이상하게 생각한다.
⑤ 우리 가족과 다른 형태의 가족을 불쌍하게 생각한다.

Step 1 단원평가

[1~5] 다음은 개념 확인 문제입니다. 물음에 답하시오.

1 할머니, 할아버지가 손주와 함께 사는 가족을 (조손 / 입양) 가족이라고 합니다.

2 다른 나라 사람과 우리나라 사람의 결혼으로 만들어진 가족을 무엇이라고 합니까?

(   )

3 가족이 서로를 아끼고 사랑하며 살아가는 모습은 가족 형태와 관계없이 (같습니다 / 다릅니다).

4 역할극을 통해 다양한 가족의 생활 모습을 표현할 때 가족의 생활 모습이 드러나도록 (대본 / 동시)을/를 작성합니다.

5 다양한 가족의 모습이 다르다는 것을 이해하고 서로를 (무시 / 존중)하는 태도를 가져야 합니다.

11종 공통

6 오늘날의 가족 형태에 대한 설명으로 알맞은 것을 두 가지 고르시오. (,   )

① 반드시 결혼으로만 가족이 이루어진다.
② 입양을 통해 새로운 가족을 만들 수 없다.
③ 가족의 형태는 상황에 따라 달라질 수 있다.
④ 사회가 변화하면서 다양한 형태의 가족이 늘어났다.
⑤ 가족의 형태가 변해도 가족 구성원의 수는 변하지 않는다.

[7~8] 다음은 다양한 가족의 모습입니다.

할머니, 할아버지! 학교 다녀오겠습니다.

⬆ 조손 가족

⬆ 다문화 가족

아빠 나 우리 가족

⬆ 한 부모 가족

인사해. 이제부터 네 동생이야.

⬆ 입양 가족

11종 공통

7 다음 설명과 관련 있는 가족의 형태를 위에서 찾아 기호를 쓰시오.

> 어머니와 아버지 어느 한 분과 자녀가 사는 가족입니다.

(   )

11종 공통

8 다음과 같은 대화가 이루어지는 가족을 찾아 기호를 쓰시오.

> 나: 엄마. 오늘 저녁은 뭔가요?
> 엄마: 오늘 저녁은 쌀국수야. 엄마가 살던 베트남에서 자주 해 먹던 음식이지.
> 아빠: 역시 당신이 만든 요리가 최고예요!

(   )

동아출판

9 다음과 같은 사람들의 생각 변화와 관련 있는 가족의 형태는 어느 것입니까? (   )

> 가족이 없는 아이들에게 가족이 되어 주고 싶어 하는 사람들이 많아졌습니다.

① 재혼 가족
② 입양 가족
③ 조손 가족
④ 다문화 가족
⑤ 한 부모 가족

11종 공통

10 다음 대화에서 □ 안에 들어갈 말로 알맞은 것은 어느 것입니까? (   )

오늘날에도 변하지 않는 가족의 모습은 무엇일까?

□ 은/는 같아.

① 가족의 형태
② 가족 구성원의 숫자
③ 가족 구성원의 역할
④ 가족이 살아가는 방식
⑤ 가족이 서로를 아끼는 모습

11종 공통

11 다양한 가족의 생활 모습을 역할극으로 표현하는 방법에 대해 알맞게 설명한 어린이를 쓰시오.

> 지영: 표현할 가족의 형태와 생활 모습을 먼저 결정해야 해.
> 경민: 표현하고 싶은 가족의 모습을 자유롭게 그림으로 그려야 해.
> 승현: 붙임딱지에 가족 구성원의 얼굴을 그려 나무에 붙여서 표현해야 해.

(   )

천재교과서

12 다음과 같은 방법으로 다양한 가족의 생활 모습을 표현하는 방법은 어느 것입니까? (   )

① 동시 짓기
② 노랫말 바꾸기
③ 만화로 표현하기
④ 뉴스로 표현하기
⑤ 가족 정원 만들기

11종 공통

13 가족의 역할과 의미에 대한 설명으로 알맞은 것은 어느 것입니까? (   )

① 가족은 의지할 수 없다.
② 가족은 서로 다투고 미워해야 한다.
③ 가족의 형태에 따라 가족의 의미가 달라진다.
④ 가족 구성원 수에 따라 가족의 역할이 달라진다.
⑤ 사회생활에 필요한 규칙과 예절을 배울 수 있다.

11종 공통

14 다양한 가족의 생활 모습을 대하는 바람직한 태도가 아닌 것은 어느 것입니까? (   )

① 다른 가족의 어려움을 도와주려고 노력한다.
② 다른 가족이 살아가는 모습을 보고 수군거린다.
③ 다른 가족이 살아가는 모습을 이해하려고 노력한다.
④ 다른 가족이 살아가는 모습을 존중하려고 노력한다.
⑤ 다른 가족이 살아가는 모습에서 좋은 점을 찾아보려고 노력한다.

3 단원

15 다음은 다양한 가족 형태에 관한 그림입니다.

11종 공통

㉠

오늘은 딸이 가족이 된 지 1년이 되는 날이야!

⌃ ☐

㉡

역시, 아빠가 만드는 쌀국수가 제일 맛있다니까!

⌃ 다문화 가족

(1) 위 ㉠의 ☐ 안에 들어갈 가족 형태를 보기 에서 찾아 ○표를 하시오.

> 보기
> • 확대 가족   • 조손 가족   • 입양 가족   • 한 부모 가족

(2) 위 ㉡의 가족 형태가 늘어나면서 생긴 사회의 변화를 쓰시오.

답 경제·사회·문화 등 여러 분야에서 다양한 [   ]의 문화를 가진 사람들이 활동하게 되었다.

16 다음은 오늘날의 다양한 가족에 관한 설명입니다.

천재교육, 김영사, 미래엔, 비상교육

> 오늘날 우리 사회에는 개, 고양이, 물고기 등 [   ]을 가족처럼 여기는 사람들이 많아졌습니다.

(1) 위 ☐ 안에 들어갈 알맞은 말을 쓰시오.

(   )

(2) 위 (1)번 답과 함께 살아가는 가족들이 가져야 할 태도를 쓰시오.

_____

_____

17 다양한 가족의 생활 모습을 뉴스로 표현할 때 좋은 점을 쓰시오.

비상교과서

_____

_____

서술형 가이드
어려워하는 서술형 문제!
서술형 가이드를 이용하여 풀어 봐!

15 (1) 아이를 낳지 않고 법률적으로 부모와 자식의 관계를 맺는 것을 (입양 / 결혼)이라고 합니다.

(2) 오늘날에는 다른 나라 사람과 우리나라 사람의 결혼으로 만들어진 [   ][   ][   ] 가족이 많이 생겼습니다.

16 (1) 오늘날 (반려동물 / 친구)을/를 가족처럼 여기는 사람들을 '펫팸족'이라고 부릅니다.

(2) 반려동물과 함께 살아가는 사람들은 반려동물에 대한 (책임감 / 방치)이/가 필요합니다.

17 가족의 생활 모습을 (동시 / 뉴스)로 표현하면 전하고 싶은 내용을 정확하게 표현할 수 있습니다.

Step 3 수행평가

학습 주제 다양한 가족의 생활 모습

학습 목표 자료를 통해 다양한 가족의 생활 모습을 살펴볼 수 있다.

수행평가 가이드
다양한 유형의 수행평가!
수행평가 가이드를 이용해 풀어 봐!

다양한 가족들의 생활 모습
· 오늘날에는 사회가 변화하면서 다양한 형태의 가족들이 늘었습니다.
· 가족들이 살아가는 모습은 다르지만, 가족이 서로를 아끼고 사랑하며 살아가는 모습은 같습니다.

[18~20] 다음은 민우네 가족의 생활 모습입니다.

아빠, 오늘은 엄마네 집에 가는 날이에요.

그래. 아빠가 데려다줄게.

어서 와, 민우야!

민우야, 엄마랑 즐겁게 시간 보내!

18 민우네 가족의 형태를 보기 에서 찾아 쓰시오. 천재교육

> 보기
> · 입양 가족   · 조손 가족   · 다문화 가족   · 한 부모 가족

(   )

천재교육

19 위 민우네 가족 이야기를 역할극으로 표현하려고 할 때, ☐ 안에 알맞은 말을 각각 넣어 문장을 완성하시오.

먼저 역할극에 필요한 ❶ ☐☐☐☐☐ 을 결정해야 합니다. 그리고 민우네 가족의 어떤 ❷ ☐☐☐☐☐ 을 표현할지 정하여 대본을 작성합니다.

20 다양한 가족의 모습을 대하는 바람직한 태도를 쓰시오. 11종 공통

_____

_____

가족의 모습이 달라도 모두 소중하고 특별해.

3
단원

⚲ 배점 표시가 없는 문제는 문제당 4점입니다.

천재교과서, 교학사, 김영사, 동아출판, 비상교과서, 비상교육, 아이스크림 미디어

1 가족의 구성과 역할 변화

11종 공통

1 다음과 같은 결혼식에 대한 설명으로 알맞은 것은 어느 것입니까? (   )

① 신부가 말을 타고 신랑의 집으로 갔다.
② 오늘날에 쉽게 볼 수 있는 결혼식 모습이다.
③ 결혼식을 마치면 부부가 신혼여행을 떠난다.
④ 신랑과 신부 부모님 모두에게 폐백을 드린다.
⑤ 결혼식이 끝나면 신부의 집에서 며칠을 지낸 후 신랑의 집으로 간다.

11종 공통

2 다음 그림에 대한 설명으로 알맞은 것을 두 가지 고르시오. (,   )

① 주례와 관련된 그림이다.
② 주로 턱시도와 웨딩드레스를 입고 드린다.
③ 오늘날에는 양쪽 집안 어른들께 모두 드린다.
④ 옛날에는 신부의 집에 가서 신부의 집안 어른들께 드렸다.
⑤ 집안의 어른들은 행복하게 살라는 의미로 밤과 대추 등을 던져 주기도 한다.

3 다음 ☐ 안에 공통으로 들어갈 알맞은 말을 쓰시오.

> 신랑은 신부에게 오랫동안 행복하게 살자는 의미로 나무로 만든 ☐를 주었습니다. ☐는 평생 자기 짝을 지키는 것으로 알려져 있습니다.

(   )

🎒 서술형·논술형 문제   11종 공통

4 옛날과 오늘날 혼인 풍습의 공통점을 쓰시오. [10점]

_____

_____

천재교육

5 다음 대화의 밑줄 친 부분에 들어갈 말로 알맞지 <u>않은</u> 것은 어느 것입니까? (   )

> 옛날과 오늘날의 혼인 풍습이 달라진 까닭은 무엇일까?

> _____ 때문이야.

① 사람들의 생각이 변했기
② 외국 문화의 영향을 받았기
③ 사람들의 생활 모습이 변했기
④ 결혼식에 담긴 의미가 변했기
⑤ 사람들이 중요하게 여기는 것이 바뀌었기

6 다음 가족에 대한 설명으로 알맞은 것은 어느 것입니까? ( )

▲ 확대 가족

① 가족 구성원의 수가 적은 편이다.
② 오늘날에는 전혀 찾아볼 수 없다.
③ 옛날에 주로 많았던 가족 형태이다.
④ 가족 구성원의 수가 반드시 여섯 명 이상이어야 한다.
⑤ 부부 혹은 부부와 결혼하지 않은 자녀로 이루어진 가족 형태이다.

서술형·논술형 문제

7 오늘날 다음과 같은 가족 형태가 많아진 까닭을 쓰시오. [10점]

우리 가족은 아빠, 엄마, 나까지 총 세 명이에요.

_____

_____

8 옛날 가족 구성원의 역할에 대한 설명으로 알맞은 것을 **보기**에서 두 가지 찾아 기호를 쓰시오.

보기
ㄱ 부모가 모두 직장에서 일을 합니다.
ㄴ 성별에 따라 역할이 구분되어 있습니다.
ㄷ 남자들은 주로 농사 등 바깥일을 합니다.
ㄹ 중요한 일은 가족 구성원이 함께 의논합니다.

(,)

9 오늘날 가족 구성원의 역할이 변화한 까닭으로 알맞은 것에 ○표를 하시오.
(1) 성별과 관계없이 교육을 받을 수 있기 때문입니다. ( )
(2) 나이에 따라 사회 활동에 참여할 수 있는 사람이 정해져 있기 때문입니다. ( )
(3) 남자가 할 수 있는 직업과 여자가 할 수 있는 직업이 구분되어 있기 때문입니다. ( )

천재교과서

10 다음과 같은 가족 구성원 간의 갈등을 해결하는 바람직한 방법이 <u>아닌</u> 것은 어느 것입니까? ( )

어머니: △△야, 숙제는 다 하고 노는 거니?
나: 이제 하려고요.
어머니: 숙제를 먼저 하고 놀아야지. 저번에 약속했잖아. 매번 이렇게 약속을 안 지키면 어떡하니?
나: (짜증 내며) 아, 하려고 하잖아요!

① 대화를 통해 갈등의 원인을 파악한다.
② 나이가 많은 사람의 의견을 따라간다.
③ 서로의 생각을 나누고 해결 방법을 찾아본다.
④ 가족 구성원으로서의 나의 역할을 알고 실천한다.
⑤ 가족 구성원끼리 이해하고 존중하는 마음을 가진다.

2 다양한 가족이 살아가는 모습

[11~12] 다음은 다양한 가족의 형태입니다.

ⓖ
「할머니, 할아버지! 학교 다녀오겠습니다.」
⚠ 조손 가족

ⓒ
⚠ 한 부모 가족

ⓔ
「인사해. 이제부터 네 동생이야.」
⚠ 입양 가족

ⓡ
⚠ 다문화 가족

천재교과서

11 다음과 같은 대화가 이루어지는 가족의 형태를 위에서 찾아 기호를 쓰시오.

> 진수: 아빠와 엄마는 어떻게 만나게 되었나요?
> 아빠: 엄마는 베트남에서 태어났고 아빠는 대한민국에서 태어났단다. 아빠가 베트남에서 잠시 일할 때 만나서 결혼했어.
> 진수: 그렇게 우리 가족이 만들어졌군요!

( )

11종 공통

12 위 ⓔ의 가족 형태와 관련된 설명으로 알맞은 것은 어느 것입니까? ( )

① 가족 구성원의 수가 줄었다.
② 다양한 나라의 문화를 가진 사람들이 많아졌다.
③ 가족 형태에 대한 사람들의 생각이 변하지 않았다는 것을 알 수 있다.
④ 자유롭게 혼자 살고 싶어 하는 사람들이 많아져서 생긴 가족 형태이다.
⑤ 가족이 없는 아이들에게 가족이 되어 주고 싶어 ⓔ과 같은 가족 형태를 이루기도 한다.

13 세빈이가 누리 소통망에 올린 글을 읽고 알 수 있는 세빈이네 가족의 형태를 쓰시오.

> 엄마가 재혼을 하셔서 나에게 새로운 가족이 생기고, 동생이 태어나서 가족이 더 커졌어! 새로운 가족들이 생겨서 기분이 참 좋아.
>
> 👍 좋아요   💬 댓글 달기   ➔ 공유하기
>
> 댓글을 입력하세요...   게시

( )

11종 공통

14 다양한 가족의 생활 모습과 관련하여, ( ) 안의 알맞은 말에 각각 ○표를 하시오.

> 가족 형태에 따라 서로 다른 가족이 살아가는 모습은 ❶(같지만 / 다르지만), 서로를 아끼고 사랑하며 살아가는 모습은 모두 ❷(같습니다 / 다릅니다).

비상교육

15 다음 신문 기사에 나타난 정훈 씨네 가족의 형태로 알맞은 것은 어느 것입니까? ( )

> △△일보   20△△년 △△월 △△일
>
> 정훈 씨는 아침마다 딸의 머리를 정성스럽게 묶어 준다. 혼자 아이를 키우는 정훈 씨는 딸을 유치원에 데려다준 후에야 직장으로 간다. 정훈 씨는 훗날 딸아이가 컸을 때 아버지가 사랑으로 열심히 키웠음을 진심으로 알아주었으면 좋겠다고 말했다.

① 조손 가족   ② 재혼 가족
③ 입양 가족   ④ 다문화 가족
⑤ 한 부모 가족

16 다음 ㉠, ㉡에 대한 설명으로 알맞지 <u>않은</u> 것은 어느 것입니까? ( )

천재교육

㉠  ㉡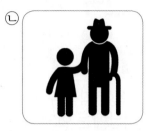

① ㉠은 반려동물과 함께 사는 사람을 표현했다.

② ㉡은 조부모님과 함께 사는 가족을 표현했다.

③ ㉠, ㉡ 모두 그림 문자로 다양한 가족을 표현했다.

④ ㉠, ㉡ 모두 가족 형태의 특징이 나타나지 않았다.

⑤ 오늘날에는 ㉠과 같이 가족은 아니지만 가족처럼 지내는 사람들이 늘어나고 있다.

---

17 다음 역할극 대본을 읽고 알 수 있는 내용이 <u>아닌</u> 것을 두 가지 고르시오. [6점] (,)

비상교육

> 해원: 할머니, 학교 다녀왔습니다. 친구들이 옷이 아주 예쁘다며 다들 부러워했어요.
> 할머니: 그랬구나. 우리 해원이가 기분이 정말 좋았겠다.
> 준선: 할머니. 오늘은 또 어떤 옷을 만드셨나요?
> 할머니: 오늘은 우리 세 식구가 입을 잠옷을 만들었단다.
> 해원, 준선: 할머니, 정말 대단해요!

① 해원이네 가족의 갈등 상황을 담았다.

② 해원이네 가족 형태는 조손 가족이다.

③ 해원이네 가족 형태를 나쁘게 표현했다.

④ 해원이네 가족의 생활 모습을 알 수 있다.

⑤ 등장인물에는 할머니, 해원, 준선이가 있다.

📋 서술형·논술형 문제

천재교육

18 역할극을 통해 다양한 가족의 모습을 표현할 때 좋은 점을 한 가지만 쓰시오. [10점]

_____

_____

11종 공통

19 다음과 같은 가족의 생활 모습을 통해 알 수 있는 가족의 의미는 어느 것입니까? ( )

① 가족과 사회는 관련이 없다.

② 가족은 의지할 수 없는 존재이다.

③ 가족 내에서 규칙과 예절을 배울 수 있다.

④ 가족의 형태에 따라 가족의 의미가 변화한다.

⑤ 가족의 의미는 가족 구성원의 수와 관련이 있다.

11종 공통

20 다음 ㉠과 ㉡에 들어갈 말이 알맞게 짝 지어진 것은 어느 것입니까? ( )

> 가족은 누구에게나 [㉠]한 존재이기 때문에 다양한 가족을 대할 때에는 가족의 모습이 다르다는 것을 이해하고 서로를 [㉡]하는 태도를 가져야 합니다.

	㉠	㉡		㉠	㉡
①	소중	비교	②	불편	존중
③	소중	무시	④	불편	사랑
⑤	소중	존중			

3 단원

견우와 직녀가 만나는
음력 7월 7일 칠석

은하수의 동쪽과 서쪽에 각각 위치한 견우성과 직녀성이 만나는
칠석날에는 어떤 유래와 세시 풍속이 있을까요?

칠석의 유래

하늘나라 궁전을 다스리는 옥황상제는 은하수 건너에 부지런히 소
를 모는 견우가 마음에 들어 손녀인 직녀를 견우와 결혼시켰어요. 결
혼을 한 후, 서로를 많이 사랑해서 견우는 농사를 게을리하고 직녀는
베를 짜는 일을 게을리했어요. 이 둘을 보고 화가 난 옥황상제는 두
사람을 은하수의 양쪽에 각각 떨어뜨리고 칠석날에만 만나게 했어요.

까마귀와 까치들은 해마다 칠석날에 보고 싶어 하는 두 사람이 만나
도록 오작교라는 다리를 만들어 줬어요. 칠석날 저녁에 내리는 비는
견우와 직녀가 만나서 기쁨에 흘리는 눈물이라고 하며, 이튿날 새벽
에 내리는 비는 견우와 직녀가 헤어짐에 슬퍼서 흘리는 눈물이라고
한답니다.

⬆ 까마귀와 까치의 오작교

칠석의 세시 풍속

칠석날에는 이루지 못한 인연을 갈등이 있는 윗마을과 아랫마을로
비유하여 마을의 화해와 화합, 안녕을 기원하며 칠석놀이를 했어요.
여인들은 칠석날 새벽 또는 밤에 장독대 앞에다 바느질감과 오이, 참
외, 수박 등을 상에 차려 놓고 칠석고사를 지내는데, 직녀성을 바라
보며 바느질 솜씨가 좋아지게 해 달라고 빌었답니다. 또 수고한 까치
를 위해 담장 위에 밥과 나물을 올려 두어 까치에게 밥을 주는 풍속
과 여름 장마철의 습기를 머금은 옷가지와 책장의 책을 곰팡이가 들
지 않게 햇볕에 말리는 풍속이 있었어요.

⬆ 칠석고사

리더가 되기 위한 공부 비법

#차원이_다른_클라쓰
#강의전문교재
#초등교재

수학교재

●수학리더 시리즈

신간 수학리더 [연산]	예비초~6학년/A·B단계
– 수학리더 [개념]	1~6학년/학기별
– 수학리더 [기본]	1~6학년/학기별
신간 수학리더 [유형]	1~6학년/학기별
신간 수학리더 [기본＋응용]	1~6학년/학기별
– 수학리더 [응용·심화]	1~6학년/학기별

●수학도 독해가 힘이다 *문제해결력

1~6학년/학기별

●수학의 힘 시리즈

– 수학의 힘 알파[실력]	3~6학년/학기별
– 수학의 힘 베타[유형]	1~6학년/학기별
– 수학의 힘 감마[최상위]	3~6학년/학기별

●Go! 매쓰 시리즈

– Go! 매쓰(Start) *교과서 개념	1~6학년/학기별
– Go! 매쓰(Run A/B/C) *교과서+사고력	1~6학년/학기별
– Go! 매쓰(Jump) *유형 사고력	1~6학년/학기별

●계산박사

1~12단계

전과목교재

●리더 시리즈

– 국어	1~6학년/학기별
– 사회	3~6학년/학기별
– 과학	3~6학년/학기별

시험 대비교재

●올백 전과목 단원평가

1~6학년/학기별
(1학기는 2~6학년)

●HME 수학 학력평가

1~6학년/상·하반기용

●HME 국어 학력평가

1~6학년

✦ 리더가 되기 위한 공부 비법

사회
리더

다양한 유형의 문제를 모은

평가북

BOOK 2

✦ 쪽지시험

✦ 대표 문제

✦ 단원평가 + 서술형 평가

3-2

천재교육

평가북 BOOK 2

사회
리더
3-2

1 자연환경은 산, 들, (밭 / 강) 등과 같이 자연 그대로의 환경을 뜻합니다.

2 도로, 공장, 논과 같이 사람들이 만든 환경을 무엇이라고 합니까?

3 사람들은 (산 / 하천)에 공원이나 등산로를 만들어 이용합니다.

4 항구, 조선소 등은 들과 바다 중 어떤 자연환경을 이용하는 모습입니까?

5 봄에는 꽃이 핀 곳으로 소풍을 가며, ☐에는 눈썰매장에서 신나게 썰매를 탑니다.

6 여름에는 (에어컨 / 온풍기)을/를 사용합니다.

7 바다가 있는 고장에는 모래사장, (갯벌 / 스키장) 등이 있습니다.

8 산지가 많은 고장에서는 농사지을 장소가 부족해 ☐ 모양의 논에서 농사를 짓습니다.

9 스스로 즐거움을 얻고자 남는 시간에 하는 자유로운 활동을 무엇이라고 합니까?

10 박물관에서 유물 관람하기는 (자연환경 / 인문환경)을 이용한 여가 생활입니다.

대표 문제

1. ① 우리 고장의 환경과 생활 모습

◉ 자연환경과 인문환경

고장의 환경에는 자연적으로 만들어진 것과 사람들이 자연을 이용해 만든 것이 있다는 것을 알 수 있습니다.

1 다음 연우네 고장의 환경을 보고 바르게 말한 어린이는 누구입니까? (   )

① 아람: 산과 공장은 자연환경이야.
　↳ 산은 자연환경, 공장은 인문환경이다.

② 사랑: 바다와 아파트는 인문환경이야.
　↳ 바다는 자연환경, 아파트는 인문환경이다.

③ 영준: 시장은 자연 그대로의 환경이다.
　↳ 시장은 사람이 만든 환경이다.

④ 지우: 연우네 고장에는 인문환경이 없네.
　↳ 시장, 공장, 아파트, 공원 등은 인문환경이다.

⑤ 미연: 사람들은 자연환경을 이용해 다양한 인문환경을 만들어.

2 다음 □ 안에 들어갈 내용으로 알맞은 것은 어느 것입니까? (   )

> **우리 고장의 환경과 생활 모습 조사**
>
> ※ 자연환경: 산, 들, ☐, 하천 등
> ※ 인문환경: 병원, 학교, 도로, 백화점 등
> ※ 생활 모습
> • 하천을 생활용수로 이용함.
> • 산에 등산로나 공원을 만듦.

① 눈　　② 논　　③ 공장
④ 염전　　⑤ 항구

◉ 고장 사람들이 하는 일

고장 사람들이 하는 일이 고장의 환경과 밀접한 관계가 있음을 알 수 있습니다.

3 다음 고장 사람들이 주로 하는 일을 두 가지 고르시오.
(,   )

① 버섯을 키운다. ↳ 산이 많은 고장 사람들이 하는 일

② 바다에서 고기를 잡는다.

③ 꿀을 얻기 위해 벌을 기른다. ↳ 산이 많은 고장 사람들이 하는 일

④ 물고기를 잡는 기구를 팔거나 수리한다.

⑤ 농업 기술을 연구하고 알려 주는 일을 한다.
　↳ 넓은 들이 있는 고장 사람들이 하는 일

4 다음과 같은 일을 주로 하는 사람들이 살고 있는 고장의 모습으로 알맞은 것은 어느 것입니까? (   )

> • 산비탈에 논을 만들어 벼를 재배합니다.
> • 목장에서 소를 키우고 나물이나 약초를 캡니다.

① 갯벌이 있다.
② 바다가 있다.
③ 높은 건물이 많다.
④ 산이 연속해서 있다.
⑤ 들판이 넓게 펼쳐져 있다.

1 우리가 살아가려면 영양분을 얻기 위한 (옷 / 음식)이 필요합니다.

🖉 _____

2 모자, 신발, 목도리 등은 의식주 생활 중 [   ]과 관련된 것들입니다.

🖉 _____

3 날씨가 (더울 / 추울) 때에는 목도리를 두르거나 두꺼운 옷을 입습니다.

🖉 _____

4 춥고 (눈 / 비)이/가 많이 오는 고장에서는 동물의 털과 가죽으로 만든 두꺼운 옷을 입습니다.

🖉 _____

5 전주는 넓은 [   ]에서 자란 쌀과 채소로 만든 비빔밥이 유명합니다.

🖉 _____

6 서산은 주변 (바닷가 / 산)에서 굴이 잘 자라 어리굴젓이 유명합니다.

🖉 _____

7 덥고 습한 (타이 / 캐나다)에서는 열대 과일을 이용한 음식이 발달했습니다.

🖉 _____

8 산간 지역에서는 주변에서 쉽게 구할 수 있는 (짚 / 나무)을/를 사용해 집을 지었습니다.

🖉 _____

9 여름철 비가 많이 내리는 고장에서 지었던 집은 터돋움집과 너와집 중 무엇입니까?

🖉 _____

10 화산 폭발이 있었던 고장에서 지었던 집은 (동굴집 / 이글루)입니다.

🖉 _____

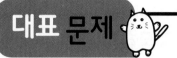

1. ❷ 환경에 따른 의식주 생활 모습

◉ 의식주의 의미와 필요성

의식주가 무엇인지 알고, 의식주가 우리 생활에 필요한 까닭을 알 수 있습니다.

1 다음 물건들을 보고 바르게 말한 어린이는 누구입니까? (　　　)

⬆ 티셔츠　　⬆ 아파트　　⬆ 밥

⬆ 신발　　⬆ 빵　　⬆ 한옥

① 예림: 밥과 빵은 <u>주생활</u>과 관련된 거야.
　　　　　　　↳ 식생활

② 서진: 티셔츠와 신발은 식생활과 관련된 거야.
　　　　　　　　　　↳ 의생활

③ 효정: 아파트와 한옥은 <u>의생활</u>과 관련된 거야.
　　　　　　　　　↳ 주생활

④ 세영: 영양분을 얻기 위해 필요한 것은 밥과 빵이야.

⑤ 준우: 신발과 티셔츠는 안전하고 편안하게 쉬기 위해 필요한 거야.
　　　　↳ 한옥, 아파트

2 의식주에 대한 설명으로 알맞지 <u>않은</u> 것은 어느 것입니까? (　　　)

① 의생활은 입는 옷과 관련이 있다.

② 주생활은 자는 집과 관련이 있다.

③ 식생활은 먹는 음식과 관련이 있다.

④ 영양분을 얻기 위해 주생활이 필요하다.

⑤ 피부를 보호하기 위해 의생활이 필요하다.

◉ 고장의 환경에 따른 의식주 생활 모습

고장의 날씨, 땅의 생김새 등에 따라 고장의 의식주 생활 모습이 다릅니다.

3 다음 어린이가 살고 있는 고장 사람들의 의식주 생활 모습으로 알맞은 것은 어느 것입니까? (　　　)

우리 고장은 춥고 눈이 많이 내려.

① 바람이 잘 통하는 옷을 입는다.
　　↳ 덥고 습한 고장의 의생활 모습

② 열대 과일로 만든 음식을 즐겨 먹는다.
　　↳ 덥고 습한 고장의 식생활 모습

③ 모래바람을 막으려고 천을 머리에 두른다.
　　↳ 덥고 건조한 고장의 의생활 모습

④ 사냥을 나왔을 때 눈과 얼음으로 이글루를 만든다.

⑤ 이동하면서 간편하게 설치할 수 있는 게르를 만든다. ↳ 초원이 펼쳐진 고장

4 세계 여러 고장 사람들의 의식주 생활 모습에 대한 설명으로 알맞은 것은 어느 것입니까? (　　　)

① 덥고 건조한 고장에서는 두꺼운 옷을 입는다.

② 사막이 있는 고장에서는 이글루를 짓기도 한다.

③ 덥고 습한 고장에서는 수상 가옥을 짓기도 한다.

④ 높은 산지에 있는 고장에서는 해산물을 즐겨 먹는다.

⑤ 춥고 눈이 많이 내리는 고장에서는 열대 과일로 만든 음식을 즐겨 먹는다.

대단원 평가 1회

1. 환경에 따라 다른 삶의 모습

[1~2] 다음은 연우네 고장의 모습입니다.

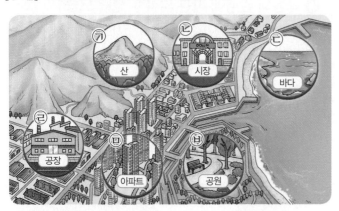

1 위 ㉠~㉕을 자연환경과 인문환경으로 나누어 기호를 쓰시오.

(1) 자연환경: (,   )

(2) 인문환경: (, , ,   )

2 위 ㉠을 이용하는 모습을 두 가지 고르시오.

(,   )

① 스키장
② 양식장
③ 해수욕장
④ 산림욕장
⑤ 생활용수

3 다음과 같이 이용하는 자연환경은 어느 것입니까?

(   )

• 방파제를 쌓고 항구를 만듭니다.
• 요트, 윈드서핑 등의 레포츠를 즐깁니다.

① 강
② 들
③ 산
④ 바다
⑤ 사막

4 기온이 뚝 떨어지고 눈이 내리는 계절을 보기 에서 찾아 쓰시오.

보기
• 봄   • 여름   • 가을   • 겨울

(   )

5 다음 일기 예보와 관련된 계절의 생활 모습으로 알맞은 것은 어느 것입니까? (   )

이번 장마가 끝나면 더위가 한층 더해지겠습니다.

① 썰매 타기
② 벼 수확하기
③ 단풍 구경하기
④ 선풍기 바람 쐬기
⑤ 스키 캠프에 참여하기

🗂 서술형·논술형 문제

6 다음은 서윤이네 고장의 모습입니다.

(1) 서윤이네 고장에서 볼 수 있는 인문환경을 보기 에서 두 가지 찾아 쓰시오.

보기
• 바다   • 등대   • 양식장   • 낮은 산

(,   )

(2) 서윤이네 고장에 사는 사람들이 고장의 환경과 관련하여 하는 일을 쓰시오.

_____

_____

7 산이 많은 고장 사람들이 주로 하는 일이 아닌 것은 어느 것입니까? (   )

① 꿀 얻기
② 약초 캐기
③ 버섯 기르기
④ 가축 키우기
⑤ 소금 만들기

8 다음 질문에 대한 알맞은 대답을 쓰시오.

> 산이 많은 고장에서 논을 계단 모양으로 만든 까닭은 무엇인가요?

_____

_____

9 도시에 사는 사람들이 주로 하는 일은 어느 것입니까? (   )

⬆ 버섯 재배

⬆ 회사 근무

⬆ 가축 키우기

⬆ 고기잡이

10 인문환경을 이용해 여가 생활을 즐긴 어린이를 두 명 고르시오. (,   )

① 윤지: 숲속에서 캠핑을 했어.
② 현아: 바다에서 낚시를 했어.
③ 세영: 계곡에서 래프팅을 했어.
④ 예림: 영화관에 가서 영화를 봤어.
⑤ 서진: 박물관에서 유물을 관람했어.

11 의식주 중 의생활에 속하는 것은 어느 것입니까?
(   )

① 빵   ② 양말   ③ 한옥
④ 김치   ⑤ 아파트

12 우리가 살 집이 없을 때 발생할 수 있는 일로 알맞은 것을 보기 에서 찾아 기호를 쓰시오.

> **보기**
> ㉠ 힘이 없어서 움직이지 못할 것입니다.
> ㉡ 몸에 필요한 영양분이 부족할 것입니다.
> ㉢ 더위와 추위를 견디기 어려울 것입니다.

(   )

13 더운 계절에 입는 옷으로 알맞은 것은 어느 것입니까? (   )

① 반바지   ② 목도리   ③ 털장갑
④ 털모자   ⑤ 두꺼운 외투

14 햇볕이 뜨겁고 모래바람이 많이 부는 고장 사람들의 의생활 모습으로 알맞은 것에 ○표를 하시오.

(1)

(2)

(   )   (   )

15 다음과 같은 음식이 발달한 고장의 의생활 모습으로 알맞은 것에 ○표를 하시오.

> 덥고 습한 고장에서는 주변에서 쉽게 구할 수 있는 파인애플을 넣어 만든 볶음밥을 먹습니다.

(1) 여러 가지 옷을 겹쳐 입습니다. ( )

(2) 바람이 잘 통하는 가벼운 옷을 입습니다. ( )

(3) 동물의 털과 가죽으로 만든 두꺼운 옷을 입습니다. ( )

[16~17] 다음은 고장에서 발달한 음식을 소개하는 내용입니다.

> 부산에 사는 친구: 우리 고장에서는 바닷바람을 맞으며 자란 쪽파가 유명하기 때문에 파전이 발달했어.
> 정선에 사는 친구: 우리 고장의 ㉠ 에서는 곤드레나물이 잘 자라. 그래서 곤드레나물밥이 유명하지.
> 보성에 사는 친구: 우리 고장에는 꼬막무침이 유명해. 왜냐하면 ㉡

16 위 ㉠에 들어갈 자연환경을 보기 에서 찾아 쓰시오.

> **보기**
> • 바다　　• 하천　　• 산골짜기

( )

서술형·논술형 문제

17 위 ㉡에 들어갈 알맞은 내용을 쓰시오.

_____

18 다음 설명과 관련 있는 음식은 무엇입니까? ( )

> 산지에서 젖소를 키우는 고장 사람들은 젖소를 키워 얻은 우유로 음식을 만듭니다.

① 퐁뒤　　　　　② 초밥
③ 호밀빵　　　　④ 어리굴젓
⑤ 한라봉주스

19 터돋움집에 대한 설명으로 알맞은 것을 두 가지 고르시오. (,)

① 가뭄에 대비하기 위한 집이다.
② 추운 고장에서 발달한 집이다.
③ 나뭇조각으로 지붕을 얹은 집이다.
④ 땅 위에 터를 돋우어 높은 곳에 지은 집이다.
⑤ 홍수로 물에 잠길 위험이 있는 집을 보호하기 위해 지었다.

20 덥고 비가 많이 내리는 고장에서 다음과 같은 집을 지었던 까닭은 어느 것입니까? ( )

▲ 수상 가옥

① 더위와 해충을 피하기 위해서
② 이동할 때 간편하게 설치하기 위해서
③ 집에 눈이 들어오는 것을 막기 위해서
④ 날씨가 추워 나무가 곧게 자라기 때문에
⑤ 바람에 지붕이 날아가는 걸 막기 위해서

대단원 평가 2회

1. 환경에 따라 다른 삶의 모습

1 고장의 환경 중 사람이 만든 환경은 어느 것입니까?
( )

① 들   ② 산   ③ 바다

④ 하천   ⑤ 논과 밭

2 자연환경을 이용하는 모습으로 알맞지 <u>않은</u> 것은 어느 것입니까? ( )

① 들에서 농사를 짓는다.

② 들에 도로와 주택을 만든다.

③ 산에 공원이나 등산로를 만든다.

④ 하천에 염전을 만들어 소금을 얻는다.

⑤ 하천 주변에 공원을 만들어 산책을 한다.

3 다음 그래프를 바르게 이해한 어린이는 누구입니까?
( )

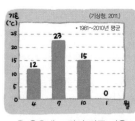
△ 은우네 고장의 평균 기온

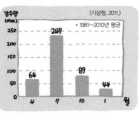
△ 은우네 고장의 평균 강수량

① 운용: 1월의 평균 기온이 가장 높아.

② 미연: 7월의 평균 강수량이 가장 많아.

③ 민경: 기온 그래프는 50℃씩 숫자가 커져.

④ 진영: 강수량 그래프는 5mm씩 숫자가 커져.

⑤ 아람: 기온 그래프의 가로는 기온, 세로는 월을 나타내.

4 춥고 눈이 오는 계절의 생활 모습으로 알맞은 것은 어느 것입니까? ( )

① 물놀이   ② 꽃구경

③ 단풍 구경   ④ 난로 사용

⑤ 선풍기 사용

5 다음 대화를 읽고, 영민이네 사촌이 살고 있는 고장의 모습으로 알맞은 것의 기호를 쓰시오.

> 우주: 사촌은 잘 만나고 왔어? 뭐하고 지냈어?
> 영민: 해수욕장에서 물놀이도 하고 맛있는 대게찜 도 먹었어.

ⓐ    ⓑ

( )

서술형·논술형 문제

6 다음은 서우네 고장의 모습입니다.

(1) 서우네 고장에서 볼 수 있는 환경이 <u>아닌</u> 것을 보기에서 찾아 쓰시오.

> **보기**
> • 들   • 바다   • 논과 밭   • 비닐하우스

( )

(2) 서우네 고장에 살고 있는 사람들이 주로 하는 일을 고장의 환경과 연관지어 쓰시오.

_____

_____

7 산이 많은 고장에서 볼 수 있는 인문환경이 <u>아닌</u> 것을 두 가지 고르시오. (,)

① 목장
② 조선소
③ 스키장
④ 산림욕장
⑤ 수산물 직판장

8 다음 중 도시에 사는 사람들이 하는 일로 알맞은 것에 ○표를 하시오.

(1)
⌃ 백화점에서 물건 팔기
( )

(2)
⌃ 버섯 재배하기
( )

9 각 고장 사람들이 하는 일에 대해 바르게 말한 어린이를 쓰시오.

> 연아: 고장마다 사람들이 하는 일은 같아.
> 정원: 고장 사람들은 그 고장의 자연환경과 인문환경을 이용한 일을 해.
> 예림: 고장 사람들이 하는 일이나 생활 모습은 그 고장의 환경과 밀접한 관계가 없어.

( )

10 다음 중 바다를 이용한 여가 생활은 어느 것입니까?

( )

① 서핑
② 등산
③ 축구
④ 영화 감상
⑤ 유물 관람

서술형·논술형 문제

11 다음은 우리가 즐겨 먹는 음식입니다.

⌃ 밥　　　⌃ 주스　　　⌃ 빵

(1) 위 음식들은 의식주 생활 중 무엇에 속하는지 쓰시오.

( )

(2) 위 (1)번 답이 우리 생활에 필요한 까닭을 쓰시오.

_____

_____

12 추운 겨울철 사람들의 의생활 모습으로 알맞지 <u>않은</u> 것은 어느 것입니까? ( )

① 장갑을 낀다.
② 목도리를 두른다.
③ 두꺼운 옷을 입는다.
④ 솜을 넣어 만든 옷을 입는다.
⑤ 바람이 잘 통하는 옷을 입는다.

13 다음 설명에 해당하는 고장의 전통 옷차림 모습은 무엇인지 각각 기호를 쓰시오.

ㄱ 　　ㄴ

(1) 춥고 눈이 많이 옵니다. ( )
(2) 낮과 밤의 기온 차가 큽니다. ( )

14 사막이 있는 고장에서 다음과 같은 옷차림을 하는 까닭을 보기 에서 찾아 기호를 쓰시오.

> 몸 전체를 감싸는 긴 옷을 입고, 천을 머리에 두릅니다.

보기
㉠ 눈이 많이 오기 때문에
㉡ 모래바람을 막기 위해서
㉢ 비가 많이 내리기 때문에

(   )

15 다음에서 설명하는 것은 어느 것입니까? (   )

> 풀이나 볏짚 등으로 만든 비옷입니다.

① 설피   ② 갈옷   ③ 한복
④ 클로그   ⑤ 도롱이

서술형·논술형 문제

16 다음은 고장을 대표하는 음식입니다.

㉠ 정선 곤드레나물밥   ㉡  하동 재첩국

(1) 위 음식 중 산에서 나는 재료로 만든 음식을 찾아 기호를 쓰시오.

(   )

(2) 정선에서 ㉠과 같은 음식이 발달한 까닭을 쓰시오.

_____

17 다음과 같은 까닭으로 전주에서 발달한 음식은 어느 것입니까? (   )

> 넓은 들에서 쌀과 채소를 쉽게 구할 수 있습니다.

① 대게찜   ② 비빔밥
③ 꼬막무침   ④ 한라봉주스
⑤ 감자옹심이

18 섬나라인 일본에서 초밥을 즐겨 먹는 까닭으로 알맞은 것을 보기 에서 찾아 기호를 쓰시오.

보기
㉠ 산지에서 젖소를 많이 키우기 때문에
㉡ 덥고 습해 열대 과일이 잘 자라기 때문에
㉢ 근처 바닷가에서 해산물이 많이 잡히기 때문에

(   )

19 환경에 따른 주생활 모습에 대한 설명으로 알맞은 것을 두 가지 고르시오. (,   )

① 사막이 있는 고장에서는 수상 가옥을 지었다.
② 비가 적게 오는 고장에서는 터돋움집을 지었다.
③ 눈이 많이 내리는 고장에서는 우데기를 만들었다.
④ 바람이 많이 부는 고장에서는 지붕을 끈으로 묶었다.
⑤ 너와집은 볏짚을 쉽게 구할 수 있는 고장에서 지었다.

20 다음 설명과 관련된 주생활 모습의 기호를 쓰시오.

> 추운 날씨에도 나무들이 곧게 잘 자라는 고장에서는 통나무로 집을 지었습니다.

㉠  이즈바   ㉡  이글루

(   )

대단원 서술형 평가 1회

1. 환경에 따라 다른 삶의 모습

1 다음은 고장의 자연환경입니다. [총 10점]

ⓐ산
ⓐ눈
ⓐ비
ⓐ바다

(1) 땅의 모양을 나타내는 자연환경을 두 가지 찾아 기호를 쓰시오. [3점]

(,   )

(2) 사람들이 ㉠을 이용하는 모습을 쓰시오. [7점]

_____

_____

2 다음은 계절에 따른 사람들의 생활 모습입니다. [총 10점]

봄	꽃구경을 하는 사람들이 많음.
여름	㉠ 을/를 피해 해수욕을 즐김.
가을	㉡
겨울	얼음 위에서 썰매를 탐.

(1) 위 ㉠에 들어갈 날씨에 ○표를 하시오. [3점]

• 추위   • 더위   • 쌀쌀함   • 건조함

(2) 위 ㉡에 들어갈 사람들의 생활 모습을 쓰시오. [7점]

_____

_____

3 다음은 세계 여러 고장 사람들의 의생활 모습입니다.

[총 10점]

(1) 위 ㉠ 의생활 모습과 관련된 자연환경을 **보기** 에서 찾아 쓰시오. [3점]

보기
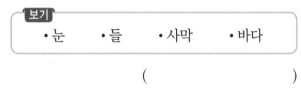
• 눈   • 들   • 사막   • 바다

(   )

(2) 높은 산이 있는 고장에서 ㉡과 같은 옷차림을 하는 까닭을 날씨와 관련하여 쓰시오. [7점]

_____

_____

4 다음은 고장을 대표하는 음식입니다. [총 10점]

ⓐ 서산 어리굴젓
ⓐ 전주비빔밥

(1) 위 ㉠, ㉡ 중 바다와 관련이 있는 음식은 무엇인지 기호를 쓰시오. [3점]

(   )

(2) 위와 같이 고장을 대표하는 음식의 공통점을 쓰시오. [7점]

_____

_____

대단원 서술형 평가 2회

1. 환경에 따라 다른 삶의 모습

1 다음은 현주네 고장 사람들이 주로 하는 일입니다. [총 10점]

⚠ 버섯 재배하기

⚠ 계단 모양 논에서 농사짓기

(1) 현주네 고장 사람들이 이용하며 살아가는 자연환경은 무엇인지 보기 에서 찾아 쓰시오. [3점]

> **보기**
> • 산   • 들   • 바다

(   )

(2) 위 (1)번 답이 많이 있는 고장에 가 본 경험으로 알맞은 내용을 쓰시오. [7점]

_____

_____

2 다음은 여가 생활을 즐기는 모습입니다. [총 10점]

ㄱ

⚠ 캠핑

ㄴ

⚠ 래프팅

(1) 강을 이용하는 여가 생활 모습은 무엇인지 기호를 쓰시오. [3점]

(   )

(2) 위 ㄱ, ㄴ 여가 생활의 공통점을 쓰시오. [7점]

_____

_____

3 다음은 우리 생활에 꼭 필요한 것을 나타낸 것입니다.
[총 10점]

(1) 위 ㄱ, ㄴ은 의식주 생활 중 무엇에 속하는지 쓰시오. [3점]

ㄱ (   )
ㄴ (   )

(2) 위 ㄴ이 우리 생활에 필요한 까닭을 쓰시오. [7점]

_____

_____

4 다음은 세계 여러 고장의 주생활 모습입니다. [총 10점]

ㄱ

⚠ 수상 가옥

ㄴ

⚠ 게르

(1) 위 ㄱ을 짓는 고장을 보기 에서 찾아 쓰시오. [3점]

> **보기**
> • 덥고 습한 고장   • 눈이 많이 내리는 고장

(   )

(2) 몽골에서 위 ㄴ과 같은 집을 짓는 까닭을 쓰시오.
[7점]

_____

_____

1 옛날 사람들의 생활 모습을 살펴보기 위해 방문할 수 있는 장소를 한 가지만 쓰시오.

2 문화재 감정 평가사, 보존 과학자, 학예 연구사는 모두 (도서관 / 박물관)과 관련 있는 직업입니다.

3 주먹 도끼는 (돌 / 나무)을/를 깨뜨려 만든 도구입니다.

4 돌을 깨뜨려 만든 도구를 사용한 시대에는 주로 (움집 / 동굴)이나 바위 그늘 에서 생활했습니다.

5 돌을 갈아서 만든 도구를 사용한 시대에는 강가나 바닷가에 모여 살며 땅을 갈아 □□□를 짓기 시작했습니다.

6 식물의 줄기를 꼬아 실을 뽑는 데 사용했던 옛날 사람들의 도구를 무엇이라고 합니까?

7 비파형 동검은 □□□으로 만들어진 옛날 사람들의 도구입니다.

8 옛날 사람들은 청동을 주로 무기, 장신구, □□ 지내는 도구 등을 만들 때 사용했습니다.

9 옛날 사람들이 농사를 지을 때 사용했던 도구는 (청동 거울 / 반달 돌칼)입니다.

10 사람들이 (나무 / 철)로 만든 농사 도구를 사용하면서 농업이 크게 발달했습니다.

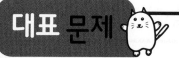

2. ❶ 옛날과 오늘날의 생활 모습(1)

○ 자연에서 얻은 재료로 도구를 만들어 쓰던 시대

돌과 나무, 흙 등을 이용해 도구를 만들던 시대의 생활 모습을 알 수 있습니다.

1 다음 그림에 나타난 시대의 생활 모습으로 알맞은 것은 어느 것입니까? ( )

⬆ 돌을 깨뜨려 만든 도구를 사용한 시대

① 농사를 짓기 시작했다. ⤙➤ 돌을 갈아서 만든 도구를 사용한 시대

② 돌괭이를 이용해 땅을 갈았다.
⤙➤ 돌을 갈아서 만든 도구를 사용한 시대

③ 동굴이나 바위 그늘에서 생활했다.

④ 청동으로 제사 지내는 도구를 만들었다.
⤙➤ 청동으로 만든 도구를 사용한 시대

⑤ 일상생활에서 철로 만든 도구를 사용했다.
⤙➤ 철로 만든 도구를 사용한 시대

2 위 1번 그림에 나타난 시대에 주로 사용했던 도구로 알맞은 것은 어느 것입니까? ( )

① 주먹 도끼
② 반달 돌칼
③ 비파형 동검
④ 빗살무늬 토기
⑤ 농경문 청동기

○ 청동으로 도구를 만들어 쓰던 시대

청동으로 도구를 만들어 쓰던 시대의 다양한 도구와 생활 모습을 알 수 있습니다.

3 다음 그림에 나타난 시대에 대한 설명으로 알맞은 것을 두 가지 고르시오. (,)

⬆ 청동으로 만든 도구를 사용한 시대

① 농사를 전혀 짓지 않았다.
⤙➤ 돌과 나무를 이용해 농사를 지었다.

② 청동으로 무기와 장신구를 만들었다.

③ 철을 깨뜨려 다양한 도구를 만들었다.
⤙➤ 청동으로

④ 전쟁에서는 철로 만든 무기를 사용했다.
⤙➤ 청동

⑤ 일상생활에서는 돌과 나무로 만든 도구를 사용했다.

4 옛날 사람들이 농사를 지을 때 사용했던 다음 도구의 이름은 무엇입니까? ( )

① 낫
② 시루
③ 돌괭이
④ 뼈바늘
⑤ 반달 돌칼

1 옛날 사람들은 땅을 갈기 위해 (뼈바늘 / 돌괭이)을/를 사용했습니다.

🖉 _____

2 오늘날에는 (반달 돌칼 / 트랙터)을/를 이용해 한 번에 넓은 땅을 갈 수 있습니다.

🖉 _____

3 곡식을 수확하는 도구의 변화로 수확할 수 있는 곡식의 양이 (늘어났습니다 / 줄어들었습니다).

🖉 _____

4 옛날 사람들은 음식의 재료를 갈 때 (가마솥 / 맷돌)을 사용했습니다.

🖉 _____

5 오늘날 사람들이 음식을 만들 때 사용하는 도구를 한 가지만 쓰시오.

🖉 _____

6 옛날 사람들은 (베틀 / 방직기)로 실을 엮어 옷감을 만들었습니다.

🖉 _____

7 오늘날에는 [   ]을 이용해 빠르고 정확하게 옷감을 꿰맬 수 있습니다.

🖉 _____

8 한곳에 모여 살기 시작한 사람들이 땅을 파서 기둥을 세우고, 풀과 짚으로 지붕을 덮어 만든 집은 무엇입니까?

🖉 _____

9 기와집에서 남자들이 글공부를 하거나 손님을 맞이했던 곳은 [   ]입니다.

🖉 _____

10 오늘날의 집에서는 하나의 공간에서 (한 가지 / 다양한) 생활을 합니다.

🖉 _____

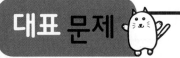

대표 문제

2. ❶ 옛날과 오늘날의 생활 모습(2)

○ 음식을 만드는 도구의 변화

요리 도구의 변화 모습과 그로 인해 달라진 사람들의 생활 모습을 알 수 있습니다.

1 다음 ㉠, ㉡에 대한 설명으로 알맞은 것은 어느 것입니까? ( )

㉠ ▲ 토기

㉡ ▲ 믹서

① ㉠은 오늘날의 요리 도구이다. → 옛날

② ㉡은 음식을 보관할 때 필요한 도구이다. → 음식의 재료를 갈 때

③ ㉡이 발달하기 전에는 가락바퀴를 사용했다. → 갈돌과 갈판, 맷돌

④ 오늘날에는 ㉠ 대신 전기밥솥을 주로 이용한다.

⑤ ㉠, ㉡은 모두 옷을 만들 때 사용하는 도구이다. → 음식을 만들 때

2 음식을 만드는 도구의 변화로 달라진 사람들의 생활 모습으로 알맞은 것은 어느 것입니까? ( )

① 음식을 만드는 시간이 줄어들었다.

② 불을 피워 전기밥솥으로 밥을 짓는다.

③ 가마솥을 이용해 음식의 재료를 간다.

④ 음식을 끓일 때는 토기를 주로 이용한다.

⑤ 음식의 재료를 가는 도구는 변화하지 않았다.

○ 집의 모습의 변화

집의 모습이 변화하면서 달라진 사람들의 생활 모습을 알 수 있습니다.

3 다음과 같은 집에서의 생활 모습으로 알맞은 것은 어느 것입니까? ( )

▲ 초가집

① 집 가운데에 불을 피웠다. → 예 움집

② 먹을 것을 찾아 옮겨 다녔다. → 예 동굴이나 바위 그늘

③ 여자들은 주로 안채에서 생활했다. → 예 기와집

④ 하나의 방에서 음식을 만들고 잠을 잤다. → 예 움집

⑤ 방, 마루, 부엌 등을 쓰임새에 맞게 나누어 사용했다.

4 오늘날 집의 모습이 변화하면서 달라진 사람들의 생활 모습으로 알맞은 것은 어느 것입니까? ( )

① 마당에서 농사와 관련된 일을 한다.

② 하나의 공간에서는 한 가지의 일만 한다.

③ 여자와 남자가 분리된 공간에서 생활한다.

④ 시원한 여름을 나기 위해 온돌을 사용한다.

⑤ 화장실이 집 안에 있어서 편리하게 생활한다.

1 옛날부터 일정한 시기에 되풀이하여 행해 온 고유의 생활 모습은 무엇입니까?

2 설날에는 널뛰기, (윷놀이 / 강강술래) 등의 놀이를 즐겼습니다.

3 정월 대보름에는 한 해의 풍년을 빌며 (오곡밥 / 토란국)을 먹었습니다.

4 불을 사용하지 않고 찬 음식을 먹었던 날은 언제입니까?

5 날씨가 무더워지기 시작하는 단오에는 ☐를 주고받고 창포물에 머리를 감았습니다.

6 중양절은 수확을 (시작 / 마무리)하는 시기로, 사람들은 산에 올라가 단풍을 즐겼습니다.

7 동지는 일 년 중 (낮 / 밤)이 가장 긴 날입니다.

8 옛날 사람들은 설날에 ☐에게 빼앗기지 않도록 신발을 방 안에 숨겨 두었습니다.

9 오늘날에는 직업이 다양해져 ☐와 관련된 세시 풍속이 많이 사라졌습니다.

10 옛날 사람들은 설날과 정월 대보름 사이에 하던 ☐를 통해 운세를 점치기도 했습니다.

대표 문제

2. ❷ 옛날과 오늘날의 세시 풍속

◉ 옛날의 세시 풍속

옛날 사람들이 즐겼던 세시 풍속을 알 수 있습니다.

1 다음 ㉠, ㉡에 대한 설명으로 알맞은 것은 어느 것입니까? (   )

△ 한식   △ 삼복

① ㉠은 새해 첫 보름달이 뜨는 날이다.
　↳ 정월 대보름
② ㉠에는 집안 어른들께 세배를 드렸다.
　↳ 설날
③ ㉡에는 다가올 겨울을 대비해 김장을 했다.
　↳ 상달
④ ㉡에는 더위를 이겨 내기 위해 육개장을 먹기도 했다.
　↳ 여름철 가장 더운 시기
⑤ ㉠, ㉡ 모두 한 해를 마무리하는 시기의 세시 풍속이다.
　↳ 농사를 시작하는 시기

2 옛날 사람들이 즐겼던 세시 풍속에 대한 설명으로 알맞지 않은 것은 어느 것입니까? (   )

① 단오에는 그네뛰기와 씨름을 즐겼다.
② 동지에는 건강을 빌며 부럼을 깨 먹었다.
③ 계절에 따라 다양한 세시 풍속이 있었다.
④ 한식에는 불을 사용하지 않고 찬 음식을 먹었다.
⑤ 정월 대보름에는 달집태우기와 쥐불놀이를 했다.

◉ 오늘날 세시 풍속의 변화

오늘날 세시 풍속의 특징을 알 수 있습니다.

3 다음을 보고 알 수 있는 오늘날 세시 풍속의 특징은 무엇입니까? (   )

[출처: 뉴스뱅크]

> 옛날 사람들은 명절에 줄다리기를 하며 풍년을 빌고 농사가 잘될지 점쳤지만, 오늘날에는 힘겨루기를 하며 협동심을 키우는 놀이로 즐깁니다.

① 농사와 관련된 세시 풍속이 늘어났다.
　↳ 줄어들었다.
② 겨울에는 세시 풍속을 체험할 수 없다.
　↳ 계절에 상관없이 세시 풍속을 체험할 수 있다.
③ 세시 풍속에 담긴 의미가 변하기도 했다.
④ 옛날부터 전해 내려오는 세시 풍속이 없다.
　↳ 설날, 추석과 같은 큰 명절을 중심으로 전해 내려온다.
⑤ 날씨가 맑은 날에만 세시 풍속을 즐길 수 있다.
　↳ 날씨와 상관없이 세시 풍속을 즐길 수 있다.

4 오늘날 세시 풍속이 변화한 까닭으로 가장 알맞은 것을 두 가지 고르시오. (,   )

① 농업의 발달
② 직업의 다양화
③ 농사 도구의 변화
④ 과학 기술의 발달
⑤ 세시 풍속의 다양화

대단원 평가 1회

2. 시대마다 다른 삶의 모습

1 옛날 사람들이 사용했던 생활 도구를 볼 수 있는 장소를 찾아 기호를 쓰시오.

㉠ ⬆ 학교   ㉡ ⬆ 민속촌

(   )

2 다음 옛날 생활 도구가 등장한 순서로 알맞은 것은 어느 것입니까? (   )

> ㉠ 주먹 도끼 ㉡ 비파형 동검 ㉢ 철로 만든 무기

① ㉠ → ㉡ → ㉢
② ㉠ → ㉢ → ㉡
③ ㉡ → ㉠ → ㉢
④ ㉡ → ㉢ → ㉠
⑤ ㉢ → ㉡ → ㉠

3 다음 도구의 공통점으로 알맞은 것은 어느 것입니까?

(   )

⬆ 청동 거울   ⬆ 반달 돌칼

① 청동으로 만든 도구이다.
② 돌을 갈아서 만든 도구이다.
③ 농사지을 때 사용하는 도구이다.
④ 낚시를 할 때 이용하는 도구이다.
⑤ 청동으로 만든 도구를 사용한 시대의 도구이다.

4 농사짓는 모습이 새겨져 있는 청동기로, 당시의 생활 모습을 파악할 수 있게 해 주는 것은 무엇입니까?

(   )

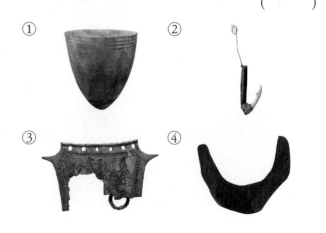

① ② ③ ④

5 다음 ☐ 안에 들어갈 알맞은 말은 어느 것입니까?

(   )

> 오늘날에는 과학 기술의 발달로 논밭에 농약을 뿌릴 때 ☐을/를 사용해 힘든 일을 빠르게 처리합니다.

① 쟁기
② 베틀
③ 돌괭이
④ 뼈바늘
⑤ 농사용 무인기

🗂 서술형·논술형 문제

6 쟁기가 발달하면서 달라진 사람들의 생활 모습을 쓰시오.

_____

_____

[7~8] 다음은 옛날 사람들의 생활 도구입니다.

ㄱ

▲ 토기

ㄴ

▲ 시루

ㄷ

▲ 맷돌

ㄹ

▲ 가락바퀴

7 음식을 만드는 도구가 <u>아닌</u> 것의 기호를 쓰시오.

(   )

8 위 ㄱ의 쓰임새로 알맞은 것은 어느 것입니까?

(   )

① 재료를 넣고 끓여 음식을 만든다.
② 식물의 줄기를 꼬아 실을 만든다.
③ 딱딱한 땅을 갈아 부드럽게 만든다.
④ 날카로운 부분을 이용해 곡식을 벤다.
⑤ 바닥의 구멍에서 올라오는 김으로 음식을 만든다.

9 오늘날 빠르고 편리하게 많은 옷감을 만들 수 있는 다음 도구의 이름은 무엇입니까? (   )

① 베틀   ② 방직기
③ 트랙터   ④ 탈곡기
⑤ 쇠 바늘

10 다음 기와집에 대한 설명에서 ㉠, ㉡에 들어갈 말을 알맞게 짝 지은 것은 어느 것입니까? (   )

기와집은 주로 여자들이 생활하는 ㉠ 와/과 남자들이 글공부를 하거나 손님을 맞이하던 ㉡ 등으로 이루어져 있었습니다.

        ㉠   ㉡
①   방   부엌
②   거실   주방
③   마루   온돌
④   안채   사랑채
⑤   헛간   외양간

11 다음 중 세시 풍속이 <u>아닌</u> 것에 ○표를 하시오.

(1)   (2)

▲ 동네 어른께 인사를 드림.   ▲ 설날에 세배를 드림.

(   )   (   )

🟫 서술형·논술형 문제

12 세시 풍속을 통해 알 수 있는 것을 쓰시오.

_____

_____

13 씨를 뿌리는 시기로, 불을 사용하지 않고 찬 음식을 먹었던 날은 언제입니까? (   )

① 설날   ② 추석
③ 동지   ④ 한식
⑤ 중양절

14 백중에 대한 설명으로 알맞은 것을 보기 에서 찾아 기호를 쓰시오.

△ 백중

보기
㉠ 국화로 만든 술과 떡을 먹었습니다.
㉡ 더위를 이겨 내기 위해 물놀이를 했습니다.
㉢ 논밭의 잡초를 없애는 김매기가 끝난 시기입니다.

(   )

15 다음 낱말과 관련 있는 날은 언제입니까? (   )

· 수확   · 송편   · 토란국   · 강강술래

① 추석
② 삼복
③ 설날
④ 단오
⑤ 정월 대보름

📋 서술형·논술형 문제

16 다음 ㉠에 들어갈 수 있는 내용을 한 가지만 쓰시오.

옛날 설날의 모습
· 떡국을 만들어 먹었습니다.
· 차례를 지낸 후 설빔을 입고 어른들께 세배를 드렸습니다.
·   ㉠

_____

_____

17 옛날 사람들의 계절별 세시 풍속으로 알맞은 것에 ○표를 하시오.

(1) 여름에는 농사의 풍년을 빌며 축제를 열기도 했습니다.   (   )

(2) 봄에는 수확한 곡식과 과일로 조상들께 차례를 지냈습니다.   (   )

18 다음 질문에 대해 알맞게 대답한 어린이는 누구입니까?

(   )

오늘날의 세시 풍속은 어떤 특징을 갖고 있을까요?

① 민채: 모두 농사와 관련되어 있어.
② 승완: 큰 명절을 중심으로만 전해 내려와.
③ 이진: 가족의 행복을 바라는 세시 풍속은 없어.
④ 유림: 설날과 추석의 세시 풍속은 모두 사라졌어.
⑤ 지웅: 계절에 따라 할 수 있는 세시 풍속이 정해져 있어.

19 옛날부터 전해 내려오는 세시 풍속으로, 널빤지 양 끝에 한 사람씩 서서 번갈아 뛰는 놀이는 무엇입니까?

(   )

① 씨름
② 널뛰기
③ 제기차기
④ 거북놀이
⑤ 소먹이놀이

20 다음은 무엇을 만드는 과정인지 보기 에서 찾아 쓰시오.

1️⃣ 세 장의 한지를 겹친 후 반으로 접고 잘라 술을 만듭니다.
2️⃣ 종이를 펼쳐 끝부분에 자석이나 건전지를 올리고 종이를 돌돌 맙니다.
3️⃣ 윗부분을 감싸 고무줄로 묶습니다.

보기
· 제기   · 부채   · 복조리

(   )

대단원 평가 2회

2. 시대마다 다른 삶의 모습

1 옛날 사람들의 생활 모습을 살펴보는 방법에 대해 알맞게 말한 어린이를 쓰시오.

> 소영: 박물관, 민속촌, 놀이터 등을 방문하면 돼.
> 유민: 옛날에 사용했던 생활 도구를 찾아보면 돼.
> 동준: 옛날 집의 모습은 옛날 생활 모습과 관련이 없어.

(   )

2 박물관에서 문화재 감정 평가사가 하는 일로 알맞은 것은 어느 것입니까? (   )

① 박물관 전시를 기획한다.
② 문화유산을 찾아 발굴한다.
③ 망가진 문화유산들을 복원한다.
④ 문화유산이 지닌 가치를 평가한다.
⑤ 박물관 관람객에게 바람직한 관람 예절을 안내한다.

3 옛날 사람들이 음식을 담는 용도로 사용했던 도구로 알맞은 것은 어느 것입니까? (   )

① 돌괭이   ② 가락바퀴

③ 갈돌과 갈판   ④ 빗살무늬 토기

서술형·논술형 문제

4 청동으로 만든 도구를 사용한 시대에 일상생활에서는 여전히 돌과 나무를 사용했던 까닭을 쓰시오.

_____

_____

5 다음 도구를 만들 때 사용했던 재료의 특징으로 가장 알맞은 것은 어느 것입니까? (   )

⌃ 철로 만든 농기구   ⌃ 철로 만든 무기

① 나무보다 손질이 쉽다.
② 나무보다 불에 잘 탄다.
③ 흙보다 물에 잘 녹는다.
④ 청동보다 훨씬 단단하다.
⑤ 일상생활에서 돌보다 구하기 쉽다.

6 다음 도구가 발달하면서 생긴 생활 모습의 변화로 알맞은 것은 어느 것입니까? (   )

⌃ 철로 만든 괭이

① 음식을 빨리 만들었다.
② 사냥을 쉽게 할 수 있게 되었다.
③ 더 넓은 땅에 농사를 짓게 되었다.
④ 바느질을 빠르게 할 수 있게 되었다.
⑤ 먹을 수 있는 음식 재료가 사라졌다.

7 요리 도구의 변화에 대해 알맞은 말에 각각 ○표를 하시오.

> 전기밥솥이 발달하기 전, 사람들은 ❶(철 / 돌)로 만든 ❷(가마솥 / 베틀)에 열을 가해 요리를 했습니다.

8 오늘날 옷감을 꿰맬 때 사용하는 도구로 알맞은 것은 어느 것입니까? (   )

① 믹서   ② 맷돌
③ 탈곡기   ④ 트랙터
⑤ 재봉틀

[9~10] 다음은 다양한 집의 모습입니다.

ⓐ 움집

ⓐ 아파트

ⓐ 초가집

[출처: 게티이미지]
ⓐ 동굴

9 위 집의 모습을 변화한 순서대로 기호를 쓰시오.
(   ) → (   ) → (   ) → (   )

서술형·논술형 문제

10 위 ㉣에 살던 사람들의 생활 모습을 쓰시오.

_____

_____

11 다음 글의 밑줄 친 부분에 해당하지 <u>않는</u> 것은 어느 것입니까? (   )

> 옛날부터 일정한 시기에 되풀이하여 행해 온 고유의 생활 모습을 <u>세시 풍속</u>이라고 합니다.

① 삼복에 삼계탕을 먹는다.
② 정월 대보름에 나물을 먹는다.
③ 추석에 송편과 토란국을 먹는다.
④ 설날에 가족들과 윷놀이를 한다.
⑤ 친구들과 놀이터에서 그네를 탄다.

12 다음 정월 대보름에 대해 정리한 표에서 알맞지 <u>않은</u> 것은 어느 것입니까? (   )

날짜	① 음력 1월 15일
하는 일	② 한 해의 건강과 풍년 빌기
먹는 음식	③ 오곡밥, ④ 수리취떡
하는 놀이	⑤ 쥐불놀이

13 다음 음식과 관련 있는 날에 대한 설명으로 알맞은 것은 어느 것입니까? (   )

ⓐ 삼계탕   ⓐ 육개장

① 한 해를 마무리하는 시기이다.
② 일 년 중 밤이 가장 긴 날이다.
③ 그네뛰기와 씨름을 즐기기도 했다.
④ 먹을거리가 많아 '가장 좋은 달'이라고 불렀다.
⑤ 더위를 이겨 내기 위해 물놀이를 하기도 했다.

14 다음 밑줄 친 부분에 들어갈 알맞은 말을 쓰시오.

> 중양절은 음력 9월 9일로 수확을 마무리하는 시기였습니다. 중양절이 되면 사람들은 산에 올라가 단풍을 즐겼고, _____

_____

_____

15 다음 시기와 관련 있는 날을 찾아 줄로 바르게 이으시오.

(1) 농사를 시작하는 시기 · · ㉠ 한식

(2) 날씨가 무더워지는 시기 · · ㉡ 동지

(3) 한 해를 마무리하는 시기 · · ㉢ 단오

16 옛날 설날에 떡국을 만들어 먹는 것에 담긴 의미로 알맞은 것은 어느 것입니까? ( )

① 윷놀이에서 이기라는 의미
② 건강하게 오래 살라는 의미
③ 예쁜 한복을 입으라는 의미
④ 더위에 지치지 않고 농사를 하라는 의미
⑤ 야광귀에게 신발을 빼앗기지 말라는 의미

17 다음과 같은 모습을 볼 수 있었던 명절을 쓰시오.

[출처: 국립민속박물관]

⬆ 올게심니 매달아 놓기　　⬆ 거북놀이 즐기기

( )

18 다음 ☐ 안에 들어갈 수 있는 알맞은 말을 두 가지 고르시오. (,)

> 옛날에는 [ ]에 따라 다양한 세시 풍속을 즐겼습니다.

① 키　　　　　　② 날씨
③ 이름　　　　　④ 계절
⑤ 몸무게

19 오늘날의 세시 풍속에 대한 설명으로 알맞은 것을 [보기]에서 찾아 기호를 쓰시오.

> **보기**
> ㉠ 농사와 관련된 세시 풍속이 많아졌습니다.
> ㉡ 직업이 다양해지며 세시 풍속이 변화했습니다.
> ㉢ 교통의 발달은 세시 풍속의 변화와 관련이 없습니다.

( )

20 설날과 정월 대보름 사이에 여럿이 즐겼던 놀이로, 운세를 점치고 마을의 풍년을 비는 의미가 담겨 있던 것은 무엇입니까? ( )

① 씨름　　　　　② 농악
③ 윷놀이　　　　④ 널뛰기
⑤ 그네뛰기

대단원 서술형 평가 1회

2. 시대마다 다른 삶의 모습

1 다음은 옛날 사람들의 생활 도구입니다. [총 10점]

△ 비파형 동검

△ ☐ 거울

(1) 위 ☐ 안에 들어갈, 구리와 주석을 섞어 만든 재료를 찾아 ○표를 하시오. [3점]

> • 철   • 청동   • 나무

(2) 옛날 사람들은 위 (1)번 답을 어떤 목적으로 주로 사용했는지 쓰시오. [7점]

_____

_____

2 다음은 옛날과 오늘날의 생활 도구입니다. [총 10점]

△ 가락바퀴

△ 재봉틀

(1) 위 도구는 무엇을 만드는 도구인지 보기 에서 찾아 쓰시오. [3점]

> 보기
> • 옷   • 집   • 음식

(   )

(2) 위 (1)번 답을 만드는 도구가 변화하면서 달라진 사람들의 생활 모습을 쓰시오. [7점]

_____

_____

3 다음은 옛날 사람들이 즐겼던 세시 풍속입니다. [총 10점]

△ 쥐불놀이와 달집태우기

(1) 위 세시 풍속이 행해진 때를 보기 에서 찾아 쓰시오. [3점]

> 보기
> • 추석   • 중양절   • 정월 대보름

(   )

(2) 위와 같은 세시 풍속을 행했던 까닭을 쓰시오. [7점]

_____

_____

4 다음은 옛날 사람들의 계절별 세시 풍속입니다. [총 10점]

㉠	여름
풍년을 바라며 조상들의 산소에 성묘했음.	㉡

(1) 위 ㉠에 들어갈 알맞은 계절을 쓰시오. [3점]

(   )

(2) 위 ㉡에 들어갈 세시 풍속을 한 가지만 쓰시오. [7점]

_____

_____

대단원 서술형 평가 2회

2. 시대마다 다른 삶의 모습

1 다음은 옛날 사람들의 생활 도구입니다. [총 10점]

(1) 위 도구의 이름으로 알맞은 것에 ○표를 하시오.
[3점]

> • 비파형 동검   • 빗살무늬 토기

(2) 위 도구를 사용하기 시작했던 시대의 생활 모습을
한 가지만 쓰시오. [7점]

_____

_____

2 다음 집의 이름과 이 집에 살았던 사람들의 생활 모습을
쓰시오. [총 10점]

(1) 집의 이름 [3점]: (   )

(2) 생활 모습 [7점]: _____

_____

3 다음은 한식에 대한 설명입니다. [총 10점]

> 한식에는 [   ]을 사용하지 않고 찬 음식을 먹
> 는 풍속이 있었습니다.

(1) 위 □ 안에 들어갈 알맞은 말을 쓰시오. [3점]
(   )

(2) 위 설명 외에 한식에 행해졌던 세시 풍속을 쓰시오.
[7점]

_____

_____

4 다음은 도윤이가 설날 때 한 일입니다. [총 10점]

(가)   (나)

🔺 [   ] 드리기   🔺 차례 지내기

(1) 위 (가)의 □ 안에 들어갈 말에 대한 설명을 **보기**에서
찾아 기호를 쓰시오. [3점]

> **보기**
> ㉠ 설을 맞이하여 새로 장만하여 입는 옷
> ㉡ 설날 새벽에 부엌 등의 벽에 걸어놓는 조리
> ㉢ 새해에 복을 기원하며 어른들께 드리는 인사

(   )

(2) 위 (가), (나) 외에 오늘날 설날에 하는 다른 세시 풍속
을 한 가지만 쓰시오. [7점]

_____

_____

1 결혼, 출산, 입양 등으로 만들어지는 사회의 기본 단위를 무엇이라고 합니까?

🖉 _____

2 옛날에는 신랑이 신부에게 (나무 기러기 / 반지)를 건네주며 혼례가 시작되었습니다.

🖉 _____

3 오늘날에는 주로 (신부의 집 / 결혼식장)에서 결혼을 합니다.

🖉 _____

4 오늘날에는 ☐ 대신 신랑과 신부가 서로에게 쓴 편지를 읽는 결혼식을 하기도 합니다.

🖉 _____

5 옛날과 오늘날의 결혼식에는 가족, 친척, 친구들이 모여 신랑과 신부의 행복한 미래를 ☐ 해 준다는 공통점이 있습니다.

🖉 _____

6 부부 혹은 부부와 결혼하지 않은 자녀로 이루어진 가족을 무엇이라고 합니까?

🖉 _____

7 옛날에는 사람들이 대부분 농사를 지으며 생활했기 때문에 (핵가족 / 확대 가족)이 많았습니다.

🖉 _____

8 오늘날에는 가족 구성원의 역할을 (함께하는 / 구분하는) 경우가 많습니다.

🖉 _____

9 오늘날에는 남녀가 ☐ 하다는 의식이 높아지면서 성별에 따른 직업의 구분이 사라졌고, 집안일을 위한 역할 분담이 필요하게 되었습니다.

🖉 _____

10 가족 구성원 간의 갈등을 해결하기 위해서는 ☐ 을/를 통해 갈등의 원인을 파악하고 해결 방법을 찾아보아야 합니다.

🖉 _____

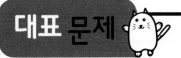 대표 문제

3. ❶ 가족의 구성과 역할 변화

◉ 옛날과 오늘날의 혼인 풍습

옛날과 오늘날의 혼인 풍습을 비교하고 공통점과 차이점을 알 수 있습니다.

1 다음 그림과 관련 있는 혼인 풍습에 대한 설명으로 알 맞은 것은 어느 것입니까? (   )

① 신부가 말을 타고 신랑의 집으로 갔다.
　↪ 신랑이 말을 타고 신부의 집으로 갔다.
② 결혼식이 끝나고 부부가 신혼여행을 떠났다.
　↪ 신부의 집에서 며칠을 지낸 후 신랑의 집으로 갔다.
③ 주로 턱시도와 웨딩드레스를 입고 혼인했다.
　↪ 한복을 입고 혼인했다.
④ 공원이나 스키장, 물속에서 혼인하기도 했다.
　↪ 주로 신부의 집에서 혼인했다.
⑤ 혼인을 약속하는 표시로 신랑이 신부에게 나무 기러기를 건네주었다.

2 옛날과 오늘날의 혼인 풍습에 대한 설명으로 알맞은 것을 두 가지 고르시오. (,   )

① 옛날에는 결혼식 때 폐백을 드리지 않았다.
② 결혼식이 끝나면 신혼여행을 떠난다는 것은 같다.
③ 결혼식을 통해 새로운 가족이 만들어진다는 것은 같다.
④ 오늘날에는 대부분 개인이 스스로 배우자를 선택해 결혼한다.
⑤ 오늘날에는 신부의 집에서 신부의 집안 어른들께 폐백을 드린다.

◉ 옛날과 오늘날 가족 구성원의 역할 변화

옛날과 오늘날 가족 구성원의 역할 변화 모습과 변화한 까닭을 알 수 있습니다.

3 다음 그림을 보고 오늘날 가족 구성원의 역할로 알맞은 것을 두 가지 고르시오. (,   )

① 남자만 집안일을 한다.
　↪ 부부가 모두 집안일과 바깥일을 한다.
② 가족회의로 집안일을 함께 의논한다.
③ 남자와 여자가 하는 일이 구분되어 있다.
　↪ 오늘날에는 남자와 여자가 하는 일에 구분이 없다.
④ 가족 구성원 모두가 집안일을 나누어서 한다.
⑤ 가족의 중요한 일은 나이 많은 남자 어른이 결정한다.　↪ 가족 구성원 모두가 함께 의논한다.

4 오늘날 가족 구성원의 역할이 변화한 까닭으로 알맞지 않은 것은 어느 것입니까? (   )

① 교육의 기회가 증가했기 때문에
② 남녀의 역할 구분이 사라졌기 때문에
③ 성별에 따라 다른 교육을 받기 때문에
④ 사람들의 사회 활동이 활발해졌기 때문에
⑤ 나이에 따라 사람을 차별하지 않고 동등하게 대우하기 때문에

3 단원

1 입양한 자녀와 그 부모로 구성된 가족을 무엇이라고 합니까?

2 할머니, 할아버지가 손주와 함께 사는 가족을 (재혼 가족 / 조손 가족)이라고 합니다.

3 자녀가 서로 다른 문화와 말을 이해하고 배우면서 자랄 수 있는 가족의 형태는 무엇입니까?

4 오늘날에는 결혼하지 않고 자유롭게 혼자 살고 싶어 하는 사람들이 많아지면서 ☐이/가 늘었습니다.

5 가족 형태에 따라 가족이 살아가는 모습은 모두 (같습니다 / 다릅니다).

6 역할극으로 가족의 생활 모습을 표현할 때 가족의 생활 모습이 잘 드러나도록 (대본 / 신문 기사)을/를 작성합니다.

7 큰 도화지에 모둠 구성원의 가족 나무를 붙이고 꾸며 (가족 정원 / 뉴스)(으)로 다양한 가족의 형태를 표현할 수 있습니다.

8 그림으로 다양한 가족의 생활 모습을 표현하면 표현하고 싶은 가족의 모습을 (정해진 대로 / 자유롭게) 표현할 수 있습니다.

9 가족의 형태와 생활 모습이 달라져도 가족이 지닌 의미는 (변하지 않습니다 / 변합니다).

10 다양한 가족의 모습이 다르다는 것을 이해하고 (무시 / 존중)하는 태도를 가져야 합니다.

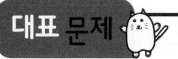

3. ❷ 다양한 가족이 살아가는 모습

◉ 다양한 가족의 형태

오늘날 사회에서 볼 수 있는 다양한 가족 형태와 다양한 생활 모습을 알 수 있습니다.

1 다음 가족 형태에 대한 설명으로 알맞은 것은 어느 것입니까? (   )

① ㉠은 다문화 가족이다.
　　　↳ 조손 가족

② ㉣은 옛날에 많았던 가족 형태이다.
　　　↳ 오늘날에 많아진

③ ㉢은 조부모님과 손주가 함께 사는 가족이다.
　　　↳ 어머니와 아버지 어느 한 분과 자녀가 사는

④ ㉡ 가족의 자녀는 가정에서 서로 다른 문화와 말을 배울 수 있다.

⑤ 사회와 사람들의 생각이 <u>변하지 않았기</u> 때문에 가족의 형태가 다양해졌다.
　　　　　　↳ 변했기

2 다음 그림에 나타난 가족 형태는 어느 것입니까?
(   )

엄마와 아빠의 첫 번째 결혼기념일이자, 우리가 새로 가족이 된 날을 축하해요!

① 재혼 가족　　　② 입양 가족
③ 조손 가족　　　④ 다문화 가족
⑤ 한 부모 가족

◉ 다양한 가족의 생활 모습 표현하기

다양한 가족의 생활 모습을 표현하는 여러 가지 방법들을 알 수 있습니다.

3 다음은 가족의 생활 모습을 어떤 방법으로 표현한 것 입니까? (   )

> 큰언니: 오늘은 희은이가 입양원을 떠나 우리 가족이 된 지 9년째 되는 날이야. 축하해!
> 희은: 고마워요, 엄마, 아빠, 언니들.
> 엄마: 네가 우리 가족이 되어서 참 기쁘구나. 그동안 잘 자라 주어서 고맙다.
> 둘째 언니: 내가 언니랑 용돈을 모아서 산 선물 이야.
> 아빠: 서로 사이좋게 지내서 보기 좋구나.

① 익숙한 노래를 골라 노랫말을 바꾸어 표현했다.
　　　↳ 노랫말 바꾸기

② 표현하고 싶은 가족의 모습을 자유롭게 그렸다.
　　　↳ 그림으로 표현하기

③ 다양한 가족의 사실적인 모습을 뉴스처럼 표현 했다. ↳ 뉴스로 표현하기

④ 큰 도화지에 모둠 구성원의 가족 나무를 붙여서 완성했다. ↳ 가족 정원 만들기

⑤ 어떤 형태의 가족을 표현할지 결정하여 역할극을 만들었다.

4 위 **3**번과 같은 방법으로 가족의 생활 모습을 표현할 때 주의할 점으로 알맞지 <u>않은</u> 것은 어느 것입니까?
(   )

① 모둠 친구들 전체가 참여할 수 있게 한다.
② 다양한 가족의 형태를 나쁘게 표현하지 않는다.
③ 다양한 가족의 생활 모습을 실감 나게 표현한다.
④ 가족의 생활 모습이 드러나도록 대본을 작성한다.
⑤ 가족이 배려하는 모습보다 갈등하는 장면을 위 주로 표현한다.

대단원 평가 1회

3. 가족의 모습과 역할 변화

1 가족에 대한 설명으로 알맞은 것을 보기 에서 두 가지 찾아 기호를 쓰시오.

> **보기**
> ㉠ 여러 가족이 모여 사회를 이룹니다.
> ㉡ 출산을 통해 만들어지지는 않습니다.
> ㉢ 반드시 입양을 통해서만 만들어집니다.
> ㉣ 우리가 태어나서 가장 먼저 만나는 사람들입니다.

(,   )

2 다음 중 옛날의 혼인 풍습과 관련 있는 물건을 골라 ○표를 하시오.

(1)
 반지
(   )

(2)
🔺 나무 기러기
(   )

3 옛날의 혼인 풍습과 관련 있는 설명은 어느 것입니까?
(   )

① 주로 결혼식장에서 결혼을 한다.
② 턱시도와 웨딩드레스를 입고 결혼을 한다.
③ 결혼식을 마치고 부부가 신혼여행을 간다.
④ 폐백실에서 신랑과 신부의 부모님께 폐백을 드린다.
⑤ 결혼식이 끝나면 신부의 집에서 며칠을 보낸 후 신랑의 집으로 간다.

4 다음 중 폐백에 대해 바르게 설명한 어린이를 쓰시오.

> 현정: 오늘날에는 신랑의 집에서 폐백을 드려.
> 찬규: 부부의 행복을 바라며 신부의 치마에 밤과 대추를 던져 주기도 해.
> 하연: 폐백은 신랑과 신부가 결혼을 축하해 준 가족과 친구를 위해 베푸는 잔치야.

(   )

🔧 서술형·논술형 문제

5 다음과 같은 결혼식 모습을 통해 알 수 있는 오늘날 혼인 풍습의 변화에 대해 쓰시오.

🔺 결혼식장이 아닌 공원 등 야외에서 결혼식을 함.

🔺 물속에서 색다른 결혼식을 함.

_____

_____

6 옛날과 오늘날 혼인 풍습의 공통점으로 알맞지 <u>않은</u> 것은 어느 것입니까? (   )

① 결혼을 통해 새로운 가족이 만들어진다.
② 결혼식을 통해 두 사람의 결혼을 알린다.
③ 집안의 어른들이 정해 준 사람과 결혼을 한다.
④ 가족, 친척, 친구들이 모여 신랑과 신부를 축하해 준다.
⑤ 결혼식을 집안의 큰 행사로 여겨 한복이나 웨딩드레스와 같은 화려한 옷을 입는다.

[7~8] 다음은 확대 가족과 핵가족을 비교한 표입니다.

구분	확대 가족	핵가족
의미	㉠	부부 혹은 부부와 결혼하지 않은 자녀로 이루어진 가족
특징	• 가족의 수가 많은 편임. • ㉡	가족의 수가 상대적으로 적음.

7 위 ㉠에 들어갈 말로 알맞은 것에 ○표를 하시오.

(1) 다른 가족 없이 혼자 사는 사람 ( )

(2) 입양한 자녀와 부부로 이루어진 가족 ( )

(3) 결혼한 자녀와 부모가 함께 사는 가족 ( )

8 위 ㉡에 들어갈 내용으로 알맞은 것은 어느 것입니까?
( )

① 1인 가구도 포함된다.

② 옛날에는 전혀 찾아볼 수 없었다.

③ 가족 구성원의 수는 정해져 있다.

④ 오늘날에 주로 많은 가족 형태이다.

⑤ 농사를 위해 가족들이 한곳에 모여 살았다.

📝 **서술형·논술형 문제**

9 오늘날 핵가족이 많아진 까닭을 한 가지만 쓰시오.

_____

_____

10 다음 중 옛날 가족 구성원의 역할과 관련 있는 그림에 ○표를 하시오.

(1)
🔺 부모가 모두 직장에서 일함.
( )

(2)
🔺 여자가 주로 집안일을 함.
( )

11 다음 그림과 같이 오늘날의 가족 역할이 변화한 까닭을 보기 에서 찾아 기호를 쓰시오.

🔺 가족 구성원 모두가 집안일을 나누어서 함.

보기
㉠ 성별에 따라 다른 교육을 받습니다.
㉡ 누구나 원한다면 사회 활동에 참여할 수 있습니다.
㉢ 남자가 할 수 있는 직업과 여자가 할 수 있는 직업이 정해져 있습니다.

( )

12 다음 그림과 관련 있는 가족 형태를 찾아 줄로 바르게 이으시오.

(1)
학교 다녀오겠습니다.

㉠ 조손 가족

(2)

㉡ 한 부모 가족

13 다음 ☐ 안에 공통으로 들어갈 말을 쓰시오.

사람이 정서적으로 의지하기 위해 가까이 두고 기르는 동물을 ☐(이)라고 합니다. 오늘날에는 집에서 개, 고양이 등 ☐을/를 가족처럼 생각하고 기르는 사람들이 많아졌습니다.

( )

14 다음 편지를 통해 알 수 있는 승연이네 가족의 형태는 어느 것입니까? (   )

> ★★★★★★★★★★★★★
>
> 오늘은 특별한 날이에요.
> 12년 전에 제가 우리 집에 처음 온 날이네요.
> 저를 입양해 주셔서 고맙습니다. 우리 가족과 함께라서 너무 기뻐요.
>
> 12월 7일, 승연 올림

① 재혼 가족   ② 입양 가족
③ 조손 가족   ④ 다문화 가족
⑤ 한 부모 가족

[15~16] 다음은 한△△ 학생 가족에 관한 신문 기사입니다.

> **사랑으로 하나 된 가족**
> 오늘은 한△△ 학생을 소개하려고 합니다. 독일인 아버지와 한국인 어머니 사이에서 태어난 한△△ 학생은 독일어와 한국어 모두를 사용하여 부모님과 대화합니다. 부모님은 영어로 대화하시기 때문에 한△△ 학생은 영어에도 익숙합니다.

15 위 신문 기사에서 소개하는 가족의 형태에 ○표를 하시오.

> • 입양 가족   • 조손 가족   • 다문화 가족

16 위 한△△ 학생의 가족과 같은 형태가 늘어나면서 생긴 사회의 변화로 알맞은 것은 어느 것입니까? (   )
① 혼자 사시는 할아버지, 할머니가 많아졌다.
② 입양에 대해 긍정적으로 생각하는 사람들이 많아졌다.
③ 행복을 위한 개인의 선택을 존중하면서 재혼을 하는 사람들이 많아졌다.
④ 가족이 없는 아이들에게 가족이 되어 주고 싶어 하는 사람들이 많아졌다.
⑤ 경제, 사회, 문화 등 여러 분야에서 다양한 나라의 문화를 가진 사람들이 많아졌다.

17 다음은 가족의 생활 모습을 표현하는 방법 중 어느 것입니까? (   )

① 노랫말 바꾸기   ② 뉴스로 표현하기
③ 가족 정원 만들기   ④ 그림으로 표현하기
⑤ 역할극으로 표현하기

18 역할극을 통해 가족의 생활 모습을 표현할 때 좋은 점으로 알맞은 것에 ○표를 하시오.
(1) 다양한 가족의 생활 모습을 실감 나게 표현할 수 있습니다. (   )
(2) 한 가지 역할만 맡기 때문에 가족 구성원의 마음을 이해할 수는 없습니다. (   )

📦 서술형·논술형 문제
19 선민이의 말을 통해 알 수 있는 가족의 역할과 의미를 한 가지만 쓰시오.

> 선민: 우리 가족은 장갑 같아. 추운 겨울에 따뜻한 장갑처럼 우리 가족은 내 마음을 따뜻하게 해 줘.

_____

_____

20 다양한 가족의 생활 모습을 존중하는 태도를 바르게 설명한 어린이를 쓰시오.

> 지우: 우리 가족과 다른 가족의 생활 모습을 보고 이상하다고 생각했어.
> 동영: 다양한 가족들이 모두 행복하게 지내기 위해 서로 배려하는 마음을 가져야 해.

(   )

대단원 평가 2회

3. 가족의 모습과 역할 변화

1 다음 ☐ 안에 들어갈 말로 알맞지 않은 것을 보기 에서 찾아 ○표를 하시오.

> 가족은 ☐ 등으로 만들어지며, 다양한 가족이 모여서 우리 사회를 이룹니다.

보기
- 결혼
- 입양
- 이사

2 다음 옛날의 혼인 과정에서 빈칸에 들어갈 알맞은 내용은 어느 것입니까? (   )

> 신랑이 말을 타고 신부의 집으로 감.
>
> ↓
>
> ☐
>
> ↓
>
> 신부의 집에서 며칠을 지낸 후 신랑의 집으로 감.

① 부부가 함께 신혼여행을 떠난다.
② 결혼을 약속하는 의미로 반지를 주고받는다.
③ 공원이나 스키장 등 다양한 장소에서 결혼식을 한다.
④ 신랑과 신부가 마주 보고 절을 하고 부부가 되었음을 알린다.
⑤ 어른들께 큰절을 올리고 새로운 가족이 되었음을 알리는 폐백을 드린다.

3 오늘날의 결혼식에 대한 설명으로 가장 알맞은 것은 어느 것입니까? (   )

① 신랑이 신부에게 나무 기러기를 준다.
② 신랑의 집안 어른들께만 폐백을 드린다.
③ 전통 혼례 방식으로 결혼식을 하지는 않는다.
④ 주례 없이 신랑과 신부가 서로에게 쓴 편지를 읽기도 한다.
⑤ 특별한 장소나 방법보다는 주로 신부의 집에서 결혼식을 한다.

[4~5] 다음은 옛날과 오늘날 혼인 풍습을 비교한 표입니다.

구분	옛날의 혼인 풍습	오늘날의 혼인 풍습
장소	신부의 집	결혼식장
주로 입는 옷	㉠	㉡
배우자 선택 방법	㉢	개인이 스스로 배우자를 선택해서 결혼함.

4 위 ㉠과 ㉡에 들어갈 알맞은 옷은 무엇인지 줄로 바르게 이으시오.

(1) ㉠ •   • (가)

(2) ㉡ •   • (나)

📖 서술형·논술형 문제

5 위 ㉢에 들어갈 알맞은 내용을 쓰시오.

_____

_____

6 지유네 가족 형태로 알맞은 것을 보기 에서 찾아 쓰시오.

> 지유네 가족은 아빠, 엄마, 지유, 동생으로 구성되어 있습니다. 지유네 가족은 ☐입니다.

보기
- 핵가족
- 확대 가족
- 한 부모 가족

(   )

7 다음 진영이네 가족 이야기에서 잘못된 내용은 어느 것입니까? (   )

> 진영이는 옛날에 살았던 어린이입니다. 진영이네 아빠는 ① 농사를 짓고, 엄마는 ② 집안일을 주로 하십니다. 할아버지는 ③ 바깥일을 하러 종종 나가시고, 남동생은 ④ 공부를 열심히 합니다. 진영이네 가족은 집안의 중요한 일을 결정하기 위해 ⑤ 가족회의를 합니다.

8 다음 ㉠과 ㉡에 들어갈 말이 알맞게 짝 지어진 것은 어느 것입니까? (   )

> 오늘날에는 나이나 성별에 따른 차별이 ㉠ 사람을 ㉡ 대우하는 사회가 되면서 가족 구성원의 역할이 변화했습니다.

	㉠	㉡
①	사라지고	다르게
②	생기고	다르게
③	사라지고	평등하게
④	생기고	평등하게
⑤	사라지고	불공평하게

9 다음 인터넷 검색 결과로 알맞은 것을 찾아 기호를 쓰시오.

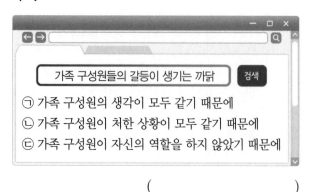

> 가족 구성원들의 갈등이 생기는 까닭   검색
> ㉠ 가족 구성원의 생각이 모두 같기 때문에
> ㉡ 가족 구성원이 처한 상황이 모두 같기 때문에
> ㉢ 가족 구성원이 자신의 역할을 하지 않았기 때문에

(   )

10 가족 구성원 간의 갈등을 해결하는 바람직한 방법으로 알맞은 것에 ○표를 하시오.

(1) 대화를 통해 갈등의 원인을 파악합니다.
(   )

(2) 나이가 많은 사람의 의견대로 갈등을 해결합니다.
(   )

(3) 가족 구성원끼리 서로 무시하는 마음가짐을 가져야 합니다.   (   )

11 오늘날 가족의 형태가 다양해진 까닭으로 알맞은 것은 어느 것입니까? (   )

① 모든 가족이 입양을 하기 때문에
② 가족 구성원이 다양해졌기 때문에
③ 결혼과 혈연으로만 가족이 이루어지기 때문에
④ 반려동물을 기르는 사람들이 없어졌기 때문에
⑤ 이혼과 재혼을 하는 사람들이 적어졌기 때문에

12 다음 그림에서 알 수 있는 서연이네 가족의 형태는 어느 것입니까? (   )

> 나는 엄마, 동생과 함께 살고 있어요.

▲ 서연이네 가족

① 조손 가족   ② 재혼 가족
③ 입양 가족   ④ 다문화 가족
⑤ 한 부모 가족

13 다음 가족 형태와 관련 있는 사회의 변화를 찾아 바르게 줄로 이으시오.

(1) 입양 가족 ·   · ㉠ 다양한 나라의 문화를 가진 사람들이 활동하게 됨.

(2) 다문화 가족 ·   · ㉡ 아이를 낳지 못하는 부부가 아이와 함께 살고 싶어 함.

14 다음 동시 속의 가족 형태는 무엇인지 쓰시오.

> 가족이 생겼어요
>
> ○○○ 지음
>
> 어느 날 찾아온 사람
> 내 머리를 쓰다듬어 주신 아주머니가
> 우리 아빠랑 결혼하여
> 이제는 사랑하는 제 엄마가 되어서 기뻐요.

(   )

서술형·논술형 문제

15 다음 다양한 가족의 생활 모습을 조사하는 방법에 대해 나눈 대화에서 ㉠에 들어갈 알맞은 내용을 쓰시오.

> 동해: 나는 도서 자료를 찾아보려고 해. 도서 자료를 찾아보면 가족과 관련된 여러 가지 이야기와 그림도 살펴볼 수 있을 거야.
>
> 종한: 나는 영상 자료를 찾아볼래. 영상 자료를 찾아보면   ㉠

---

16 다음은 다양한 가족의 생활 모습을 표현하는 방법 중 어느 것입니까? (   )

△ 아빠가 혼자 아들을 키우는 가족을 표현함.

△ 반려동물과 함께 사는 가족을 표현함.

① 동시 만들기   ② 노랫말 바꾸기
③ 뉴스로 표현하기   ④ 역할극 발표하기
⑤ 그림 문자 만들기

서술형·논술형 문제

17 다음과 같은 방법으로 가족의 생활 모습을 표현하면 좋은 점을 쓰시오.

△ 그림을 그려 표현함.

---

18 가족 구성원이 달라져도 변하지 않는 것은 어느 것입니까? (   )

① 가족의 형태   ② 가족의 의미
③ 가족 구성원의 수   ④ 가족의 생활 모습
⑤ 가족을 표현하는 방법

---

19 다양한 가족을 대하는 바람직한 태도로 알맞은 것을 보기 에서 찾아 기호를 쓰시오.

보기
> ㉠ 자신의 가족만 소중하게 여깁니다.
> ㉡ 다양한 가족의 모습을 이해하고 존중합니다.
> ㉢ 다른 가족의 형태에서 나쁜 점을 찾아봅니다.
> ㉣ 다른 가족이 살아가는 모습과 우리 가족을 비교하고 평가합니다.

(   )

---

20 다음 ☐ 안에 들어갈 알맞은 말은 어느 것입니까?

(   )

> 우리 가족은 여러 가지 재료가 들어가지만, 함께 사이좋게 어울리는 ☐ 같아.

① 김밥   ② 장갑   ③ 음악
④ 바다   ⑤ 충전기

1 다음은 다양한 결혼식의 모습입니다. [총 10점]

 ㉠  ㉡

(1) 위 사진 중에서 보기 의 단어들과 관련 있는 것을 찾아 기호를 쓰시오. [3점]

> 보기
> • 한복   • 신부의 집   • 나무 기러기

(   )

(2) 위 ㉠과 ㉡ 결혼식의 공통점을 쓰시오. [7점]

_____

_____

2 다음은 옛날 가족의 생활 모습입니다. [총 10점]

남자들은 농사 등 바깥일을 해.

여자들은 집안일을 주로 해.

(1) 위 그림을 보고 (   ) 안의 알맞은 말에 ○표를 하시오. [3점]

> 옛날에는 성별과 나이에 따른 가족의 역할 구분이 (있었습니다 / 없었습니다).

(2) 위 그림과 달라진 오늘날 가족 구성원의 역할을 한 가지만 쓰시오. [7점]

_____

_____

3 다음은 신애네 가족에 관한 신문 기사입니다. [총 10점]

 초등학교 3학년인 신애네 가족은 아빠, 엄마, 큰 언니, 둘째 언니, 신애까지 모두 다섯 명입니다. 언니들은 모두 엄마가 낳았고 신애는 태어나자마자 입양되었습니다.

신애네 가족은 때로는 다툴 때도 있지만 다른 가족들과 마찬가지로 서로를 이해하며 살아가고 있습니다.

(1) 위 신문 기사를 통해 알 수 있는 신애네 가족의 형태는 무엇인지 보기 에서 찾아 쓰시오. [3점]

> 보기
> • 재혼 가족   • 조손 가족   • 입양 가족

(   )

(2) 위와 같이 다양한 가족을 대하는 바람직한 태도를 쓰시오. [7점]

_____

_____

4 다음은 가족의 의미에 관한 대화입니다. [총 8점]

> 주희: 가족은 힘들 때 의지할 수 있는 쉼터이자 보금자리야.
> 선영: 가족의 형태가 아닌 가족 구성원의 수에 따라 가족의 의미가 달라져.

(1) 가족의 의미에 관해 잘못 말한 어린이를 쓰시오. [2점]

(   )

(2) 위 (1)번 답의 어린이의 말을 바르게 고쳐 쓰시오. [6점]

_____

_____

대단원 서술형 평가 2회

3. 가족의 모습과 역할 변화

1 다음은 옛날과 오늘날 가족 구성원의 역할입니다. [총 10점]

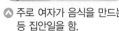
△ 주로 여자가 음식을 만드는 등 집안일을 함.

△ 가족 구성원 모두가 집안일을 나누어서 함.

(1) 위 ㉠, ㉡을 보고 (   ) 안의 알맞은 말에 각각 ○표를 하시오. [4점]

> 옛날에는 가족 구성원 중 남자와 여자가 하는 일이 ❶(같았지만 / 달랐지만), 오늘날에는 남자와 여자가 하는 일에 구분이 ❷(있습니다 / 없습니다).

(2) 오늘날 가족 구성원의 역할이 ㉡과 같이 변화한 까닭을 쓰시오. [6점]

_____

_____

2 다음 그림을 보고 알 수 있는 오늘날 가족 구성원의 역할에 대하여 쓰시오. [8점]

_____

_____

3 다음은 시연이가 아빠에게 준 감사장입니다. [총 10점]

> **감사장**
>
> 우리 아빠는 프랑스에서 태어나서 엄마와 결혼한 후 한국으로 와, 우리에게 맛있는 프랑스 음식을 매일 해 주었으므로 이 상장을 드립니다.
>
> 20△△년 △△월 △△일
> 김시연 드림

(1) 시연이네 가족 형태에 ○표를 하시오. [3점]

> **보기**
> • 조손 가족   • 다문화 가족   • 한 부모 가족

(2) 시연이네 가족과 같은 형태의 가족들이 늘어나면서 생긴 사회의 변화를 쓰시오. [7점]

_____

_____

4 다음은 역할극에 관한 성준이와 예림이의 대화입니다.

[총 10점]

> 성준: 다양한 가족의 생활 모습을 역할극으로 표현하면 어떤 점이 좋을까?
> 예림: 다양한 가족의 생활 모습을 [㉠] 표현할 수 있어.
> 성준: 주의할 점에는 무엇이 있을까?
> 예림: _____㉡_____

(1) 위 대화에서 ㉠에 들어갈 말을 쓰시오. [3점]

(   )

(2) 위 대화의 ㉡에 들어갈 알맞은 말을 쓰시오. [7점]

_____

_____

정답은
이안에
있어! ▶

✦ 리더가 되기 위한 공부 비법

사회
리더

정답과 풀이

코칭북

BOOK 3

3-2

천재교육

코칭북 BOOK 3

정답과 풀이

3-2

1. ① 우리 고장의 환경과 생활 모습

① 고장의 자연환경과 인문환경

단원평가   2~3쪽

1 ⑤   **2** 예 논과 밭, 과수원, 공원 등 사람들이 고장의 자연환경을 이용해 만든 환경이다.   **3** ③   **4** ①   **5** ③   **6** ③   **7** (1) ○   **8** ④   **9** (2) ○   **10** ①

1 우리 고장을 둘러싼 여러 가지 환경 중에서 산, 들, 하천, 바다와 같은 땅의 생김새와 날씨에 영향을 주는 비, 눈, 바람, 기온 등 자연 그대로의 환경을 자연환경이라고 합니다.

▲ 하천   ▲ 눈

2 인문환경은 인간이 자연환경을 이용해 만든 환경을 뜻합니다.

채점 기준	
정답 키워드 사람 | 자연환경 | 이용 | 만들다	
'논과 밭, 과수원, 공원 등 사람들이 고장의 자연환경을 이용해 만든 환경이다.'라고 정확히 씀.	상
인문환경의 의미를 썼으나 구체적이지 않음.	하

3 사람들은 목적지까지 빠르고 편리하게 가기 위해 도로를 만듭니다.

4 항구는 배가 드나들 수 있도록 만든 시설입니다.

5 지구본은 지구를 본떠 만든 모형으로 우리 고장의 환경을 조사하는 데 적합하지 않습니다.

6 윤하네 고장 사람들은 산에 공원이나 등산로를 만들어 이용하고 있습니다.

7 준서의 누리 소통망을 보면 들에 논을 만들어 농사를 짓는다는 것을 알 수 있습니다.

8 눈은 겨울에 내립니다.

9 (1)은 얼음 썰매를 타는 모습으로 겨울과 관련 있는 생활 모습입니다.

10 가을철에는 단풍 구경, 벼 수확 등의 생활 모습을 볼 수 있습니다.

② 바다와 산을 이용해 살아가는 모습

단원평가   4~5쪽

1 (2) ○   **2** ③   **3** ①, ③   **4** 예 잠수함을 타고 바닷속을 구경한 적이 있다. 갯벌에서 조개를 잡아 봤다.   **5** 바다   **6** ①   **7** ②   **8** ②   **9** ⑤   **10** ㉠

1 바다와 모래사장이 있는 고장의 모습입니다.

2 민지네 고장은 바다가 있는 고장으로 ③ 스키장은 산이 많은 고장의 자연환경과 관련 있는 인문환경입니다.

> **더 알아보기**
> **바다가 있는 고장의 환경**
> • 자연환경: 바다, 갯벌, 모래사장, 낮은 산, 좁은 들 등
> • 인문환경: 항구, 등대, 양식장, 해수욕장, 수산물 직판장 등

3 바다가 있는 고장 사람들은 고기잡이, 해산물 따기, 김이나 미역 양식하기 등 주로 바다를 이용한 일을 하며 살아갑니다.

4 바다가 있는 고장에서는 갯벌에서 조개잡이, 수산 시장 구경하기, 잠수함 타기, 해수욕 즐기기 등의 경험을 할 수 있습니다.

채점 기준	
정답 키워드 잠수함 | 갯벌	
'잠수함을 타고 바닷속을 구경한 적이 있다.', '갯벌에서 조개를 잡아 봤다.' 등 바다가 있는 고장에서의 경험을 알맞게 씀.	상
바다가 있는 고장에서의 경험을 썼으나 구체적이지 않음.	하

5 고기잡이, 배나 고기잡이 도구 고치기는 바다와 관련된 생활 모습입니다.

6 버섯이 잘 자라고 스키장이 있는 것으로 보아 아람이네 고장은 산이 많은 고장입니다.

7 산이 많은 고장에서는 추운 겨울에 스키장을 운영하기도 합니다.

8 산이 많은 고장에서는 높은 산, 가축을 키우는 목장, 스키장 등을 볼 수 있습니다.

9 산이 많은 고장에서는 약초 캐기, 버섯 재배하기, 목재 얻기 등의 일을 합니다.

10 산에는 농사지을 수 있는 땅이 부족하기 때문에 경사지를 계단처럼 만들어 농사를 짓습니다.

❸ 들을 이용해 살아가는 모습과 여가 생활 모습

단원평가   6~7쪽

1 ㉠, ㉡   **2** 지우   **3** ⑤   **4** ①   **5** ㉡
6 ⑤   **7** (2) ○   **8** (1) 바다가 있는 고장 (2) 예 해양 생물 과학관과 해수욕장은 바다가 있는 고장에서 볼 수 있는 환경이기 때문이다.   **9** (1) ㉡ (2) ㉢ (3) ㉠   **10** ②

1 넓은 들에 강이 흐르는 고장의 모습입니다.

2 갯벌은 바다가 있는 고장에서 볼 수 있는 자연환경입니다.

3 넓은 들이 있는 고장 사람들은 주로 들에 논과 밭을 만들어 농사를 지으며 살아갑니다.

> **더 알아보기**
>
> **넓은 들이 있는 고장 사람들이 하는 일**
> • 축사를 만들어 가축을 기릅니다.
> • 밭에서 여러 가지 채소를 재배합니다.
> • 농기구를 팔거나 수리하는 일을 합니다.
> • 논에서 농기계를 이용하여 벼농사를 합니다.
> • 농업 기술을 연구하고 농민들에게 알려 주는 일을 합니다.

4 축사는 가축을 기르는 건물입니다.

5 도시에서는 높고 빽빽한 건물들, 잘 발달된 도로를 볼 수 있습니다. ㉠은 산이 많은 고장의 모습입니다.

6 도시에서는 주로 인문환경을 이용한 일을 합니다.

7 도시에서는 자연에서 필요한 것을 직접 얻는 것보다 인문환경을 이용한 생산 활동을 합니다.

8 사람들은 주로 살고 있는 고장의 환경을 이용해 여가 생활을 하지만, 다른 고장에 가서 그 고장의 환경을 이용해 여가 생활을 하기도 합니다.

> **채점 기준**
>
> | (1) | '바다가 있는 고장'이라고 정확히 씀. | |
> |---|---|---|
> | (2) | **정답 키워드** 해양 생물 과학관 \| 해수욕장 \| 바다
'해양 생물 과학관과 해수욕장은 바다가 있는 고장에서 볼 수 있는 환경이기 때문이다.'라는 내용을 정확히 씀. | 상 |
> | | 바다가 있는 고장이라고 생각하는 까닭을 썼으나 구체적이지 않음. | 하 |

9 사람들은 산에서 등산을 하거나 강에서 래프팅을 하고, 바다에서 서핑을 하기도 합니다.

10 사람들은 영화관에서 영화 보기, 공원에서 산책하기 등 인문환경을 이용해 다양한 여가 생활을 합니다.

---

1. ❷ 환경에 따른 의식주 생활 모습

❶ 의식주의 의미와 다양한 의생활 모습

단원평가   8~9쪽

1 주생활   **2** 예 옷   **3** 예 더위와 추위를 피하기 위해서이다. 안전하게 쉬기 위해서이다.   **4** ❶ 계절 ❷ 봄
5 ②   **6** ㉡   **7** (1) ○ (2) ○   **8** ㉠
9 ⑤   **10** ①

1 주생활은 아파트와 한옥과 같이 사람들이 머물고 쉬며 잠을 자는 것과 관련된 것입니다.

2 옷이 있어서 피부를 보호할 수 있고, 몸의 온도를 유지할 수 있습니다.

3 집이 없다면 더위와 추위를 견디기 어렵고, 안전하게 쉬기 어려울 것입니다.

> **채점 기준**
>
> | **정답 키워드** 더위 \| 추위 \| 안전 | |
> |---|---|
> | '더위와 추위를 피하기 위해서이다.', '안전하게 쉬기 위해서이다.' 등의 내용을 정확히 씀. | 상 |
> | 주(집)의 필요성을 썼으나 구체적이지 않음. | 하 |

4 계절에 따라 옷차림이 달라지므로 날씨가 따뜻한 봄에는 얇은 옷을 입거나 가벼운 외투를 걸칩니다.

5 무더운 여름에는 바람이 잘 통하는 반팔 옷과 반바지를 입고, 햇볕을 막으려고 모자를 쓰기도 합니다.

6 높은 산지에 있는 평창은 9월에 서늘하여 긴팔 옷을 입고, 남쪽 끝에 위치한 제주도는 9월에 따뜻하여 반팔 옷을 입습니다. 이처럼 고장의 환경에 따라 옷차림이 달라집니다.

7 덥고 습한 고장에서는 바람이 잘 통하는 가벼운 옷을 입고 햇볕과 비를 피하기 위해 모자를 씁니다.

8 낮과 밤의 온도 차가 큰 고장에서는 낮의 햇볕을 가리기 위해 챙이 넓은 모자를 쓰고, 밤의 추위를 피하기 위해 쉽게 덧입을 수 있는 옷을 걸칩니다.

> **왜 틀렸을까?**
>
> ㉡은 춥고 눈이 많이 오는 고장의 의생활 모습입니다. 몸을 보호하기 위해 동물의 털과 가죽으로 만든 두꺼운 옷을 입습니다.

9 모래바람과 햇볕을 막으려고 위아래가 하나로 된 긴 옷을 입고, 천을 머리에 두릅니다.

10 고장마다 옷을 만드는 재료가 다릅니다.

❷ 다양한 식생활 모습과 주생활 모습

단원평가   10~11쪽

1 재첩국	2 ❶ 환경 ❷ 들	3 민정	4 ①
5 (2) ○	6 ⑤	7 ㉠	8 ④	9 ④

10 예 주변에서 흙을 쉽게 구할 수 있기 때문이다. 흙집이 한 낮의 햇볕을 막아 주고 저녁에는 열을 품어 따뜻하기 때문이다.

1 하동은 근처 강에서 잡은 조개로 만든 재첩국이 유명합니다.

2 고장마다 환경이 다르고, 그에 따라 고장에서 나는 음식 재료들도 다릅니다. 전주는 넓은 들에서 자란 쌀과 채소로 만든 비빔밥이 유명합니다.

3 고장의 환경에 따라 고장에서 쉽게 구할 수 있는 음식 재료가 다르기 때문에 고장마다 사람들의 식생활 모습이 다릅니다.

4 추운 고장인 러시아는 추운 곳에서도 잘 자라는 호밀로 만든 호밀빵을 즐겨 먹습니다.

5 덥고 습한 고장에서는 주변에서 쉽게 구할 수 있는 열대 과일이나 쌀을 이용한 음식, 기름이나 향신료를 넣어 만든 음식이 발달했습니다.

6 땅의 생김새, 날씨 등 고장의 환경에 따라 집을 짓는 데 사용하는 재료나 집을 짓는 방식이 다양합니다.

7 제주도에서는 주위에서 쉽게 구할 수 있는 새로 지붕을 덮고 지붕이 날아가지 않도록 묶어 두었으며, 돌로 담을 쌓아 바람을 막았습니다.

8 나무를 쉽게 구할 수 있는 고장에서는 나무를 잘라 만든 너와집을 지었습니다.

9 눈과 얼음으로 덮인 추운 고장에서는 사냥을 나왔을 때 추위를 피하려고 눈과 얼음으로 이글루를 지었습니다.

10 사막이 있고 건조한 고장에서는 나무가 잘 자라지 않아 쉽게 구할 수 있는 흙으로 집을 짓습니다.

채점 기준

정답 키워드 흙 | 햇볕 | 열	
'주변에서 흙을 쉽게 구할 수 있기 때문이다.', '흙집이 한 낮의 햇볕을 막아 주고 저녁에는 열을 품어 따뜻하기 때문 이다.' 등의 내용을 정확히 씀.	상
사우디아라비아에서 흙집을 짓는 까닭을 썼으나 구체적이 지 않음.	하

2. ❶ 옛날과 오늘날의 생활 모습

❶ 옛날 사람들의 생활 모습

단원평가   12~13쪽

1 ❶ 돌 ❷ 깨뜨려	2 ①, ⑤	3 ①	4 (1) ㉡
(2) ㉠	5 (2) ○	6 예 곡식의 껍질을 벗기고 가루로	

만드는 데 사용했다.   **7** ④   **8** ①   **9** 유현

10 ㉠

1 옛날 사람들은 돌을 깨뜨려 만든 주먹 도끼로 사냥을 하거나 음식을 손질하는 등 다양한 일을 했습니다.

2 돌을 깨뜨려 만든 도구를 사용한 시대의 사람들은 동굴이나 바위 그늘에서 생활하며 사냥을 하거나 열매를 따 먹었습니다.

3 빗살무늬 토기는 곡식이나 음식을 담는 데 사용되었습니다.

4 가락바퀴는 식물의 줄기를 꼬아 실을 뽑는 데 사용했던 도구이고, 비파형 동검은 제사장이 제사를 지낼 때나 전쟁에서 무기로 사용했던 도구입니다.

5 돌을 갈아서 만든 도구를 사용한 시대에는 주로 강가나 바닷가에 모여 살면서 강이나 바닷가에서 먹을거리를 얻었습니다.

6 갈돌과 갈판은 음식의 재료를 가는 데 사용했던 도구입니다.

채점 기준

정답 키워드 껍질 | 벗기다 | 가루	
'곡식의 껍질을 벗기고 가루로 만드는 데 사용했다.' 등의 내용을 정확히 씀.	상
갈돌과 갈판의 쓰임새를 썼으나 구체적이지 않음.	하

7 옛날 사람들은 반달 돌칼을 이용해 곡식을 수확했습니다.

8 농경문 청동기를 보면 당시의 생활 모습을 파악할 수 있습니다.

9 철로 만든 도구를 사용한 시대의 사람들은 일상생활에서도 청동보나 훨씬 단단한 철을 널리 사용했습니다.

10 철로 만든 농사 도구를 사용하면서 더 많은 양의 곡식을 수확할 수 있게 되어 농업이 크게 발달하게 되었습니다.

❷ 생활 도구의 변화로 달라진 생활 모습

단원평가 14~15쪽

1 ② 2 ① 3 ⑩ 곡식 등을 위아래로 흔들어 티끌을 골라낼 때 사용했다. 4 (2) ○ 5 ② 6 ㉠
7 ④ 8 ②, ⑤ 9 ② 10 준열

1 땅을 가는 도구에는 괭이, 쟁기, 트랙터 등이 있습니다. 낫, 탈곡기, 반달 돌칼은 곡식을 수확하는 도구입니다.

2 키는 곡식 등을 위아래로 흔들어 쭉정이나 티끌을 골라낼 때 사용했던 농사 도구입니다.

왜 틀렸을까?
② 농작물 등의 짐을 얹어 사람이 등에 지고 옮길 때 쓰는 농사 도구입니다.
③ 바닥의 구멍에서 올라오는 뜨거운 김으로 음식을 요리할 때 쓰는 도구입니다.
④ 솜이나 털 등에서 실을 뽑아내는 도구입니다.
⑤ 곡식의 낟알을 떨어내는 데 쓰는 농사 도구입니다.

3 키에 곡식을 담고 위아래나 양옆으로 흔들어 주면 가벼운 쭉정이는 바람에 날아가거나 앞에 남고, 무거운 것은 뒤로 모여 따로 구분할 수 있습니다.

채점 기준
정답 키워드 곡식 | 티끌 | 골라내다	
'곡식 등을 위아래로 흔들어 티끌을 골라낼 때 사용했다.' 등의 내용을 정확히 씀.	상
옛날 사람들이 키를 어떻게 사용했는지 썼으나 구체적이지 않음.	하

4 지게는 사람의 힘으로 나를 수 있는 물건을 운반할 때 사용되었던 옛날의 대표적인 운반 도구로, 어느 곳에서나 두루 사용되는 농사 도구였습니다.

5 ㉠은 토기, ㉡은 가마솥에 대한 설명입니다.

6 가락바퀴는 실을 만들 때 이용했던 도구입니다.

7 오늘날에는 전기밥솥의 발달로 불을 피우지 않고도 편리하게 밥을 지을 수 있게 되었습니다.

8 재봉틀은 옷감을 꿰매는 도구, 갈돌과 갈판은 음식 재료를 가는 도구입니다.

9 옷을 만드는 도구의 발달로 다양한 옷을 빠르고 쉽게 만들 수 있게 되었습니다.

10 오늘날에는 입을 수 있는 옷의 종류가 다양해졌고, 필요한 옷을 쉽게 구할 수 있습니다.

❸ 집의 변화로 달라진 생활 모습

단원평가 16~17쪽

1 ④ 2 ④ 3 ②, ③ 4 ㉠ 5 ㉡
6 ② 7 ①, ⑤ 8 ②, ⑤ 9 대청마루
10 ⑩ 방 안을 데워 추운 겨울을 따뜻하게 보냈다.

1 옛날 사람들은 동굴과 바위 그늘에서 생활하며 추위와 더위를 피하고, 동물의 공격을 피했습니다.

2 움집은 땅을 파서 기둥을 세우고, 풀과 짚으로 지붕을 덮어 만든 집입니다.

3 집의 모습은 동굴이나 바위 그늘에서 움집, 초가집과 기와집, 아파트 등의 형태로 발달해 왔습니다.

4 움집에 살던 사람들은 하나의 방에서 음식을 만들고, 잠을 자며 생활 도구를 손질했습니다.

5 기와집은 여자들이 생활했던 안채와 남자들이 글공부를 하거나 손님을 맞이했던 사랑채 등으로 구성되어 있습니다.

6 초가집은 볏짚으로 지붕을 덮고, 나무와 흙을 이용해 만든 집입니다.

7 오늘날의 집은 아파트, 단독 주택, 연립 주택 등 다양한 형태가 있습니다.

8 오늘날의 집은 거실과 주방이 연결되어 있고, 화장실이 집 안에 있어 하나의 공간에서 다양한 생활을 할 수 있습니다.

왜 틀렸을까?
②는 가축을 키우고 작물이나 연장을 보관하는 데 쓰이는 공간입니다.

9 대청마루는 한옥에서 방과 방 사이에 있는 나무 마루로, 앞뒤 마당과 트여 있어 시원한 바람이 잘 통했습니다.

10 아궁이에 불을 피우면 방바닥 아래에 깔아 놓은 돌들이 데워지고, 이 돌들이 식지 않고 방을 따뜻하게 만들어 주었습니다.

채점 기준
정답 키워드 데우다 | 겨울 | 따뜻하게	
'방 안을 데워 추운 겨울을 따뜻하게 보냈다.' 등의 내용을 정확히 씀.	상
온돌을 통해 알 수 있는 조상들의 생활 모습을 썼으나 구체적이지 않음.	하

2. ❷ 옛날과 오늘날의 세시 풍속

❶ 옛날의 세시 풍속

단원평가 18~19쪽

1 세시 풍속   2 ③   3 정월 대보름   4 예 추석에 차례를 지냈다. 추석에 강강술래, 줄다리기 등을 했다.
5 ④   6 ①, ③   7 ③   8 (1) ⓒ (2) ⓛ (3) ⓷
9 ④   10 ⓜ, ⓒ, ⓷, ⓔ, ⓛ

1 풍속은 옛날부터 전해 내려오는 생활 습관을 의미합니다.

2 옛날부터 일정한 시기에 되풀이하여 행해 온 고유의 생활 모습을 세시 풍속이라 합니다. 친구들과 외식하는 것은 고유의 생활 모습이라 보기 어렵습니다.

3 정월 대보름에는 오곡밥과 나물을 먹었습니다.

4 추석에는 풍요와 건강을 기원하며 차례와 성묘를 지냈습니다. 마을 사람들과 함께 강강술래와 줄다리기를 하기도 했습니다.

채점 기준

정답 키워드 추석 | 차례 '추석에 차례를 지냈다.' 등의 내용을 정확히 씀.	상
추석의 세시 풍속을 썼으나 구체적이지 않음.	하

5 농사를 시작하는 삼짇날에는 진달래꽃으로 화전을 만들어 먹고 버드나무로 피리를 만들어 불었습니다.

6 여름철 가장 더운 시기를 세 개로 나눈 것을 삼복이라 하는데, 이때 물놀이를 하고 삼계탕과 육개장 같은 영양이 풍부한 음식을 먹었습니다.

7 농사일이 끝나고 먹을거리가 많아 '가장 좋은 달'이라는 뜻에서 상달이라 불렸습니다.

8 토란국은 추석, 육개장은 삼복, 수리취떡은 단오와 관련 있습니다. 단오에는 더운 여름을 시원하게 지내라는 의미에서 부채를 주고받았습니다. 삼복에는 더위를 이겨 내기 위해 영양이 풍부한 음식을 먹었습니다. 추석에는 수확에 감사하는 마음으로 차례를 지냈습니다.

9 음력 9월 9일인 중양절이 되면 사람들은 단풍이 들고 향기로운 국화꽃이 핀 산으로 나들이를 갔습니다.

10 중양절은 수확을 마무리하는 시기로 음력 9월 9일입니다. 동지는 양력 12월 22일경입니다.

❷ 옛날과 오늘날의 세시 풍속 비교

단원평가 20~21쪽

1 ①, ⑤   2 ①   3 ②   4 (2) ○   5 예 농사와 관련된 세시 풍속이다. 농사가 잘되기를 바라는 마음에서 즐겼던 풍속이다.   6 ④   7 직업   8 ②
9 예 옛날에는 마을 사람들과 윷놀이를 하며 마을의 평안과 풍년을 기원했다. 옛날에는 윷놀이로 한 해의 운세를 점치기도 했다.   10 ②, ③

1 예로부터 추석에는 송편과 토란국을 먹고 수확한 곡식으로 조상들께 차례를 지냈습니다.

2 옛날에는 오늘날보다 다양한 세시 풍속이 있었습니다.

3 겨울에는 보름달을 보며 새해에도 풍년이 들기를 바라고 소원을 빌었습니다.

4 통신, 과학 기술의 발달로 농사를 짓는 사람들이 많이 줄면서 농사와 관련된 세시 풍속도 많이 사라졌습니다.

5 볏가릿대 세우기는 정월 대보름에 곡식을 한지나 헝겊에 싸서 높이 매다는 풍속이고, 거북놀이는 추석에 거북 모양을 만들어 집집마다 찾아다니는 풍속입니다.

채점 기준

정답 키워드 농사 | 잘되다 '농사가 잘되기를 바라는 마음에서 즐겼던 풍속이다.' 등의 내용을 정확히 씀.	상
볏가릿대 세우기와 거북놀이의 공통점을 썼으나 구체적이지 않음.	하

6 오늘날에는 큰 명절을 중심으로만 세시 풍속이 이어져 내려옵니다.

7 오늘날에는 옛날보다 날씨와 계절의 영향을 적게 받기 때문에 세시 풍속이 변화하기도 했습니다.

8 오늘날에는 사람들의 직업이 다양해지면서 농사와 관련된 세시 풍속은 점점 변화하거나 사라지고 있습니다.

9 오늘날에는 가족들과 재미를 위해 윷놀이를 합니다.

채점 기준

정답 키워드 풍년 | 운세 | 점치다 '윷놀이를 하며 풍년을 기원했다.', '윷놀이로 한 해의 운세를 점치기도 했다.' 등의 내용을 정확히 씀.	상
옛날 윷놀이의 특징을 썼으나 구체적이지 않음.	하

10 윷놀이는 네 개의 윷말이 먼저 출발지로 들어오는 편이 이기는 놀이입니다.

3. ① 가족의 구성과 역할 변화

① 옛날과 오늘날의 혼인 풍습

단원평가 22~23 쪽

1 ㉠ **2** ㉢, ㉠, ㉣, ㉡ **3** ⑤ **4** ④, ⑤
5 밤과 대추 **6** ⑤ **7** ⑩ 외국 문화의 영향을 받았기 때문이다. 사회와 사람들의 생활 모습이 변화했기 때문이다. **8** (2) ○ **9** ④ **10** (1) ○

1 오늘날에도 옛날 방식을 따라 전통 혼례를 올리는 경우도 있습니다.

2 옛날 사람들은 혼인을 통해 가족과 가족이 관계를 맺는다고 생각했습니다.

3 옛날에는 신랑이 신부에게 나무 기러기를 건네주며 혼례가 시작되었습니다.

4 오늘날의 결혼식 모습은 정해져 있지 않고 다양합니다.

5 폐백에서 대추와 밤을 던져 주는 까닭은 자식을 많이 낳고 부자가 되라는 뜻입니다.

왜 틀렸을까?
· 팥죽: 주로 동지에 나쁜 기운을 쫓는 의미로 먹는 음식입니다.
· 떡국: 주로 한 해가 새로 시작되는 설날에 먹는 음식입니다.

6 오늘날에도 전통 양식을 따라 폐백을 드리는 등 옛날의 혼인 풍습과 문화가 완전히 사라진 것은 아닙니다.

7 오늘날에는 온라인 결혼식, 작은 결혼식 등과 같이 결혼식의 형태와 모습이 다양합니다.

채점 기준

정답 키워드 외국 문화 | 생활 모습 | 변화	
'외국 문화의 영향을 받았기 때문이다.', '사회와 사람들의 생활 모습이 변화했기 때문이다.' 등의 내용을 정확히 씀.	상
옛날과 오늘날의 혼인 풍습이 달라진 까닭에 대해 썼으나 구체적이지 않음.	하

8 오늘날에는 주로 턱시도와 웨딩드레스를 입고 결혼을 합니다.

9 결혼식을 통해 두 사람의 결혼을 알리고 새로운 가족이 만들어지는 것은 변하지 않았습니다.

10 혼례상에 올리는 것들은 모두 신랑과 신부의 행복한 앞날을 바라는 의미를 담고 있습니다.

② 옛날과 오늘날 가족의 형태와 변화

단원평가 24~25 쪽

1 확대 가족 **2** ④ **3** ⑩ 옛날에는 주로 농사를 지으면서 생활했기 때문에 일손이 많이 필요하여 가족들이 모여 살았다. **4** ①, ③ **5** ③
6 1인 가구 **7** (1) ○ **8** 효경 **9** ③ **10** 오늘날

1 그림 속에 조부모님, 부모님이 있는 것을 통해 확대 가족임을 알 수 있습니다.

2 확대 가족은 가족 구성원의 수와 관계없이 결혼한 자녀와 부모가 함께 사는 가족을 뜻합니다.

3 옛날에는 일손이 많이 필요했기 때문에 자녀들이 결혼하고 자식을 낳은 후에도 부모님을 도와 농사를 지으며 함께 살았습니다.

채점 기준

정답 키워드 농사 | 일손	
'옛날에는 주로 농사를 지으면서 생활했기 때문에 일손이 많이 필요하여 가족들이 모여 살았다.' 등의 내용을 정확히 씀.	상
옛날에 확대 가족이 많았던 까닭에 대해 썼으나 구체적이지 않음.	하

4 두 가족의 형태는 모두 핵가족입니다.

5 오늘날에는 다양한 이유로 가족이 도시로 이동하면서 핵가족이 많아졌습니다.

6 오늘날에는 혼자 사는 사람들이 많아지면서 사회 모습도 변화했습니다.

더 알아보기
1인 가구의 증가
· 다른 가족 없이 혼자 사는 사람들을 1인 가구라고 합니다.
· 오늘날에는 도시에 직장을 구하여 가족과 떨어져 살거나, 다양한 이유로 혼자 사는 사람들이 많아지고 있습니다.
· 혼자 사는 사람들을 위한 음식이나 취미 생활, 의료나 돌봄 서비스가 늘어나는 등 사회 모습도 변화하고 있습니다.

7 (2), (3)은 오늘날 가족 구성원의 역할입니다.

8 옛날에 여자들은 교육 받을 기회가 적었고 주로 청소나 요리, 바느질 등을 배웠습니다.

9 오늘날에는 가족 내에서 성별과 나이에 따른 역할 구분이 없어지고 있습니다.

10 오늘날 집안의 중요한 일을 결정할 때는 가족 구성원이 모두 함께 의논합니다.

❸ 가족 구성원의 역할 변화와 바람직한 역할

단원평가 26~27 쪽

1 성준	**2** (2) ◯	**3** ⑤	**4** (1) ◯ **5** (1) ◯
6 ④	**7** ②	**8** 역할	**9** 예 방 청소나 숙제를

미루지 않기, 빨래 널기나 신발 정리 등 집안일을 돕기

10 ①

1 전통적인 남녀의 역할 구분에서 벗어나 가족 구성원이 모두 동등하게 명절에 할 일을 나누어 하자는 것이 캠페인의 목적입니다.

2 오늘날에는 성별과 관계없이 같은 교육을 받습니다.

3 오늘날에는 여성의 사회 진출이 활발해졌습니다.

4 오늘날에는 옛날처럼 남녀의 역할이 구분되어 있지 않아 육아 휴직을 하고 아이를 돌보거나 집안일을 하는 아빠들도 많아졌습니다.

> **더 알아보기**
>
> **육아 휴직 제도**
> • 자녀 양육을 위해 일을 잠시 쉬면서 집에서 아이를 돌볼 수 있게 하는 제도를 '육아 휴직'이라고 합니다.
> • 오늘날에는 맞벌이 가정이 늘어나면서 가족의 상황에 따라 육아 휴직을 하는 아빠들도 많아졌습니다.

5 엄마는 영희의 약속보다 가족 모임을 더 중요하게 여기셔서 엄마와 영희 사이에 갈등이 발생했습니다.

6 가족 구성원 사이의 갈등을 피하지 않고 대화를 통해 갈등 상황을 해결해야 합니다.

7 가장 먼저 역할극으로 표현할 주제를 정하고 역할극을 만들어야 합니다.

8 행복한 가족생활을 위해서는 가족 구성원으로서 나의 역할을 알고 실천하는 자세가 필요합니다.

9 방 청소, 분리배출, 신발 정리 등 내가 할 수 있는 일을 스스로 찾아 꾸준히 실천하는 태도가 중요합니다.

채점 기준	
정답 키워드 집안일 | 돕는다	
'방 청소나 숙제를 미루지 않기', '빨래 널기나 신발 정리 등 집안일을 돕기' 등의 내용을 정확히 씀.	상
행복한 가족생활을 위해 내가 할 수 있는 나의 역할에 대해 썼으나 구체적이지 않음.	하

10 가족 구성원끼리 서로의 입장을 생각하며 대화하고, 서로를 배려하는 태도가 필요합니다.

3. ❷ 다양한 가족이 살아가는 모습

❶ 다양한 가족의 형태

단원평가 28~29 쪽

1 ③	**2** ④	**3** ①	**4** (2) ◯ **5** ㉢
6 ㉡	**7** (2) ◯	**8** ③	**9** 예 엄마와 아빠가 따

로 생활하고 있다. 서로를 아끼고 사랑한다. **10** 예리

1 할머니, 할아버지가 손주와 함께 사는 가족을 조손 가족이라고 합니다. 다양한 이유로 자녀가 부모와 함께 살지 못하는 경우 조부모가 손주를 돌볼 수 있습니다.

2 부모 중 한 사람이 자녀와 함께 사는 가족을 한 부모 가족이라고 합니다. 이혼, 별거, 사별 등의 이유로 한 부모 가족이 생깁니다.

3 1950년 6·25 전쟁 때 헤어진 가족을 이산가족이라고 합니다. 이러한 이산가족들은 오늘날에도 여전히 서로를 그리워하고 있습니다.

4 다른 나라 사람과 우리나라 사람의 결혼으로 만들어진 가족을 다문화 가족이라고 합니다. 다문화 가족은 서로 다른 문화와 말을 이해하고 배우며 자랄 수 있습니다.

5 맞벌이 부부의 경우 결혼 후에도 부모님 집 근처에 살면서 일하는 동안 조부모가 손주를 돌보기도 합니다.

> **왜 틀렸을까?**
>
> ㉠ 최근 입양에 대해 긍정적으로 생각하는 사람이 많아져 입양 가족이 늘어나고 있습니다.
> ㉡ 행복을 위한 개인의 선택을 존중하여 재혼 가족이 늘어나고 있습니다.

6 다시 결혼을 했다는 부분에서 가족 형태가 재혼 가족으로 바뀌었음을 알 수 있습니다. 재혼 가족의 경우 자녀에게 새어머니, 새아버지, 새로운 형제자매 등이 생기기도 합니다.

7 오늘날에는 사회가 변화하면서 다양한 형태의 가족이 늘어나고 있습니다. 사회가 변화하면서 사람들의 생각도 변화하기 때문입니다.

8 부모님 중 한 분이 외국인인 다문화 가족도 있습니다. 경제·사회·문화 등 여러 분야에서 다양한 나라의 문화를 가진 사람들이 활동하게 되면서 국적이 다른 사람들과 가족을 이루기도 합니다.

9 서로 아끼고 사랑하는 모습은 어떤 형태의 가족이든 변하지 않습니다. 여러 가지 이유로 부부가 따로 살게 되는 경우도 있습니다.

채점 기준	
정답 키워드 따로 | 사랑	
'엄마와 아빠가 따로 생활하고 있다.', '서로를 아끼고 사랑한다.' 등의 내용을 정확히 씀.	상
민우네 가족의 특징을 썼으나 구체적이지 않음.	하

10 가족의 형태에 따라 가족이 살아가는 모습은 다르지만, 가족이 서로를 아끼고 사랑하며 살아가는 모습은 변하지 않습니다.

② 다양한 가족의 생활 모습을 존중하는 태도

단원평가 30~32쪽

1 ㉠	**2** (1) ○	**3** 예 특별한 사례를 소개하는 자료가 많다.
4 한서	**5** ③	**6** 한 부모 가족 **7** ④
8 ㉡	**9** ④	**10** ④
11 (1) 영진 (2) 예 달걀말이를 그렇게 만들 수도 있구나. 가족마다 달걀말이를 만드는 방법이 다양하구나.		
12 ②	**13** 선미	**14** ㉡
15 ⑤		

1 도서 자료나 뉴스·신문 기사, 영상 자료에서 다양한 가족의 생활 모습을 찾아볼 수 있습니다.

2 김□□ 씨 부부는 입양 가족으로, 모든 아이들을 사랑으로 보살피고 있습니다.

3 함께 생각해 볼 만한 가족들의 사례가 신문 기사에 담겨 있습니다.

채점 기준	
정답 키워드 특별한 | 사례 | 많다	
'특별한 사례를 소개하는 자료가 많다.' 등의 내용을 정확히 씀.	상
다양한 가족의 생활 모습을 신문 기사에서 찾아보면 좋은 점을 썼으나 구체적이지 않음.	하

4 다양한 가족의 형태를 불쌍하거나 이상하게 생각하지 않고 존중합니다.

5 독일인 아버지와 한국인 어머니 사이에서 태어난 한△△ 학생은 다문화 가정에서 자라 독일어, 한국어, 영어까지 3개 국어를 할 수 있습니다.

6 엄마, 지유로 구성된 한 부모 가족입니다.

> **더 알아보기**
>
> **가족 정원 만드는 방법**
> • 준비물: 도화지 여러 장, 연필, 색연필, 사인펜, 가위, 풀 등
> • 순서
>   ① 모둠 구성원 각자 어떤 가족 나무를 만들지 이야기합니다.
>   ② 도화지에 가족 구성원의 얼굴을 그리고 그 아래에 나와의 관계를 써서 나무에 붙여 가족 나무를 만듭니다.
>   ③ 큰 도화지에 모둠 구성원의 가족 나무를 붙이고 꾸며 가족 정원을 완성하고 소개해 봅니다.

7 모둠 친구들 모두가 역할극에 참여하여 다양한 가족의 형태와 생활 모습을 존중하는 모습을 표현합니다.

8 만화 속에는 한 부모 가족의 생활 모습이 표현되어 있습니다.

9 자신의 모습을 표현하는 것으로는 다양한 가족의 생활 모습을 표현할 수 없습니다.

10 수미네 가족은 아버지가 일본 사람인 다문화 가족입니다.

11 다른 가족의 생활 모습을 이해하고 존중해야 합니다.

채점 기준	
정답 키워드 달걀말이 | 방법 | 다양한	
'달걀말이를 그렇게 만들 수도 있구나.', '가족마다 달걀말이를 만드는 방법이 다양하구나.' 등의 내용을 정확히 씀.	상
다양한 가족의 생활 모습을 존중하는 말을 썼으나 구체적이지 않음.	하

12 가족 안에서 규칙과 예절을 배울 수 있고, 가족의 형태나 생활 모습과 관계없이 가족 구성원은 서로 존중하고 사랑합니다.

13 사회가 변화하며 가족의 형태와 생활 모습은 달라지므로 서로 다른 가족들을 이해하고 존중해야 합니다.

14 다양한 가족들을 존중하려면 다른 가족의 좋은 점을 찾고, 다른 가족이 어려울 때 도우며, 다른 가족과 우리 가족을 비교하지 않습니다.

15 소라와 서진이 모두 가족 구성원과 함께 어울려 살며 가족을 아끼고 사랑합니다.

> **왜 틀렸을까?**
> ① 서진이의 아빠는 나이지리아 사람입니다.
> ② 서진이네 가족은 모두 키가 큽니다.
> ③ 소라네 가족은 사이좋게 함께 어울려 삽니다.
> ④ 소라네 가족 구성원들은 김밥의 다양한 재료처럼 성격이 다릅니다.

1. 환경에 따라 다른 삶의 모습

① 우리 고장의 환경과 생활 모습

개념 다지기   11쪽

1 ③   **2** ①   **3** ④   **4** (1) ⓛ (2) ㄱ

5 운용   **6** ②, ③

1 자연환경은 사람이 만들지 않은 자연적인 것으로, 산, 들, 하천, 바다와 같은 땅의 생김새와 눈, 비, 바람, 기온 등 날씨에 영향을 주는 것으로 나뉩니다. ③ 과수원은 사람이 만든 인문환경입니다.

2 사람들은 자연환경을 이용해 여러 가지 인문환경을 만듭니다.

> **왜 틀렸을까?**
> ② 도로: 어디든지 편리하게 가기 위해서 만듭니다.
> ③ 항구: 배가 안전하게 드나들게 하기 위해서 만듭니다.
> ④ 도서관: 다양한 책을 빌려 읽기 위해서 만듭니다.
> ⑤ 영화관: 영화를 보기 위해서 만듭니다.

3 고장의 환경을 살펴보는 방법에는 디지털 영상 지도 살펴보기, 고장 안내 책자 살펴보기, 직접 찾아가서 살펴보기 등의 방법이 있습니다.

4 산은 공원이나 등산로를 만들어 이용하고, 바다는 물고기를 잡거나 염전을 만들어 소금을 얻습니다.

5 평균 기온은 7월에 가장 높고 1월에 가장 낮으며, 평균 강수량은 7월에 가장 많고 1월에 가장 적습니다.

> **더 알아보기**
> **막대그래프 읽는 법**
> ❶ 그래프의 제목을 확인합니다.
> ❷ 그래프의 가로와 세로로 무엇을 나타내는지 확인합니다.
> ❸ 그래프에서 눈금 한 칸의 양이 얼마인지 확인합니다.
> ❹ 각각의 막대가 나타내는 양을 확인합니다.

6 춥고 눈이 오는 겨울 날씨와 관련된 생활 모습을 찾습니다. 겨울에는 날씨가 추워 두꺼운 옷을 입고, 난로를 사용하며 스키나 눈썰매를 즐깁니다.

△ 난로 사용하기

△ 눈썰매 타기

개념 다지기   15쪽

1 ④   **2** ①, ②   **3** ④   **4** ⑤   **5** ⓛ

6 ④

1 방파제, 항구, 등대 등은 바다가 있는 고장에서 볼 수 있는 인문환경입니다.

2 산이 많은 고장 사람들은 버섯 재배하기, 약초 캐기 등 주로 산을 이용해 살아갑니다.

> **왜 틀렸을까?**
> ③ 고기잡이, ④ 해산물 따기는 바다가 있는 고장 사람들이 주로 하는 일입니다.

3 넓은 들이 있는 고장의 사람들은 주로 논과 밭에서 곡식과 채소 등을 재배합니다. 가축을 기르거나 농업 기술을 연구하고 농민들에게 알려 주는 일을 하기도 합니다.

4 도시에 사는 사람들은 인문환경을 이용해 다양한 일을 하며 살아갑니다.

5 여가 생활이란 스스로 즐거움을 얻고자 남는 시간에 하는 자유로운 활동입니다.

6 공원, 박물관, 도서관은 인문환경입니다.

단원 실력 쌓기   16~19쪽

Step ①

1 자연   **2** 바다   **3** 여름   **4** 논밭   **5** 여가 생활

6 ②   **7** ②   **8** 주아, 세영   **9** ①

10 ③, ⑤   **11** ③   **12** ⑤   **13** ④   **14** ⑤

Step ②

15 (1) 산 (2) 염전

16 (1) 여름

(2) 예 덥고 비가 많이 내린다.

17 예 논과 밭에서 농사를 짓는다. 농업 기술을 연구하고 알려 주는 일을 한다.

> **15** (1) 산
> (2) 소금
> **16** (1) 선풍기
> (2) 비
> **17** 들

Step ③

18 바다   **19** 논

20 예 각 고장마다 자연환경과 인문환경이 다르기 때문이다.

1 자연환경은 사람이 만들지 않은 자연 그대로의 환경입니다.

2 바다에 항구, 염전, 양식장 등을 만들어 이용합니다.

3 더운 여름에는 더위를 피하기 위해 해수욕을 즐기거나 에어컨을 사용합니다.

4 넓은 들은 논밭을 만들어 농사를 짓기에 좋습니다. 염전은 소금을 만들기 위해 바닷물을 끌어 들여 논처럼 만든 곳입니다.

5 여가 생활은 스스로 즐거움을 얻고자 남는 시간에 하는 자유로운 활동입니다.

6 자연환경은 산, 들, 하천, 눈, 바람 등과 같이 자연 그대로의 환경입니다. 학교와 과수원은 사람들이 만든 인문환경입니다.

7 도로가 생기면 다른 고장으로 이동하기 편리합니다.

8 산을 이용해 등산로나 산림욕장 등을 만듭니다. 성희는 바다를 이용하는 모습, 예림이는 하천을 이용하는 모습을 이야기했습니다.

9 봄에는 날씨가 따뜻해 주변의 산과 공원으로 꽃구경을 가기도 합니다.

10 바다가 있는 고장에 사는 사람들은 주로 물고기를 잡거나 김과 미역을 기르는 일 등을 합니다.

> **더 알아보기**
>
> **바다가 있는 고장 사람들이 하는 일**
> • 바다에 나가 물고기를 잡습니다.
> • 식당이나 숙박 시설을 운영합니다.
> • 수산물 직판장에서 해산물을 팝니다.
> • 물고기 잡는 도구를 팔거나 고칩니다.
> • 바닷속에서 직접 전복, 문어 등을 잡습니다.

11 산이 많은 고장의 사람들은 숲에서 목재 얻기, 나물이나 약초 캐기, 버섯 재배하기, 벌을 키워 꿀 얻기 등의 일을 하며 살아갑니다.

12 도시에 사는 사람들은 공장이나 회사에서 일하기도 하고 백화점이나 마트에서 물건이나 음식을 팔기도 합니다.

▲ 회사에서 일하기

▲ 백화점에서 물건 팔기

13 래프팅은 보트를 타고 강을 내려오는 운동입니다.

> **더 알아보기**
>
> **자연환경을 이용한 여가 생활**
> • 산: 등산, 캠핑, 패러글라이딩 등
> • 강: 낚시, 래프팅, 물놀이 등
> • 바다: 서핑, 물놀이, 낚시 등

14 면담이 끝나고 나면 감사의 인사를 전합니다.

> **더 알아보기**
>
> **고장 사람들의 여가 생활 모습을 면담으로 조사하기**
> • 면담: 알아보고자 하는 내용을 면담 대상자를 만나 직접 물어보는 방법
> • 조사 방법
>
> > 면담 내용, 면담 대상자 등을 정하기 ➡ 면담 대상자와 면담할 시간과 장소를 약속하기 ➡ 사진기, 녹음기, 수첩 등 준비물을 가지고 면담 대상자를 방문하여 면담하기 ➡ 면담 결과 정리하기

15 사람들은 산, 들, 바다와 같은 자연환경을 이용해 다양한 인문환경을 만듭니다.

16 여름의 날씨는 덥고 비가 많이 내립니다. 여름에는 더위를 피하려고 에어컨을 사용하고, 물놀이를 합니다.

채점 기준		
(1)	'여름'이라고 정확히 씀.	
(2)	**정답 키워드** 덥다 | 많은 비 '덥고 비가 많이 내린다.'라는 내용을 정확히 씀.	상
	'덥다.', '비가 많이 내린다.' 중 한 가지 내용만 씀.	하

17 넓은 들이 있는 고장 사람들은 주로 들에 논과 밭, 비닐하우스 등을 만들어 농사를 지으며 살아갑니다.

채점 기준		
정답 키워드 논밭 | 농사 | 농업 기술		
'논과 밭에서 농사를 짓는다.', '농업 기술을 연구하고 알려주는 일을 한다.' 등 넓은 들이 있는 고장 사람들이 하는 일을 알맞게 씀.		상
넓은 들이 있는 고장 사람들이 주로 하는 일을 썼으나 구체적이지 않음.		하

18 다빈이네 고장 사람들은 고기잡이, 해산물 따기, 해산물을 이용한 음식을 파는 식당 운영하기 등 바다와 관련된 일을 하며 살아갑니다.

19 산이 많은 고장에서는 농사지을 땅이 부족해 계단 모양 논에서 농사를 짓습니다.

20 사람들은 주로 고장의 환경과 관련 있는 일을 하며 살아갑니다.

개념북 11~19쪽

❷ 환경에 따른 의식주 생활 모습

개념 다지기 23쪽

1 (1) ㉠, ㉥ (2) ㉡, ㉣ (3) ㉢, ㉤ 2 ㉢, ㉤ 3 ④
4 ① 5 ③ 6 (1) ○

1 의생활은 입는 옷, 식생활은 먹는 음식, 주생활은 자거나 쉴 수 있는 집과 관련된 것입니다.

2 집은 안전하고 편하게 쉴 수 있는 장소입니다.

더 알아보기

의식주의 필요성

의	피부를 보호하고 몸의 온도를 유지하기 위해 옷을 입음.
식	몸을 건강하게 유지하기 위한 영양분을 얻기 위해 음식을 먹음.
주	더위와 추위를 피하고 안전하고 편안하게 쉬기 위해 집이 필요함.

3 날씨가 더울 때에는 더위를 피하기 위해 얇은 옷을 입고, 햇볕을 막는 모자를 쓰기도 합니다.

더 알아보기

계절에 따라 다른 옷차림

봄	활동하기에 편안하고 가벼운 옷을 입거나 가벼운 외투를 걸치기도 함.
여름	바람이 잘 통하는 재료로 만든 반팔 옷과 반바지를 입고, 햇볕을 막는 모자를 쓰기도 함.
가을	얇은 옷을 여러 겹 껴입거나 가벼운 외투를 입음.
겨울	추위를 막으려고 두꺼운 옷을 입고, 장갑을 끼거나 목도리를 두르기도 함.

4 설피는 산간 지역에서 눈밭을 걸을 때 눈에 빠지지 않도록 신던 일종의 덧신입니다.

5 덥고 비가 많이 내리는 고장에서는 바람이 잘 통하는 긴 옷을 입고 챙이 넓은 모자를 씁니다.

왜 틀렸을까?

① 낮과 밤의 기온 차가 큰 고장의 의생활 모습입니다.
② 햇볕이 뜨겁고 모래바람이 부는 고장의 의생활 모습입니다.
④ 춥고 눈이 많이 오는 고장의 의생활 모습입니다.

6 고장의 환경에 따라 다양한 의생활 모습이 나타납니다. 고장의 환경에 따라 옷의 재료나 두께가 다르고 사람들이 입는 옷의 모양이 다릅니다.

개념 다지기 27쪽

1 (1) ㉡ (2) ㉢ (3) ㉠ 2 ② 3 ① 4 ③
5 ㉢ 6 아람

1 고장의 자연환경에 따라 생산되는 음식 재료가 다릅니다.

2 전주는 주변의 넓은 들에서 쌀과 채소를 쉽게 구할 수 있어 비빔밥이 발달했습니다.

3 바다로 둘러싸인 고장은 바다에서 얻은 해산물을 이용한 음식을 즐겨 먹습니다.

4 우데기는 울릉도 지역에서 집에 눈이 들어오는 것을 막으려고 만든 벽입니다.

5 추운 고장에 사는 사람들은 주변 숲에서 쉽게 구할 수 있는 통나무로 집을 지었습니다.

6 자연환경에 따라 고장 사람들의 주생활 모습이 다양합니다.

왜 틀렸을까?

• 서아: 자연환경은 고장 사람들의 주생활에 영향을 줍니다.
• 주희: 몽골에서는 가축에게 먹일 물과 풀을 찾아 이동할 때 간편하게 설치할 수 있는 이동식 집인 게르를 지었습니다.

단원 실력 쌓기 28~31쪽

Step 1

1 의식주 2 신발 3 더울 4 강 5 너와집
6 세영 7 ④ 8 ⑤ 9 ㉡ 10 ③
11 (2) ○ 12 ② 13 ④ 14 ②

Step 2

15 (1) ㉠ (2) 예 영양분
16 (1) ㉠
(2) 예 춥고 눈이 많이 내린다.
17 예 바람이 많이 불기 때문에 지붕이 날아가지 않도록 지붕을 줄로 고정했고, 돌담을 쌓아 바람을 막았다.

15 (1) 주생활
(2) 식생활
16 (1) 전체
(2) 털
17 바람

Step 3

18 갯벌 19 ❶ 한라산 ❷ 따뜻해서
20 예 고장의 땅의 생김새나 날씨, 고장에서 나는 음식 재료들이 다르기 때문이다.

1 사람이 살아가는 데에는 반드시 입을 옷과 먹을 음식, 자거나 쉴 수 있는 집이 필요합니다.

2 의생활은 입는 옷과 관련된 생활입니다.

3 날씨가 더울 때에는 더위를 피하려고 바람이 잘 통하는 옷을 입고, 햇볕을 막으려고 모자를 씁니다.

4 하동은 근처 강에서 잡은 조개를 넣어 만든 재첩국이 유명합니다.

5 너와는 지붕을 덮기 위해 만든 나뭇조각을 말합니다.

6 집은 눈, 비, 바람 등을 피해 편하게 쉬거나 잠을 잘 수 있게 해 줍니다.

7 날씨가 추운 겨울철에는 몸을 따뜻하게 하기 위해 목도리를 두르고 장갑을 끼기도 합니다.

🄌 **틀렸을까?**
①은 봄철, ②는 여름철, ③은 가을철 사람들의 의생활 모습입니다.

8 사막의 뜨거운 햇볕과 모래바람을 막기 위해 몸 전체를 감싸는 옷을 입습니다.

더 알아보기

세계 여러 고장 사람들의 의생활 모습

⬆ 모래바람이 부는 고장

⬆ 덥고 습한 고장

⬆ 춥고 눈이 많이 오는 고장

⬆ 낮과 밤의 기온 차가 큰 고장

9 춥고 눈이 많이 오는 고장은 추위로부터 몸을 보호하기 위해 동물의 털과 가죽으로 만든 두꺼운 옷을 입고 발목을 감싸는 신발을 신습니다.

10 보성에는 갯벌이 넓게 펼쳐져 있어 꼬막을 구하기가 쉬워 꼬막무침이 발달했습니다.

11 산지에서 젖소를 키우는 사람들은 젖소를 키워 얻은 우유로 음식을 만듭니다. 퐁뒤는 빵, 고기 등을 우유로 만든 치즈에 찍어 먹는 음식입니다. (1) 초밥은 바다가 있어 해산물이 많이 잡히는 고장에서 발달한 음식입니다.

12 홍수로 물에 잠길 위험이 있는 집을 보호하기 위해 땅위에 터를 돋우어 집을 지었습니다.

🄌 **틀렸을까?**
① 너와집: 나무를 쉽게 구할 수 있는 강원도 산지에서는 너와집을 지었습니다.
③ 투막집: 눈이 많이 내리는 울릉도에서는 눈이 많이 쌓여도 집 안을 자유롭게 다니기 위해 우데기를 만들었습니다.
④ 동굴집: 화산 폭발이 있었던 고장에서는 화산재가 쌓여 만들어진 단단하지 않은 바위를 파서 그 속에 집을 지었습니다.

13 게르는 나무로 **뼈대**를 만들고 그 위에 동물의 털로 짠 천이나 가죽을 덮어서 만든 몽골의 전통 가옥입니다.

14 일 년 내내 춥고 눈으로 둘러싸인 고장에서는 사냥을 나왔을 때 추위를 피하려고 눈과 얼음으로 이글루를 지었습니다.

15 의식주는 사람들이 생활하는 데 필요한 옷, 음식, 집을 뜻합니다. 의생활은 입는 옷, 식생활은 먹는 음식, 주생활은 자거나 쉴 수 있는 집과 관련된 것입니다.

16 고장의 환경에 따라 사람들의 의생활 모습이 다릅니다. 고장 사람들은 고장의 환경에 맞게 옷의 모양이나 옷을 만드는 재료를 정합니다.

채점 기준

(1)	'ⓐ'이라고 정확히 씀.	
(2)	**정답 키워드** 춥다 | 눈이 내린다 '춥고 눈이 많이 내린다.'라는 내용을 정확히 씀.	상
	'춥다.', '눈이 많이 내린다.' 중 한 가지만 씀.	하

17 바람이 많이 부는 제주도에서는 지붕을 낮고 동그랗게 만들었으며 돌담을 쌓아 바람을 막았습니다.

채점 기준

정답 키워드 바람 | 지붕 | 고정하다 | 돌담	
'바람이 많이 불기 때문에 지붕이 날아가지 않도록 지붕을 줄로 고정했고, 돌담을 쌓아 바람을 막았다.'라는 내용을 정확히 씀.	상
바람이 많이 분다는 내용이 없이 '지붕이 날아가지 않게 하기 위해서' 등과 같이 구체적으로 쓰지 못함.	하

18 갯벌이 넓게 펼쳐진 보성에서는 꼬막을 구하기가 쉽기 때문에 꼬막무침이 발달했습니다.

19 제주도는 따뜻해서 한라봉이 잘 자라기 때문에 한라봉으로 만든 음식이 발달했습니다.

20 고장마다 주변에서 쉽게 구할 수 있는 음식의 재료가 다르기 때문에 고장 사람들이 즐겨 먹는 음식이 다릅니다.

개념북
23 ~ 31 쪽

대단원 평가

32~35쪽

1 ④ **2** ② **3** ⑤ **4** (1) 7월 (2) 7월

5 ⑩ 더위를 피하려고 에어컨이나 선풍기를 사용한다. 해수욕장에서 물놀이를 한다. **6** 겨울 **7** ④ **8** ①, ④

9 (1) 연아 (2) ⑩ 공장에서 물건을 만들거나 회사를 다닌다. 백화점과 마트에서 물건을 판다. **10** ③, ④ **11** ③

12 (1) ⓒ (2) ㉠ (3) ⓛ **13** ㉠ **14** ④ **15** ③

16 ③ **17** (1) 날씨가 덥고 습한 고장 (2) ⑩ 생선 등이 많이 잡히기 때문에 해산물을 이용한 음식이 발달했다.

18 (2) ○ **19** ① **20** ③

1 자연환경은 사람이 만들지 않은 자연 그대로의 환경입니다. 산, 들, 하천, 바다와 같은 땅의 생김새와 눈, 비, 바람, 우박, 기온 등 날씨에 영향을 주는 것으로 나뉩니다.

2 하천 주변에 공원을 만들어 운동이나 산책을 하고 하천의 물을 생활용수나 공업용수로 이용합니다.

> **왜 틀렸을까?**
> ① 염전은 바다를 이용하는 모습, ③ 등산로와 ④ 산림욕장은 산을 이용하는 모습입니다.

3 바다에서 물고기를 잡거나 바다에 양식장을 만들어 물고기를 키우기도 합니다.

4 각 그래프에서 막대가 가장 높은 달을 찾아봅니다.

5 7월은 여름철로, 기온이 높고 강수량이 많습니다.

> **채점 기준**
>
> | **정답 키워드** 에어컨 \| 물놀이 | |
> |---|---|
> | '더위를 피하려고 에어컨이나 선풍기를 사용한다.', '해수욕장에서 물놀이를 한다.' 등 여름철 생활 모습을 알맞게 씀. | 10점 |
> | 여름철 사람들의 생활 모습을 썼으나 구체적이지 않음. | 5점 |

6 기온이 뚝 떨어져 춥고, 많은 눈이 내리는 계절은 겨울입니다.

7 겨울철에는 두꺼운 옷을 입고, 난로를 사용하며 스키를 타기도 합니다.

> **왜 틀렸을까?**
> ①은 봄철, ②는 가을철, ③과 ⑤는 여름철의 생활 모습입니다.

8 바다, 갯벌, 모래사장이 있는 고장 사람들은 바다에서 고기잡이, 갯벌에서 조개 캐기, 배나 고기잡이 도구 고치기, 수산물 직판장에서 해산물 팔기 등의 일을 하며 살아갑니다.

9 도시에 사는 사람들은 자연환경을 이용한 일보다는 인문환경을 이용해 다양한 일을 하며 살아갑니다.

> **채점 기준**
>
> | | | |
> |---|---|---|
> | (1) | '연아'라고 정확히 씀. | 3점 |
> | (2) | **정답 키워드** 공장 \| 만들다 \| 백화점 \| 팔다
'공장에서 물건을 만들거나 회사를 다닌다.', '백화점과 마트에서 물건을 판다.' 등 도시에 사는 사람들이 주로 하는 일을 알맞게 씀. | 7점 |
> | | 도시에 사는 사람들이 주로 하는 일을 썼으나 구체적이지 않음. | 3점 |

10 ①은 강, ②는 산을 이용한 여가 생활입니다.

11 의식주는 사람이 살아가는 데 반드시 필요한 입을 옷과 먹을 음식, 자거나 쉴 수 있는 집을 뜻합니다.

12 의는 옷, 식은 음식, 주는 집과 관련된 것입니다.

13 가을에는 날이 쌀쌀해지면서 가벼운 외투를 입습니다.

14 낮과 밤의 기온 차가 큰 고장에서는 낮의 뜨거운 햇볕을 막기 위해 모자를 쓰고 밤의 추위를 견디려고 망토와 같은 옷을 입습니다.

15 정선은 주변 산에서 자란 곤드레나물을 넣어 만든 밥이 유명합니다.

16 서산은 주변 바닷가에서 많이 나는 굴로 만든 음식이 유명합니다.

17 고장의 환경은 고장의 식생활에 영향을 미칩니다.

> **채점 기준**
>
> | | | |
> |---|---|---|
> | (1) | '날씨가 덥고 습한 고장'이라고 정확히 씀. | 3점 |
> | (2) | **정답 키워드** 생선 \| 해산물
'생선 등이 많이 잡히기 때문에 해산물을 이용한 음식이 발달했다.'라는 내용을 정확히 씀. | 7점 |
> | | '바다에서 나는 재료로 음식을 만든다.' 등과 같이 구체적으로 쓰지 못함. | 3점 |

18 나무를 쉽게 구할 수 있는 지역의 고장에서는 나뭇조각으로 지붕을 얹은 집을 지었습니다.

> **왜 틀렸을까?**
> (1) 터돋움집은 여름철 비가 많이 내리는 고장에서 홍수로 집이 물에 잠기는 것을 막기 위해 지은 집입니다.

19 화산 폭발이 있었던 고장에서는 화산 폭발로 만들어진 단단하지 않은 바위의 속을 파서 집을 지었습니다.

20 사막이 있고 건조한 고장에서는 주로 흙을 재료로 집을 짓고, 햇볕을 막기 위해 창문을 작게 냈습니다.

2. 시대마다 다른 삶의 모습

1 옛날과 오늘날의 생활 모습

개념 다지기   41쪽

1 ②	**2** ④	**3** ④	**4** 석규	**5** (1)○	
6 ①					

1 박물관에서는 문화유산 관람뿐만 아니라 다양한 활동을 할 수 있습니다.

2 돌을 깨뜨려 만든 주먹 도끼는 사냥, 음식 손질, 도구 제작 등 다양한 용도로 사용되었습니다.

3 ④는 청동으로 만든 도구를 사용한 시대의 생활 모습입니다.

4 옛날 사람들은 가락바퀴로 뽑은 실을 가지고 동물 가죽을 꿰매 튼튼한 옷을 만들 수 있었습니다.

5 사람들은 점차 청동으로 만든 도구를 사용하기 시작했지만, 재료를 구하기 어렵고 만드는 과정이 복잡해 일상생활에서는 여전히 돌과 나무로 만든 도구를 사용했습니다.

6 철로 만든 농사 도구를 사용하면서 농업이 크게 발달했습니다.

> **왜 틀렸을까?**
> ③, ④ 돌을 깨뜨려 만든 도구를 사용한 시대의 생활 모습입니다.

개념 다지기   45쪽

1 ㉡, ㉣, ㉠, ㉢	**2** ③	**3** 맷돌	**4** ①
5 ㉡	**6** ②		

1 농사 도구를 만드는 재료는 돌에서 철로 점차 바뀌었고, 오늘날에는 농기계를 이용해 편리하게 농사를 짓습니다.

2 농사 도구의 변화로 이전보다 편리하게, 많은 양의 곡식을 얻을 수 있게 되었습니다.

3 맷돌은 위아래 두 짝으로 구성되며, 위에 있는 구멍에 곡식을 집어넣고 곡식을 갈아 가루로 만드는 데 사용했습니다.

4 옛날부터 사람들은 옷을 만들기 위해 여러 가지 도구를 만들어 사용했습니다.

5 초가집 지붕의 재료인 볏짚은 차가운 공기를 막아 주었지만, 불에 타기 쉬웠고 잘 썩었기 때문에 매년 지붕을 새로 덮어야 했습니다.

6 온돌은 방바닥 아래에 있는 구들장을 따뜻하게 데우는 난방 방법으로, 우리 조상들의 지혜가 담겨 있습니다.

단원 실력 쌓기   46~49쪽

Step 1

1 생활 도구	**2** 깨뜨려	**3** 농사	**4** 쟁기
5 철근과 콘크리트	**6** ③	**7** ④	**8** ㉠
9 ⑤	**10** ④	**11** ①	**12** ②	**13** ④
14 ③			

Step 2

15 (1) 반달 돌칼
(2) **❶** 예 무기 **❷** 예 농사

16 (1) 가마솥 (2) 예 농사를 짓고 가축을 기르기 시작하면서 음식의 재료가 다양해졌기 때문이다.

17 (1) 기와집 (2) 예 흙을 구워 만든 기와로 지붕을 덮었다. 안채와 사랑채 등으로 이루어져 있다.

> **15** (1) 농사
> (2) 어렵기
> **16** (1) 토기
> (2) 다양
> **17** (1) 기와집
> (2) 안채

Step 3

18 (1) ㉥, ㉢, ㉡ (2) ㉤, ㉠, ㉣   **19** ㉠

20 예 음식을 만드는 시간이 줄어들었다. 빠르고 편리하게 음식 재료를 갈 수 있다.

1 옛날 사람들은 다양한 재료로 생활 도구를 만들어 사용했습니다.

2 주먹 도끼는 손에 쥐고 사용하는 도끼 형태의 도구입니다.

3 농경문 청동기에는 따비로 땅을 갈고, 괭이로 땅을 파는 등 농사짓는 모습이 새겨져 있어 당시의 생활 모습을 알 수 있습니다.

4 쟁기의 발달로 동물의 힘을 이용해 힘을 덜 들이고도 논이나 밭을 갈 수 있게 되었습니다.

5 오늘날에는 많은 사람들이 아파트, 단독 주택, 연립 주택 등 철근과 콘크리트로 만든 집에 살고 있습니다.

6 학예 연구사는 박물관에 필요한 문화유산을 모으고 전시를 기획하는 일을 합니다.

> **더 알아보기**
>
> **박물관과 관련 있는 직업**
> • 고고학자: 문화유산을 찾아 발굴하고, 사용 시대와 용도 등을 연구합니다.
> • 문화 관광 해설사: 관람객들이 문화유산을 잘 이해할 수 있도록 해설하고, 관람객에게 바람직한 관람 예절을 안내합니다.

7 돌을 갈아서 도구를 만들었던 시대에는 가락바퀴, 빗살무늬 토기, 동물의 뼈로 만든 낚시 도구 등을 사용했습니다.

8 반달 돌칼은 옛날에 곡식을 수확할 때 쓰던 도구이고, 비파형 동검은 무기나 제사용으로 사용했던 도구입니다.

9 철로 만든 농사 도구를 사용하면서 농업이 크게 발달하게 되었습니다.

10 곡식을 수확하는 도구는 반달 돌칼, 낫, 탈곡기, 콤바인의 순서로 변화했습니다. 콤바인을 이용하면 한 번에 많은 곡식을 수확할 수 있습니다.

> **왜 틀렸을까?**
>
> ① 오늘날에 땅을 갈 때 사용하는 농사 도구입니다.
> ② 옛날에 곡식을 수확할 때 사용했던 농사 도구입니다.
> ③ 옛날에 땅을 갈 때 사용했던 농사 도구입니다.

11 시루 바닥의 구멍에서 올라오는 뜨거운 김으로 시루 안의 음식을 쪄서 먹었습니다.

12 오늘날 옷을 만드는 도구의 변화로 입을 수 있는 옷의 종류가 다양해졌고, 필요한 옷을 쉽게 구할 수 있게 되었습니다.

13 움집은 사람들이 한곳에 모여 살며 풀과 짚으로 만든 집입니다. 움집은 추위와 비바람을 막아 주어 동굴보다 더 따뜻하고 안락하게 생활할 수 있었습니다.

> **왜 틀렸을까?**
>
> ① 동굴이나 바위 그늘에서의 생활 모습입니다.
> ② 기와집에서의 생활 모습입니다.
> ③ 기와집과 같은 옛날의 집에 대한 설명입니다.
> ⑤ 초가집이나 기와집 등에 대한 설명입니다.

14 오늘날 사람들이 많이 사는 집은 거실과 주방이 연결되어 있고 화장실이 집 안에 있습니다. 가족이 함께 식사를 준비하고, 거실에서 이야기를 나누기도 합니다.

15 사람들은 시간이 지나면서 청동과 같은 금속으로 만든 도구를 사용했습니다. 하지만 청동은 재료를 구하기 어려웠기 때문에 무기, 장신구, 제사 지내는 도구 등을 만들 때 주로 사용되었습니다.

16 음식을 만드는 도구가 발달하면서 다양한 음식을 더욱 쉽게 만들 수 있게 되었고, 오늘날에는 불을 피우지 않고도 전기를 이용해 요리를 할 수 있게 되었습니다.

> **채점 기준**
>
> | (1) | '가마솥'이라고 정확히 씀. | |
> |---|---|---|
> | (2) | **정답 키워드** 농사 \| 재료 \| 다양
'농사를 짓고 가축을 기르기 시작하면서 음식의 재료가 다양해졌기 때문이다.'라는 내용을 정확히 씀. | 상 |
> | | 음식을 만드는 도구가 변화한 까닭을 썼으나 구체적이지 않음. | 하 |

17 기와집은 나무, 흙 등 자연에서 얻은 재료를 이용해서 만든 집입니다. 기와는 불에 잘 타지 않았고, 썩지 않아서 오랜 시간 지붕을 바꾸지 않아도 되었습니다.

> **채점 기준**
>
> | (1) | '기와집'이라고 정확히 씀. | |
> |---|---|---|
> | (2) | **정답 키워드** 기와 \| 지붕 \| 안채 \| 사랑채
'흙을 구워 만든 기와로 지붕을 덮었다.', '안채와 사랑채 등으로 이루어져 있다.'라는 내용을 정확히 씀. | 상 |
> | | 기와집의 특징을 썼으나 구체적이지 않음. | 하 |

> **더 알아보기**
>
> **기와집에서의 생활 모습**
> • 남자와 여자가 생활하는 공간이 따로 분리되어 있었습니다.
> • 안채에서는 주로 여자들이 생활했고, 사랑채에서는 남자들이 글공부를 하거나 찾아온 손님을 맞이했습니다.

18 사람들이 사용하는 생활 도구가 달라지면서 사람들의 생활 모습에도 큰 변화가 생겼습니다.

19 옛날에는 실을 만들 수 있는 식물을 재배해 베틀로 옷감을 만들었습니다.

20 믹서는 곡식이나 과일 등을 갈아 가루나 즙을 내는 도구로, 믹서를 이용하면 힘을 많이 들이지 않고 더 빠르고 곱게 음식 재료를 갈 수 있습니다.

> **더 알아보기**
>
> **오늘날 음식을 만드는 도구**
> • 김치냉장고: 김치를 신선하게 보관하는 냉장고입니다.
> • 가스레인지: 가스를 연료로 사용하여 음식을 조리하는 도구입니다.

❷ 옛날과 오늘날의 세시 풍속

1 매년 같은 시기에 반복되는 날을 세시라고 하고, 옛날부터 전해 내려오는 생활 습관을 풍속이라고 합니다.

2 가족들과 놀이공원에 다녀온 것은 명절과 같은 일정한 시기가 되어 되풀이하는 생활 모습이 아니기 때문에 세시 풍속이라고 할 수 없습니다.

3 설날에는 떡국을 먹고 연날리기, 윷놀이, 제기차기 등의 놀이를 즐깁니다. 찬 음식을 먹는 날은 한식입니다.

4 옛날 사람들은 한 해 농사가 잘되기를 기원하며 계절과 시기에 따라 다양한 세시 풍속을 즐겼습니다.

5 백중은 호미를 씻어 헛간에 넣어 두는 날로, 논밭의 잡초를 없애는 김매기가 끝난 시기입니다.

6 동지에는 나쁜 기운을 쫓는 의미로 팥죽을 먹었습니다. 삼계탕은 더위에도 지치지 않고 농사일을 하기 위해 삼복에 먹었던 음식입니다.

1 옛날의 설날에는 오늘날의 설날보다 다양한 모습을 볼 수 있었습니다. 송편을 만들어 먹는 것은 추석 때 볼 수 있는 모습입니다.

2 옛날 사람들은 추석에 풍년을 바라며 올게심니를 매달아 놓고, 소먹이놀이를 즐겼습니다. 올게심니는 추석에 방문, 벽, 기둥에 매달아 놓는 벼, 수수, 조 등의 곡식입니다.

3 옛날에는 계절마다 사람들이 하는 일이 다르기 때문에 다양한 세시 풍속이 있었습니다. 가을에는 수확한 곡식과 과일로 조상들께 감사드리는 차례를 지냈습니다.

4 옛날 사람들은 물에 사는 거북이 농사에 중요한 물을 상징하고, 오래 사는 동물이라 귀한 동물로 여겼습니다.

5 옛날에는 농사를 짓고 사는 사람들이 많아 날씨와 계절의 변화를 중요하게 생각했고, 농사와 관련된 다양한 세시 풍속을 즐겼습니다.

6 씨름은 두 사람이 샅바를 잡고 힘과 기술을 겨루어 상대를 넘어뜨리는 것으로 승부를 겨루는 놀이입니다.

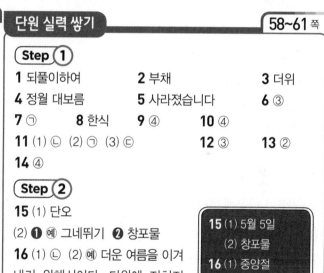
1 세시 풍속에는 명절날에 하는 일, 입는 옷, 하는 놀이, 먹는 음식 등이 포함됩니다.

2 단오에는 창포물에 머리를 감고 그네뛰기와 씨름을 즐기기도 했습니다.

3 여름철 가장 더운 시기를 초복, 중복, 말복 세 개로 나눈 것을 삼복이라고 합니다.

4 음력 1월 15일 경인 정월 대보름에는 한 해의 건강을 빌며 부럼을 깨 먹고 풍년을 빌며 오곡밥과 나물을 먹습니다.

⬆ 오곡밥

⬆ 달집태우기

5 오늘날에는 직업이 다양해지며 농사를 짓는 사람들이 줄어들어서 농사와 관련된 세시 풍속이 많이 사라지는 등 세시 풍속에 많은 변화가 생겼습니다.

6 세시 풍속은 옛날부터 명절과 같이 일정한 시기에 되풀이하여 행해 온 고유의 생활 모습입니다.

7 정월 대보름은 새해 첫 보름달이 뜨는 날로, 사람들은 나쁜 기운을 쫓기 위해 쥐불놀이와 달집태우기 등을 즐겼습니다. 물놀이하기는 옛날 사람들이 삼복에 주로 즐겼던 세시 풍속입니다.

8 한식은 동지에서 105일째 되는 날인 4월 5일 무렵으로, 씨를 뿌리는 시기였기 때문에 한 해 농사가 잘되기를 바라며 조상들의 산소에 찾아가 성묘를 하는 풍속이 있었습니다.

9 한식에는 불을 사용하지 않고 찬 음식을 먹는 풍속이 있었기 때문에 '한식'이라는 이름이 붙었습니다.

10 삼복에는 더위를 피해 물놀이를 하고, 삼계탕이나 육개장처럼 영양이 풍부한 음식을 먹으면서 더위를 이겨 냈습니다.

> **왜 틀렸을까?**
> ① 단오, 추석과 같은 큰 명절에 주로 행해졌던 세시 풍속입니다.
> ② 단오에 주로 행해졌던 세시 풍속입니다.
> ③ 추석에 주로 행해졌던 세시 풍속입니다.
> ⑤ 정월 대보름에 행해졌던 세시 풍속입니다.

11 옛날부터 우리나라에는 계절에 따라 다양한 세시 풍속이 있었습니다.

12 동지에 팥죽 먹기, 설날에 세배 드리기, 정월 대보름에 쥐불놀이하기는 겨울철에 즐겼던 세시 풍속입니다.

> **왜 틀렸을까?**
> ③ 삼짇날에 꽃으로 전을 만들어 먹는 것은 농사를 시작하는 시기의 세시 풍속입니다.

13 옛날의 세시 풍속은 주로 한 해의 풍년을 바라고, 조상들께 감사드리는 풍속이 많았습니다. 옛날 사람들은 여름이 되면 잠시 농사일을 쉬며 더위를 피했습니다.

14 윷놀이는 윷을 던져 말을 움직이며 노는 놀이입니다.

15 더위와 잦은 비가 시작되는 시기인 단오에는 나쁜 기운과 병을 쫓고 건강을 기원하는 풍속이 많았습니다.

> **더 알아보기**
> **단오의 세시 풍속**
> • 여름을 시원하게 지내라는 의미로 부채를 주고받았습니다.
> • 산에서 자라는 풀인 수리취를 뜯어 만든 수리취떡을 먹었습니다.

16 ㉠은 삼복, ㉡은 중양절에 행해졌던 세시 풍속입니다. 삼복에는 더운 여름을 나기 위해 계곡에 가서 물놀이를 하고 삼계탕이나 육개장 같은 영양이 풍부한 음식을 먹었습니다. 중양절에는 산에 올라가 단풍을 즐기고 국화로 만든 술과 떡을 먹었습니다. 이처럼 옛날 사람들은 계절과 날씨에 따라 다양한 세시 풍속을 즐겼습니다.

> **채점 기준**
>
> | (1) | '㉡'이라고 정확히 씀. | |
> |---|---|---|
> | (2) | **정답 키워드** 여름 \| 더위 \| 농사
'더운 여름을 이겨 내기 위해서이다.', '더위에 지치지 않고 농사일을 하기 위해서이다.' 등의 내용을 정확히 씀. | 상 |
> | | 삼복에 세시 풍속을 즐겼던 까닭을 썼으나 구체적이지 않음. | 하 |

17 야광귀는 설날 밤에 사람들의 신발을 훔쳐가는 귀신으로, 옛날 사람들은 신발을 방 안에 숨겨 둠으로써 야광귀에게 신발을 **빼앗기지** 않고 행복한 한 해를 보내길 바랐습니다.

> **채점 기준**
>
> | **정답 키워드** 야광귀 \| 빼앗기다 \| 운 | |
> |---|---|
> | '야광귀에게 신발을 빼앗기지 않기 위해서이다.', '야광귀에게 신발을 빼앗기면 그해 운이 나쁘다고 믿었기 때문이다.' 등의 내용을 정확히 씀. | 상 |
> | 옛날 설날에 신발을 방 안에 두었던 까닭을 썼으나 구체적이지 않음. | 하 |

18 옛날에는 설날에 가족이 함께 모여 떡국을 먹었고, 이는 오늘날 설날에서도 볼 수 있는 모습입니다.

19 오늘날에는 차례를 지낸 후 세배하고 떡국을 먹는 것과 같은 간단한 세시 풍속만 이어지고 있습니다.

20 오늘날에는 교통과 통신, 과학 기술의 발달로 직업이 다양해지며 세시 풍속에 많은 변화가 생겼습니다.

1 ①	2 ④	3 ㉡	4 ③, ④	5 ⑤
6 ⑤		7 ㉖ 한 사람이 갈 수 있는 논밭의 넓이가 넓어		

졌다. 수확할 수 있는 곡식의 양이 늘어났다.　**8** (1) ㉠ (2) ㉡

9 ④	10 ①	11 윤주	12 ㉡	13 삼진날

14 ①　　**15** (1) 동지 (2) ㉖ 나쁜 기운을 쫓는 의미로 팥

죽을 먹는다. 새해 달력을 주고받는다.　　**16** (1) 복조리 (2)

㉖ 새해에 복이 많이 들어오기를 바랐기 때문이다.

17 ①, ④	18 봄	19 ③	20 ④, ⑤

1 돌을 갈아 도구를 만들던 시대에는 강가나 바닷가에 모여 살며 농사를 짓기 시작했습니다.

2 철로 만든 농사 도구는 금속으로 도구를 만들던 시대에 사용되었습니다.

3 청동 거울은 제사를 지낼 때 사용했던 도구입니다.

4 농경문 청동기는 농사짓는 모습이 새겨져 있는 청동기로, 이를 통해 당시의 생활 모습을 파악할 수 있습니다.

5 사람들은 시간이 지나며 점차 청동보다 단단한 철로 농사 도구와 무기를 만들기 시작했습니다. 철을 이용하면 돌에 비해서 용도에 따라 다양한 모양의 도구를 만들 수 있었습니다.

6 오늘날에는 과학 기술의 발달로 농사용 무인기로 논밭에 농약을 뿌리는 등 다양한 기계를 사용해 농사를 짓습니다.

7 농사 도구가 발달하면서 사람들의 생활 모습도 변화하게 되었습니다.

채점 기준

정답 키워드 논밭의 넓이 | 곡식의 양	
'한 사람이 갈 수 있는 논밭의 넓이가 넓어졌다.', '수확할 수 있는 곡식의 양이 늘어났다.' 등의 내용을 정확히 씀.	8점
오늘날 농사 도구의 발달로 달라진 생활 모습을 썼으나 구체적이지 않음.	4점

8 옛날 사람들이 사용했던 도구를 통해 옛날의 생활 모습을 알 수 있습니다.

9 재봉틀은 오늘날 사람들이 사용하는 도구로, 바느질을 해 주는 기계입니다.

10 움집은 땅을 파서 평평하게 한 후 기둥을 세우고 풀과 짚을 덮어서 만든 집으로, 움집에 살던 사람들은 하나의 방에서 도구를 손질하고 음식을 만들어 먹었습니다.

11 옛날에는 계절과 날씨에 따라 다양한 세시 풍속을 즐겼습니다.

12 정월 대보름은 음력 1월 15일로, 한 해의 건강과 풍년을 빌며 다양한 세시 풍속을 즐겼던 명절입니다.

13 삼진날은 겨우내 움츠렸던 마음을 펴고 새로운 농사일을 시작할 시점에서 마음을 다 잡고 한 해의 건강과 평화를 비는 날입니다.

14 단오에는 더운 여름을 시원하게 지내라는 의미로 부채를 주고받고, 그네뛰기와 씨름을 즐기며 수리취떡을 먹기도 했습니다.

15 동지는 일 년 중 밤이 가장 길고, 낮이 가장 짧은 날입니다. 옛날 사람들은 동지가 되면 나쁜 기운을 쫓는 의미로 팥죽을 먹고, 새해 달력을 주고받기도 했습니다.

채점 기준

(1)	'동지'라고 정확히 씀.	3점
(2)	**정답 키워드** 팥죽 | 달력	
	'나쁜 기운을 쫓는 의미로 팥죽을 먹는다.', '새해 달력을 주고받는다.' 등의 내용을 정확히 씀.	7점
	동지에 즐겼던 세시 풍속을 썼으나 구체적이지 않음.	3점

16 옛날에는 설날에 복을 기원하고 나쁜 기운을 몰아내는 세시 풍속이 많았습니다. 설날에 복조리를 걸어 놓는다는 것은 쌀알을 가려내는 도구인 조리처럼 복을 얻는다는 뜻을 지닙니다.

채점 기준

(1)	'복조리'라고 정확히 씀.	3점
(2)	**정답 키워드** 새해 | 복	
	'새해에 복이 많이 들어오기를 바랐기 때문이다.' 등의 내용을 정확히 씀.	7점
	옛날 설날에 복조리를 걸어 놓았던 까닭을 썼으나 구체적이지 않음.	3점

17 옛날 사람들은 추석이 되면 거북놀이, 강강술래, 줄다리기 등의 놀이를 즐겼습니다.

왜 틀렸을까?

② 달집태우기는 정월 대보름에 즐겼던 세시 풍속입니다.
③ 연날리기는 설날에 주로 즐겼던 세시 풍속입니다.

18 옛날에는 계절별로 사람들이 하는 농사일이 다양했고, 농사와 관련된 세시 풍속이 많았습니다.

19 오늘날 과학 기술의 발달로 다양한 직업들이 생기고 농업에 종사하는 사람들이 줄어들면서 세시 풍속에 많은 변화가 생겼습니다.

20 윷놀이는 네 개의 윷말이 먼저 출발지로 들어오는 편이 이기는 놀이로, 윷을 던졌을 때 윷 또는 모가 나오거나 상대편의 윷말을 잡으면 윷을 한 번 더 던질 수 있습니다.

3. 가족의 모습과 역할 변화

❶ 가족의 구성과 역할 변화

1 가족   **2** ④   **3** 혜지   **4** ③
5 (1) ㉡ (2) ㉠   **6** (3) ○

1 가족은 결혼, 출산, 입양 등으로 만들어지는 사회의 기본 단위로, 여러 가족이 모여서 우리 사회를 이룹니다.

2 옛날에 신랑은 신부에게 오랫동안 행복하게 살자는 의미에서 혼례를 치를 때 나무 기러기를 주었습니다. 결혼식 때 신부가 손에 드는 꽃다발을 부케라고 합니다.

> **더 알아보기**
>
> **부케**
> • 결혼식 때 신부가 손에 드는 작은 꽃다발을 '부케'라고 합니다.
> • 결혼식 때 신부가 친한 친지나 결혼을 앞둔 사람에게 부케를 뒤로 던져 받으면, 다음에 바로 결혼할 수 있다는 속설이 전해 내려오고 있습니다.
>
>
>
> ⬆ 오늘날의 결혼식에서 신부가 든 부케

3 오늘날 결혼식에 대한 사람들의 생각이 다양해지면서 결혼식의 모습도 달라지고 있습니다.

4 오늘날에는 결혼식이 끝난 후 한복으로 갈아입고 결혼식장에 마련된 폐백실에서 신랑과 신부 측 어른들께 큰절을 올리고 폐백을 드리거나, 폐백을 드리지 않기도 합니다.

> **왜 틀렸을까?**
>
> ① 주례는 결혼식에서 부부에게 도움이 되는 이야기를 하고 결혼 선서 등을 하는 사람입니다.
> ② 축가는 축하의 뜻을 담은 노래입니다.
> ④ 피로연은 기쁜 일을 널리 알리기 위해 베푸는 연회입니다.
> ⑤ 신혼여행은 결혼식이 끝나고 신랑과 신부가 함께 가는 여행으로, 오늘날에 볼 수 있는 모습입니다.

5 옛날에는 신부의 집에서, 오늘날에는 주로 결혼식장에서 결혼식을 합니다.

6 결혼식의 모습과 과정은 옛날과 달라졌지만, 그 속에 담긴 의미는 변함없이 이어져 오고 있습니다.

1 ㉡, ㉢   **2** ①   **3** ❶ 바깥일 ❷ 집안일   **4** ②
5 민규   **6** (2) ○

1 결혼한 자녀와 부모가 함께 사는 가족을 확대 가족이라고 합니다. 옛날에는 주로 가족들이 한곳에 모여 사는 확대 가족이 많았습니다.

2 오늘날에는 취업, 자녀 교육 등의 이유로 도시로 이사를 하는 사람들이 많아 핵가족이 늘어났습니다.

3 옛날에는 남자가 바깥일, 여자가 집안일을 하는 등 성별에 따라 가족 구성원의 역할이 구분되어 있었습니다.

4 오늘날에는 가족 구성원의 역할을 모두가 함께 나누는 경우가 많습니다.

5 가족 구성원 간의 갈등 상황에서는 서로의 생각을 나누고 이해하며 해결 방법을 찾아야 합니다.

6 가족 구성원으로서 할 수 있는 일을 스스로 찾아서 하려는 자세가 필요합니다.

Step ①

1 가족   **2** 폐백   **3** 핵가족   **4** 함께   **5** 대화
6 ③   **7** ①, ④   **8** 지수   **9** ①
10 확대 가족   **11** ②   **12** ③, ④   **13** (3) ○
14 ②

Step ②

15 (1) 예 턱시도, 웨딩드레스
(2) 예 행복
16 (1) 확대 가족 (2) 예 산업이 발달하면서 직업이 다양해지고 취업을 위해 가족과 떨어져 사는 경우가 많아졌다. 자녀 교육을 위해 이사하는 일이 늘었다.
17 예 가족들에게 사랑과 애정이 담긴 말을 한다. 빨래 널기나 신발 정리 같은 집안일을 돕는다.

> **15** (1) 턱시도
> (2) 기러기
> **16** (1) 확대
> (2) 예 취업
> **17** 스스로

Step ③

18 (1) ㉠, ㉢, ㉤ (2) ㉡, ㉣, ㉥   **19** ❶ 예 역할 ❷ 예 모두
20 예 교육의 기회가 증가하면서 성별과 관계없이 누구나 교육을 받을 수 있기 때문이다.

1 가족은 힘든 일이 있을 때 서로 도와주고, 기쁜 일이 있을 때 행복을 함께 나누는 존재입니다.

2 폐백은 신부가 신랑의 집에서 집안 어른들께 처음으로 인사를 드리는 것을 말합니다.

3 핵가족은 오늘날에 주로 많으며 가족 구성원의 수가 상대적으로 적은 편입니다.

4 오늘날에는 가족 구성원의 역할을 모두가 함께 나누는 경우가 많습니다.

5 가족 구성원 모두가 서로를 배려하고 존중하는 마음을 가져야 합니다.

6 가족은 결혼, 출산, 입양 등으로 만들어지는 사회의 기본 단위입니다.

7 ② 신혼여행, ③ 결혼식장, ⑤ 턱시도와 웨딩드레스는 모두 오늘날의 결혼식과 관련 있습니다.

8 신랑은 신부에게 오랫동안 행복하게 살자는 의미로 나무 기러기를 주었습니다.

9 오늘날에는 야외 결혼식, 온라인 결혼식 등 다양한 형태의 결혼식들이 많아졌습니다.

10 확대 가족은 옛날에 주로 많았던 가족 형태입니다.

11 확대 가족과 핵가족을 구분하는 방법은 가족 구성원의 수가 아닌 가족 구성원입니다.

12 오늘날에는 가족 구성원의 성별이나 나이에 따른 역할 구분이 많이 사라졌습니다.

> **왜 틀렸을까?**
> ① 옛날에 여자는 주로 집안일을 했습니다.
> ② 옛날에는 남자가 주로 농사일 등 바깥일을 했습니다.
> ⑤ 옛날에 가족의 중요한 일은 나이 많은 남자 어른이 결정했습니다.

13 가족 구성원의 생각과 처한 상황이 다르고, 각자의 역할을 하지 않았기 때문에 가족 간에 갈등이 생깁니다.

14 가족이 행복하게 생활하려면 가족 구성원 모두가 서로 배려하며 협력해야 합니다.

15 사회와 사람들의 생활 모습이 변하면서 오늘날의 혼인 풍습이 달라졌습니다.

> **더 알아보기**
> **턱시도와 웨딩드레스**
> • 턱시도: 중요한 일이 있을 때 남자가 입는 예복
> • 웨딩드레스: 결혼식 때 신부가 입는 서양식 혼례복

16 새로운 직업을 구하기 위해, 장사가 잘되는 곳을 찾아, 자녀의 교육을 위해 가족이 이동하기도 합니다. 또 어른이 된 자녀가 독립을 하면서 부모만 남게 되는 등 사회의 변화에 따라 오늘날에는 핵가족이 많아지고, 가족 구성이 점차 다양해지고 있습니다.

채점 기준		
(1)	'확대 가족'이라고 정확히 씀.	
(2)	**정답 키워드** 직업 | 취업 | 교육 '산업이 발달하면서 직업이 다양해지고 취업을 위해 가족과 떨어져 사는 경우가 많아졌다.', '자녀 교육을 위해 이사하는 일이 늘었다.' 등의 내용을 정확히 씀.	상
	오늘날 핵가족이 많아진 까닭에 대해 썼으나 구체적이지 않음.	하

17 가족이 행복하게 생활하려면 가족 구성원 모두가 서로 배려하여 협력해야 합니다. 또한 가족 구성원으로서 나의 역할을 알고 실천하는 태도를 가져야 합니다.

채점 기준	
정답 키워드 사랑 | 집안일 | 돕는다 '가족들에게 사랑과 애정이 담긴 말을 한다.', '빨래 널기나 신발 정리 같은 집안일을 돕는다.' 등의 내용을 알맞게 씀.	상
행복한 가족생활을 위해 내가 할 수 있는 일을 썼으나 구체적이지 않음.	하

18 옛날에는 남자들이 주로 바깥일을 하고 여자들은 집안일을 했습니다.

19 옛날에는 가족 구성원의 역할이 성별에 따라 구분되어 남자들은 바깥일, 여자들은 집안일을 했습니다. 오늘날에는 가족 구성원 모두가 함께 집안의 중요한 일을 의논하고, 역할을 분담합니다.

20 오늘날에는 남녀가 평등하다는 의식이 높아지고, 성별과 관계없이 누구나 교육을 받을 수 있습니다. 이처럼 사람을 동등하게 대우하는 것이 중요하다고 생각하는 사회가 되었기 때문에 오늘날 가족 구성원의 역할이 변화했습니다.

> **더 알아보기**
> **오늘날 가족 구성원의 역할이 변화한 까닭**
> • 교육을 받을 기회가 늘어나 성별과 관계없이 누구나 교육을 받을 수 있기 때문입니다.
> • 사람들의 사회 활동이 활발해지면서 누구나 원한다면 사회 활동에 참여할 수 있기 때문입니다.
> • 남녀가 평등하다는 의식이 높아지면서 직업에 대한 구분이 사라졌고, 집안일을 위해 역할 분담이 필요하게 되었기 때문입니다.

❷ 다양한 가족이 살아가는 모습

개념 다지기 · 83쪽

1 (2) ○ **2** ㉢ **3** ③ **4** 조손 가족
5 ④ **6** 승아

1 오늘날에는 다양한 형태의 가족들이 있습니다.

2 다른 나라 사람과 우리나라 사람이 결혼하여 다문화 가족을 이루기도 합니다.

> **왜 틀렸을까?**
> ㉠ 확대 가족은 결혼한 자녀와 부모가 함께 사는 옛날에 주로 많았던 가족 형태입니다.
> ㉢ 조손 가족은 할머니, 할아버지가 손주와 함께 사는 가족 형태입니다.
> ㉣ 한 부모 가족은 어머니와 아버지 어느 한 분과 자녀가 사는 가족 형태입니다.

3 자녀를 입양하여 만들어진 가족은 입양 가족입니다.

4 부모의 여러 가지 사정으로 할머니, 할아버지가 아이를 돌봐 주시는 조손 가족이 늘어나고 있습니다.

5 엄마와 아빠가 결혼해서 언니가 생겼다는 것으로 보아, 지윤이네 가족은 부모님이 재혼한 재혼 가족이라는 것을 알 수 있습니다.

6 도서 자료를 통해 가족과 관련된 여러 가지 이야기와 그림을 살펴볼 수 있습니다.

개념 다지기 · 87쪽

1 실감 나게 **2** ⑤ **3** ㉠, ㉢, ㉡ **4** 그림
5 (2) ○ **6** ②

1 역할극을 통해 가족의 상황과 가족 구성원의 마음을 이해하고 존중할 수 있습니다.

2 가족의 생활 모습이 잘 드러나도록 대본을 작성하여 역할극을 만듭니다.

3 '㉠ → ㉢ → ㉡'의 순서로 다양한 가족의 생활 모습을 가족 정원으로 표현할 수 있습니다.

4 다양한 가족의 생활 모습을 담은 그림을 그려 표현할 수도 있습니다.

> **더 알아보기**
> **다양한 가족의 생활 모습을 표현하는 방법**
> • 노랫말 바꾸기: 가락과 음이 익숙한 곡을 선정하여 가족의 생활 장면을 떠올리며 노랫말을 바꿔 볼 수 있습니다.
> • 만화 그리기: 각 컷에 들어갈 가족의 형태와 내용을 생각하며 그림을 그리고 알맞은 대화 내용을 씁니다.
> • 기사 쓰기: 내가 기자라면 어떤 가족을 취재할지 상상하며 질문지를 쓰고 생각한 대답을 정리합니다.

5 가족의 형태와 생활 모습이 달라져도 가족이 지닌 의미는 변하지 않습니다.

6 가족의 모습이 다르다는 것을 이해하고 서로를 존중하는 태도를 가져야 합니다.

단원 실력 쌓기 · 88~91쪽

Step 1

1 조손 **2** 다문화 가족 **3** 같습니다 **4** 대본
5 존중 **6** ③, ④ **7** ㉢ **8** ㉡ **9** ②
10 ⑤ **11** 지영 **12** ⑤ **13** ⑤ **14** ②

Step 2

15 (1) 입양 가족 (2) 예 나라
16 (1) 예 반려동물 (2) 예 반려동물을 끝까지 보살피는 책임감을 가져야 한다. 안전사고에 유의해야 한다.
17 예 다양한 가족의 모습을 사실적이고 정확하게 전달할 수 있다.

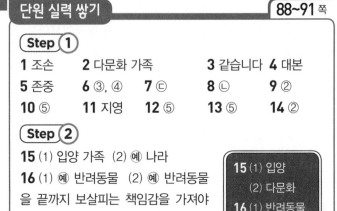

> **15** (1) 입양
> (2) 다문화
> **16** (1) 반려동물
> (2) 책임감
> **17** 뉴스

Step 3

18 한 부모 가족 **19** ❶ 예 등장인물 ❷ 예 생활 모습
20 예 다양한 가족이 살아가는 모습을 이해하고 존중한다. 다양한 가족이 살아가는 모습을 우리 가족이 살아가는 모습과 비교하지 않는다.

1 최근 여러 가지 이유로 조부모가 아이를 양육하는 조손 가족이 많아지고 있습니다.

2 다문화 가족의 자녀는 두 나라의 서로 다른 문화와 말을 이해하고 배우면서 자랄 수 있습니다.

3 가족 형태에 따라 가족의 생활 모습은 달라져도 가족이 지닌 의미는 변하지 않습니다.

4 뉴스, 그림, 역할극 등 다양한 방법으로 가족의 생활 모습을 표현할 수 있습니다.

5 다른 가족이 살아가는 모습을 이해하고 존중하려는 노력이 필요합니다.

6 다양한 형태의 가족이 모여 우리 사회를 이루고 있습니다. 오늘날에는 사회가 변화하면서 사람들의 생각도 바뀌어 가족의 형태가 다양해졌습니다.

> **왜 틀렸을까?**
> ① 결혼, 출산, 입양 등으로 가족이 이루어집니다.
> ② 입양을 통해 만들어진 가족을 입양 가족이라고 합니다.
> ⑤ 자녀를 낳거나 입양을 하면 가족의 수가 늘어납니다.

7 여러 가지 이유로 부부가 따로 살게 되는 경우도 있습니다.

8 다른 나라 사람과 우리나라 사람의 결혼으로 이루어진 가족을 다문화 가족이라고 합니다.

9 오늘날에는 입양에 대해 긍정적으로 생각하는 사람이 많아지고 있습니다.

10 가족 형태에 따라 가족이 살아가는 모습은 조금씩 다르지만, 가족이 서로를 아끼고 사랑하며 살아가는 모습은 모두 같습니다.

11 역할극을 만들 때에는 가족의 형태와 생활 모습, 등장인물 등을 먼저 정해야 합니다.

> **왜 틀렸을까?**
> 경민: 그림으로 표현하기에 대한 설명입니다.
> 승현: 가족 정원 만들기에 대한 설명입니다.

12 우리 주변에서 볼 수 있는 가족 형태를 가족 나무로 만들고, 한곳에 모아 다양한 가족의 모습이 어우러진 가족 정원을 만들 수 있습니다.

13 가족은 힘들 때 의지할 수 있는 쉼터이자 보금자리와 같은 존재입니다. 또한 가족 내에서 사회생활에 필요한 규칙과 예절을 배울 수 있습니다.

14 나와 다른 형태의 가족을 비교하기보다는 존중하고 배려하는 태도를 가져야 합니다.

15 사회가 변화하면서 다양한 형태의 가족이 늘어나고 있습니다.

16 오늘날 개, 고양이, 물고기 등 반려동물을 기르는 사람들은 자신이 기르는 반려동물을 가족처럼 생각하기도 합니다.

> **더 알아보기**
> **반려동물과 함께 사는 '펫팸족'**
> • 반려동물을 가족처럼 생각하며 살아가는 사람들을 '펫팸족'이라고 부르기도 합니다.
> • 반려동물과 함께 살아가기 위해서는 동물을 끝까지 보살피는 책임감을 갖고, 반려동물로 인한 안전사고가 일어나지 않도록 주의를 기울여야 합니다.

17 다양한 가족의 모습을 표현하는 활동을 통해 가족의 생활 모습을 구체적으로 알아볼 수 있습니다.

18 민우네 가족은 평소에는 아빠와 생활하지만, 한 번씩 엄마의 집에 가서 생활하는 한 부모 가족입니다.

19 역할극으로 다양한 가족의 생활 모습을 표현하기 위해서는 가족의 형태, 등장인물, 표현할 생활 모습 등을 먼저 결정해야 합니다.

> **더 알아보기**
> **다양한 가족의 모습을 역할극으로 표현할 때 주의할 점**
> • 가족의 생활 모습이 드러나도록 대본을 작성해야 합니다.
> • 다양한 가족의 형태를 나쁘게 표현하지 않아야 합니다.
> • 가족들이 다투고 갈등하는 장면보다 서로 존중하고 배려하는 모습이 드러나는 것이 좋습니다.
> • 대사와 동작을 연습해야 합니다.

20 다른 가족의 생활 모습을 이상하다고 생각하지 않아야 합니다. 대신 가족의 모습이 다르다는 것을 이해하고 서로를 존중하는 태도를 가져야 합니다.

대단원 평가 92~95쪽

1 ⑤ **2** ③, ⑤ **3** 기러기 **4** ⑩ 가족, 친구들이 모여 신랑과 신부의 행복한 미래를 축하해 준다. 결혼식을 통해 새로운 가족이 만들어진다. **5** ④ **6** ③
7 ⑩ 자녀의 교육을 위해 이사하는 사람이 많아졌기 때문이다.
8 ⓛ, ⓒ **9** (1) ○ **10** ② **11** ⓔ **12** ⑤
13 재혼 가족 **14** ❶ 다르지만 ❷ 같습니다
15 **16** ④ **17** ①, ③ **18** ⑩ 다양한 가족의 생활 모습을 실감 나게 표현할 수 있다. **19** ③
20 ⑤

1 옛날에는 혼례 날 신랑이 말을 타고 신부의 집으로 가서 혼례를 치렀습니다.

2 오늘날에는 결혼식장에 있는 폐백실에서 양쪽 집안 어른들께 폐백을 드리기도 합니다.

3 옛날의 혼례에서는 신랑이 신부에게 나무로 만든 기러기를 건네주면서 혼례가 시작되었습니다.

4 사람들은 신랑과 신부가 오랫동안 행복하기를 바라고 축복하는 마음으로 결혼식에 참석합니다.

채점 기준

정답 **키워드** 축하 | 가족	
'가족, 친척, 친구들이 모여 신랑과 신부의 행복한 미래를 축하해 준다.', '결혼식을 통해 새로운 가족이 만들어진다.' 등의 내용을 정확히 씀.	10점
옛날과 오늘날 혼인 풍습의 공통점에 대해 썼으나 구체적이지 않음.	5점

5 결혼식의 모습과 과정은 달라졌지만, 그 속에 담긴 의미는 변함없이 이어져 오고 있습니다.

6 확대 가족은 농사를 지으며 살았던 옛날에 주로 많았던 가족 형태입니다.

7 교육, 취업, 가치관 등의 이유로 가족이 이동하면서 오늘날에는 핵가족이 많아졌습니다.

채점 기준

정답 **키워드** 교육 | 이사 | 취업	
'자녀의 교육을 위해 이사하는 사람이 많아졌기 때문이다.', '사람들이 취업을 위해 가족을 떠나 도시로 가기 때문이다.' 등의 내용을 정확히 씀.	10점
오늘날 핵가족이 많아진 까닭에 대해 썼으나 구체적이지 않음.	5점

8 ㉠, ㉢은 오늘날 가족 구성원의 특징입니다.

9 오늘날에는 나이나 성별에 따라 사람을 차별하지 않고 동등하게 대우하는 것이 중요하다고 생각하는 사회가 되었습니다.

10 가족 구성원 간의 갈등을 해결하기 위해서는 대화를 통해 갈등의 원인을 파악하고 생각을 나누면서 해결 방법을 찾도록 노력해야 합니다.

11 오늘날에는 국적이 다른 남녀가 만나 만들어진 다문화 가족이 많아졌습니다.

12 다양한 형태의 가족이 늘어나면서 가족 형태에 대한 사람들의 생각도 변화하고 있습니다.

왜 틀렸을까?

① 입양을 통해 가족 구성원의 수가 늘었습니다.
② ⓔ과 관련 있는 설명입니다.
③ 가족의 형태가 다양해지면서 다양한 가족에 대한 사람들의 생각도 변화했습니다.
④ 1인 가구와 관련 있는 설명입니다.

13 세빈이네 어머니가 재혼을 하셔서 세빈이네 가족이 커졌습니다.

14 오늘날에는 다양한 가족 형태가 있지만, 모두가 같은 소중한 가족이며 서로 존중하는 마음을 가져야 합니다.

15 신문 기사에 나타난 혼자 아이를 키우는 정훈 씨의 이야기를 통해 정훈 씨네 가족의 형태가 한 부모 가족임을 알 수 있습니다.

16 그림 문자로 표현할 때는 가족의 형태가 잘 드러나도록 표현해야 합니다.

17 다양한 가족들의 생활 모습을 역할극으로 표현할 때는 가족의 갈등보다는 서로 존중하고 배려하는 모습을 담습니다.

18 가족의 생활 모습이 드러나도록 대본을 작성하여 역할극을 만들 수 있습니다.

채점 기준

정답 **키워드** 실감 나게 | 이해 | 존중	
'다양한 가족의 생활 모습을 실감 나게 표현할 수 있다.', '가족의 상황과 가족 구성원의 마음을 이해하고 존중할 수 있다.' 등의 내용을 정확히 씀.	10점
역할극을 통해 다양한 가족의 모습을 표현할 때 좋은 점을 썼으나 구체적이지 않음.	5점

19 가족의 형태가 달라도 서로 돌봐 주고 사랑하는 마음은 같습니다.

20 가족은 누구에게나 소중한 존재라는 것을 잊지 않고 모든 가족을 존중하는 태도를 가져야 합니다.

1. 환경에 따라 다른 삶의 모습

❶ 우리 고장의 환경과 생활 모습

단원 쪽지시험   2쪽

1 강	2 인문환경	3 산	4 바다
5 겨울	6 에어컨	7 갯벌	8 계단
9 여가 생활	10 인문환경		

1 자연환경은 사람이 만들지 않은 자연 그대로의 환경입니다.

2 사람들은 고장의 자연환경을 이용해 논과 밭, 과수원, 공원, 다리, 도로, 공장, 항구 등을 만듭니다.

3 사람들은 산에 공원이나 등산로를 만들어 이용합니다.

4 항구는 배가 드나들 수 있도록 만든 곳이고 조선소는 배를 만드는 곳입니다.

5 눈이 내리는 계절은 겨울입니다.

6 여름에는 더위를 식히기 위해 에어컨을 사용합니다.

7 바다가 있는 고장에는 모래사장, 갯벌 등이 있습니다. 스키장은 산을 이용해 만듭니다.

8 경사진 땅을 평평한 계단 모양으로 만들면 곡식과 채소 등을 기를 수 있습니다.

9 고장 사람들은 고장의 환경을 이용해 여가 생활을 합니다.

10 박물관은 인문환경입니다.

대표 문제   3쪽

| 1 ⑤ | 2 ① | 3 ②, ④ | 4 ④ |

1 자연환경은 산, 들, 바다 등과 같이 자연 그대로의 환경이고, 인문환경은 도로, 공장, 학교 등과 같이 사람이 만든 환경입니다.

2 자연환경은 산, 들, 바다, 하천과 같은 땅의 모양과 날씨에 영향을 주는 눈, 비, 바람 등을 말합니다.

3 바다가 있는 고장 사람들은 고기잡이, 미역 기르기, 수산물 팔기 등 주로 바다를 이용한 일을 하며 살아갑니다.

4 산이 많은 고장의 사람들은 숲에서 목재를 얻고 나물이나 약초 캐기, 버섯 재배하기 등을 하며 살아갑니다.

❷ 환경에 따른 의식주 생활 모습

단원 쪽지시험   4쪽

1 음식	2 의생활	3 추울	4 눈
5 들	6 바닷가	7 타이	8 나무
9 터돋움집	10 동굴집		

1 음식은 영양분을 얻기 위해 필요합니다.

2 의생활은 옷과 관련된 것입니다.

3 날씨가 추울 때에는 몸을 따뜻하게 하기 위해 두꺼운 옷을 입고 목도리를 두르기도 합니다.

4 춥고 눈이 많이 내리는 고장에서는 동물의 털과 가죽으로 만든 옷을 입어 몸을 따뜻하게 합니다.

5 전주는 넓은 들에서 쌀과 채소가 잘 자랍니다.

6 서산은 주변 바닷가에서 굴이 많이 납니다.

7 덥고 습한 고장에서는 주변에서 쉽게 구할 수 있는 망고, 파인애플과 같은 과일을 이용한 음식이 많습니다.

8 산지에서는 나무를 쉽게 구할 수 있기 때문에 나무로 집을 짓습니다.

9 터돋움집은 집이 물에 잠기지 않도록 터를 돋우어 지은 집입니다.

10 화산 폭발이 있었던 고장에서는 화산재가 쌓여 만들어진 단단하지 않은 바위를 파서 그 속에 집을 지었습니다.

대표 문제   5쪽

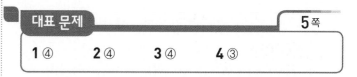

| 1 ④ | 2 ④ | 3 ④ | 4 ③ |

1 의생활은 옷, 식생활은 음식, 주생활은 집과 관련이 있습니다.

2 의식주는 사람이 생활하는 데 꼭 필요한 옷, 음식, 집을 말합니다.

3 춥고 눈이 많이 내리는 고장은 동물의 가죽과 털로 만든 옷을 입으며 사냥을 나왔을 때 이글루를 만들어 머물기도 합니다.

4 초원이 펼쳐진 고장에서는 게르, 눈이 많이 내리는 고장에서는 이글루, 화산 폭발이 있었던 고장에서는 동굴집을 짓습니다.

대단원 평가 1회 · 6~8쪽

1 (1) ㉠, ㉢ (2) ㉡, ㉣, ㉤, ㉥ **2** ①, ④ **3** ④
4 겨울 **5** ④ **6** (1) 등대, 양식장 (2) ◉ 바다에 나
가서 물고기를 잡는다. 양식장에서 미역이나 김을 기른다.
7 ⑤ **8** ◉ 경사진 곳이 많아서 농사지을 장소가 충분
하지 않기 때문이다. **9** ② **10** ④, ⑤
11 ② **12** ㉢ **13** ① **14** (1) ○
15 (2) ○ **16** 산골짜기 **17** ◉ 보성에는 갯벌이
넓게 펼쳐져 있어 꼬막을 구하기 쉽기 때문이다.
18 ① **19** ④, ⑤ **20** ①

1 자연환경은 자연 그대로의 환경이고, 인문환경은 사람이
만든 환경입니다.

2 산에 스키장, 산림욕장, 캠핑장 등을 만들어 이용합니다.

3 바다를 이용해 염전, 항구 등을 만듭니다.

더 알아보기

자연환경을 이용하는 모습

산	• 산림욕장, 등산로 등을 만듦. • 전망대나 케이블카를 설치함.
들	• 논과 밭을 만들어 농사를 지음. • 도로, 학교, 공장, 공항처럼 사람들의 생활에 필요한 시설을 지음.
바다	• 염전을 만들어 소금을 얻음. • 해수욕장을 만들어 물놀이를 함.
하천	• 하천 주변에 공원을 만듦. • 하천의 물을 생활용수와 공업용수로 이용함.

4 우리나라의 겨울은 춥고 눈이 내립니다.

5 여름철의 날씨는 비가 많이 내리고 덥습니다.

왜 틀렸을까?

① 썰매타기와 ⑤ 스키 캠프에 참여하기는 겨울철 생활 모습, ②
벼 수확하기와 ③ 단풍 구경하기는 가을철 생활 모습입니다.

6 바다가 있는 고장에서는 고기잡이, 김 양식하기, 해산물
팔기 등의 일을 합니다.

채점 기준

(1)	'등대,' 양식장'을 모두 정확히 씀.	
(2)	**정답 키워드** 바다 | 고기잡이 | 양식장 | 김 '바다에 나가서 물고기를 잡는다.', '양식장에서 미역이나 김을 기른다.' 등 바다가 있는 고장 사람들이 고장의 환경을 이용해 하는 일을 알맞게 씀.	상
	바다가 있는 고장 사람들이 고장의 환경을 이용해 하는 일을 썼으나 구체적이지 않음.	하

7 산이 많은 고장 사람들은 벌 길러 꿀 얻기, 약초 캐기,
버섯 재배하기 등 주로 산을 이용한 일을 하며 살아갑
니다. 소금은 바다가 있는 고장에서 만듭니다.

8 산에는 경사진 곳이 많아 농사지을 장소가 충분하지 않기
때문에 땅을 계단 모양으로 만들어 농사를 짓습니다.

채점 기준

정답 키워드 농사지을 장소 | 충분하지 않다	
'경사진 곳이 많아서 농사지을 장소가 충분하지 않기 때문이다.'라고 정확히 씀.	상
산이 많은 고장에서 계단 모양의 논을 만든 까닭을 썼으나 구체적이지 않음.	하

9 여러 시설이 많은 도시에 사는 사람들은 자연환경보다
인문환경을 이용한 일을 주로 하며 살아갑니다.

10 영화관, 박물관은 사람이 만든 인문환경입니다.

11 의생활은 입는 옷과 관련된 것입니다. ① 빵과 ④ 김치
는 식생활, ③ 한옥과 ⑤ 아파트는 주생활과 관련된 것
입니다.

12 편안하고 안전하게 쉬기 위해 집이 필요합니다.

13 사람들은 더위를 피하기 위해 바람이 잘 통하는 재료로
만든 반팔 티셔츠와 반바지를 입습니다.

14 햇볕이 뜨겁고 모래바람이 많이 부는 고장 사람들은 뜨
거운 햇볕과 모래바람을 막으려고 몸 전체를 감싸는 긴
옷을 입고 머리를 천으로 감쌉니다.

15 덥고 습한 고장에서는 바람이 잘 통하는 얇은 옷을 입고,
햇볕과 비를 피하기 위해 챙이 넓은 모자를 씁니다.

16 정선의 산골짜기에서는 곤드레나물이 잘 자라기 때문에
정선 사람들은 곤드레나물밥을 즐겨 먹습니다.

17 갯벌이 넓게 펼쳐진 보성에는 꼬막이 많이 납니다.

채점 기준

정답 키워드 갯벌 | 꼬막 | 구하기 쉽다	
'보성에는 갯벌이 넓게 펼쳐져 있어 꼬막을 구하기 쉽기 때문이다.'라고 정확히 씀.	상
보성에서 꼬막무침이 유명한 까닭을 썼으나 구체적이지 않음.	하

18 퐁뒤는 빵, 고기 등을 우유로 만든 치즈에 찍어 먹는
음식입니다.

19 터돋움집은 여름철 홍수로 집이 물에 잠길 위험이 있는
고장에서 발달했습니다.

20 일 년 내내 덥고 비가 많이 내리는 고장에서는 더위와
해충을 피하기 위해 수상 가옥을 지었습니다.

1 ⑤　　**2** ④　　**3** ②　　**4** ④　　**5** ㉡

6 (1) 바다 (2) 예 들에 논과 밭을 만들어 벼농사를 짓고 여러 가지 채소를 재배한다. 비닐하우스에서 농사를 짓는다.

7 ②, ⑤　　**8** (1) ○　　**9** 정원　　**10** ①　　**11** (1) 식생활

(2) 예 생활에 필요한 영양분을 얻기 위해서이다.　　**12** ⑤

13 (1) ㉠ (2) ㉡　　**14** ㉡　　**15** ⑤　　**16** (1) ㉠

(2) 예 정선은 주변에 높은 산이 많아 곤드레나물이 잘 자라기 때문이다.　　**17** ②

18 ㉢　　**19** ③, ④　　**20** ㉠

---

1 논과 밭은 사람이 자연환경을 이용해 만든 인문환경입니다.

2 염전은 바다를 이용하는 모습입니다.

3 기온 그래프의 가로는 월, 세로는 기온을 나타냅니다.

4 겨울에는 따뜻한 옷을 입고 온풍기, 난로와 같은 도구를 사용하며 썰매타기, 스키와 같은 여가 생활을 즐깁니다.

> **왜 틀렸을까?**
> ① 물놀이와 ⑤ 선풍기 사용은 여름철, ② 꽃구경은 봄철, ③ 단풍 구경은 가을철 사람들의 생활 모습입니다.

5 해수욕장이 있는 고장은 ㉡입니다.

6 넓은 들이 있는 고장 사람들은 들에 논과 밭, 비닐하우스 등을 만들어 곡식과 채소를 재배합니다.

> **채점 기준**
>
> | (1) | '바다'라고 정확히 씀. | |
> |---|---|---|
> | (2) | **정답 키워드** 논과 밭 \| 비닐하우스 \| 농사
'들에 논과 밭을 만들어 벼농사를 짓고 여러 가지 채소를 재배한다.', '비닐하우스에서 농사를 짓는다.' 등 넓은 들이 있는 고장 사람들이 고장의 환경을 이용해 하는 일을 알맞게 씀. | 상 |
> | | 넓은 들이 있는 고장 사람들이 고장의 환경을 이용해 하는 일을 썼으나 구체적이지 않음. | 하 |

7 ② 조선소와 ⑤ 수산물 직판장은 바다가 있는 고장에서 볼 수 있는 인문환경입니다.

> **더 알아보기**
>
> **산이 많은 고장의 환경**
> • 자연환경: 가파른 산비탈, 울창한 숲, 계곡 등
> • 인문환경: 경사진 밭, 계단 모양의 논, 목장, 스키장, 리조트, 식당, 자연 휴양림 등

8 도시에 사는 사람들은 자연에서 필요한 것을 직접 얻는 것보다 생활에 필요한 물건을 만들거나, 생활을 편리하고 즐겁게 해 주는 일을 주로 합니다.

9 사람들은 고장의 자연환경이나 인문환경을 이용해 다양한 일을 하며 살아갑니다.

10 서핑은 보드를 타고 파도 속을 요리조리 빠져나가며 즐기는 놀이입니다.

11 음식을 먹지 않으면 체력을 유지할 수가 없습니다.

> **채점 기준**
>
> | (1) | '식생활'이라고 정확히 씀. | |
> |---|---|---|
> | (2) | **정답 키워드** 영양분
'생활에 필요한 영양분을 얻기 위해서이다.'라는 내용을 정확히 씀. | 상 |
> | | 식생활이 필요한 까닭을 썼으나 구체적이지 않음. | 하 |

12 겨울에는 추위를 막기 위한 옷차림을 합니다. ⑤는 여름철 옷차림입니다.

13 춥고 눈이 많이 오는 고장은 추위로부터 몸을 보호하기 위한 옷차림을 합니다. 높은 산이 있는 고장 사람들은 낮의 뜨거운 햇빛과 밤의 추위로부터 몸을 보호하기 위한 옷차림을 합니다.

14 사막에서는 뜨거운 햇볕과 모래바람을 막으려고 긴 옷을 입고 머리에는 천을 둘러 감습니다.

15 도롱이는 볏짚 등으로 엮어 허리나 어깨에 걸쳐 두르는 비옷입니다.

16 곤드레나물은 높은 산지에서 잘 자랍니다.

> **채점 기준**
>
> | (1) | '㉠'이라고 정확히 씀. | |
> |---|---|---|
> | (2) | **정답 키워드** 높은 산 \| 곤드레나물 \| 자라다
'정선은 주변에 높은 산이 많아 곤드레나물이 잘 자라기 때문이다.'라는 내용을 정확히 씀. | 상 |
> | | 정선에서 곤드레나물밥이 유명한 까닭을 썼으나 구체적이지 않음. | 하 |

17 고장의 식생활은 그 고장의 자연환경과 관계가 있습니다.

> **더 알아보기**
>
> **고장에서 발달한 음식 예**
> • 감자옹심이: 산지가 많은 영월에서는 감자가 잘 자라 감자로 만든 음식이 유명합니다.
> • 한라봉주스: 따뜻한 제주에서는 한라봉이 잘 자라 한라봉주스가 유명합니다.

18 섬나라인 일본은 해산물 요리를 즐겨 먹습니다.

19 고장의 환경에 따라 다양한 형태의 집을 짓습니다.

20 이글루는 춥고 눈이 많이 오는 고장에서 눈과 얼음으로 만든 집입니다.

대단원 서술형 평가 1회 12쪽

1 (1) ㉠, ㉣
   (2) 예 공원이나 등산로를 만들어 이용한다.
2 (1) 더위
   (2) 예 논과 밭에서 곡식이나 열매를 수확한다.
3 (1) 사막 (2) 예 낮의 뜨거운 햇볕을 막기 위해 모자를 쓰고, 밤의 추위를 견디기 위해 여러 가지 옷을 겹쳐 입는다.
4 (1) ㉠
   (2) 예 주변 환경에서 쉽게 구할 수 있는 재료로 만들어졌다.

1 비, 눈은 날씨에 영향을 주는 자연환경입니다.

채점 기준		
(1)	'㉠, ㉣'이라고 정확히 씀.	3점
(2)	정답 키워드 공원 | 등산로 '공원이나 등산로를 만들어 이용한다.' 등 산을 이용하는 모습을 정확히 씀.	7점
	산을 이용하는 모습을 썼으나 구체적이지 않음.	3점

2 가을에는 단풍 구경, 곡식 수확 등을 합니다.

채점 기준		
(1)	'더위'에 ○표를 함.	3점
(2)	정답 키워드 곡식 | 수확 '논과 밭에서 곡식이나 열매를 수확한다.' 등 가을철 사람들의 생활 모습을 알맞게 씀.	7점
	가을철 사람들의 생활 모습을 썼으나 구체적이지 않음.	3점

3 고장의 날씨에 따라 의생활 모습이 다양하게 나타납니다.

채점 기준		
(1)	'사막'이라고 정확히 씀.	3점
(2)	정답 키워드 햇볕 | 모자 | 추위 | 겹쳐 입다 '낮의 뜨거운 햇볕을 막기 위해 모자를 쓰고, 밤의 추위를 견디기 위해 여러 가지 옷을 겹쳐 입는다.'라고 정확히 씀.	7점
	'모자를 쓰고 겹쳐 입는다.' 등과 같이 구체적으로 쓰지 못함.	3점

4 서산 근처 바닷가에서는 굴이 잘 자라고, 전주의 들에서는 쌀과 채소가 잘 자랍니다.

채점 기준		
(1)	'㉠'이라고 정확히 씀.	3점
(2)	정답 키워드 주변 | 쉽게 | 구하다 '주변 환경에서 쉽게 구할 수 있는 재료로 만들어졌다.'라고 정확히 씀.	7점
	두 음식의 공통점을 썼으나 구체적이지 않음.	3점

대단원 서술형 평가 2회 13쪽

1 (1) 산 (2) 예 양 떼 목장에서 양털 깎기 체험을 해 봤다.
2 (1) ㉡ (2) 예 자연환경을 이용한 여가 생활이다.
3 (1) ㉠ 주생활 ㉡ 의생활
   (2) 예 덥거나 추운 날씨로부터 몸을 보호하기 위해서이다.
4 (1) 덥고 습한 고장 (2) 예 가축에게 먹일 풀과 물을 찾아 옮겨 다니기 때문에 이동식 집을 짓는다.

1 산이 많은 고장에서는 산을 이용해 살아갑니다.

채점 기준		
(1)	'산'이라고 정확히 씀.	3점
(2)	정답 키워드 목장 | 양 '양 떼 목장에서 양털 깎기 체험을 해 봤다.' 등 산이 많은 고장에서 할 수 있는 경험을 알맞게 씀.	7점
	산이 많은 고장에서 할 수 있는 경험을 썼으나 구체적이지 않음.	3점

2 ㉠은 숲에서 캠핑하는 모습, ㉡은 강에서 래프팅을 하는 모습입니다.

채점 기준		
(1)	'㉡'이라고 정확히 씀.	3점
(2)	정답 키워드 자연환경 | 여가 생활 '자연환경을 이용한 여가 생활이다.'라고 정확히 씀.	7점
	두 여가 생활의 공통점을 썼으나 구체적이지 않음.	3점

3 사람이 살아가는 데에는 반드시 먹는 음식과 입는 옷, 쉴 수 있는 집이 필요합니다.

채점 기준		
(1)	㉠ '주생활', ㉡ '의생활'을 모두 정확히 씀.	3점
(2)	정답 키워드 몸 보호 '덥거나 추운 날씨로부터 몸을 보호한다.' 등 의생활의 필요성을 정확히 씀.	7점
	의생활의 필요성을 썼으나 구체적이지 않음.	3점

4 덥고 습한 고장은 더위를 피하려고 수상 가옥을 짓고, 초원이 펼쳐진 고장은 이동하며 가축을 기르는 데 적합한 천막집을 짓고 삽니다.

채점 기준		
(1)	'덥고 습한 고장'이라고 정확히 씀.	3점
(2)	정답 키워드 옮겨 다니다 | 이동식 집 '가축에게 먹일 풀과 물을 찾아 옮겨 다니기 때문에 이동식 집을 짓는다.'라고 정확히 씀.	7점
	몽골에서 게르를 짓는 까닭을 썼으나 구체적이지 않음.	3점

2. 시대마다 다른 삶의 모습

❶ 옛날과 오늘날의 생활 모습(1)

단원 쪽지시험   **14**쪽

1 예 박물관, 민속촌, 유적지   2 박물관   3 돌
4 동굴   5 예 농사   6 가락바퀴   7 청동
8 제사   9 반달 돌칼   10 철

2 박물관과 관련 있는 직업에는 문화재 감정 평가사, 보존 과학자, 문화 관광 해설사, 고고학자 등이 있습니다.

4 돌을 깨뜨려 만든 도구를 사용한 시대의 사람들은 추위와 더위, 동물의 공격을 피하기 위해 동굴이나 바위 그늘 에서 생활했습니다.

10 철로 만든 도구는 이전 시대에 만든 도구들보다 단단해서 쉽게 망가지지 않았습니다.

대표 문제   **15**쪽

1 ③   2 ①   3 ②, ⑤   4 ⑤

1 돌을 깨뜨려 만든 도구를 사용한 시대에는 동굴이나 바위 그늘에서 생활하며 사냥을 하거나 열매를 따 먹었습니다.

2 주먹 도끼는 돌을 깨뜨려 만든 도구로 사냥, 음식 손질 등 다양하게 사용되었습니다.

3 사람들은 다양한 도구를 청동으로 만들기 시작했지만 청동은 구하기 어려웠기 때문에 일상생활에서는 돌과 나무를 사용했습니다.

4 옛날 사람들은 돌을 날카롭게 갈아 만든 반달 돌칼을 이용해 곡식의 이삭을 땄습니다.

❶ 옛날과 오늘날의 생활 모습(2)

단원 쪽지시험   **16**쪽

1 돌괭이   2 트랙터   3 늘어났습니다
4 맷돌   5 예 전기밥솥, 믹서   6 베틀
7 예 재봉틀   8 움집   9 사랑채   10 다양한

2 오늘날에는 기계의 힘을 이용해 예전보다 힘을 덜 들이고 농사를 지을 수 있고, 많은 양의 곡식을 얻을 수 있게 되었습니다.

6 베틀에 실을 올리고 서로 엇갈리게 엮으면 옷감을 만들 수 있습니다.

8 움집은 땅을 깊게 파서 바닥을 평평하게 한 후, 기둥을 세우고 그 위에 풀과 짚을 덮어 만든 집입니다.

9 기와집은 안채와 사랑채 등 남자와 여자가 생활하는 공 간이 따로 분리되어 있었습니다.

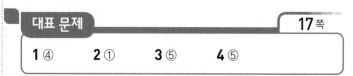

대표 문제   **17**쪽

1 ④   2 ①   3 ⑤   4 ⑤

1 음식을 요리할 때 사용하는 도구는 토기, 가마솥, 전기 밥솥의 순서로 변화했습니다.

2 음식을 만드는 도구의 변화로 사람들은 불을 피우지 않 고도 빠르고 편리하게 요리를 할 수 있게 되었습니다.

3 초가집은 볏짚으로 지붕을 덮고, 나무와 흙을 이용해 만든 집입니다.

4 오늘날의 집은 거실과 주방이 연결되어 있고, 화장실이 집 안에 있어 하나의 공간에서 다양한 생활을 합니다.

❷ 옛날과 오늘날의 세시 풍속

단원 쪽지시험   **18**쪽

1 세시 풍속   2 윷놀이   3 오곡밥   4 한식
5 부채   6 마무리   7 밤   8 야광귀
9 농사   10 윷놀이

2 설날에 즐겼던 놀이에는 윷놀이, 연날리기, 제기차기 등이 있습니다.

3 토란국은 추석 때 주로 먹었던 음식입니다.

5 단오에는 더운 여름을 시원하게 보내라는 의미에서 부 채를 주고받았습니다.

8 옛날 사람들은 설날 밤에 신발을 훔쳐 가는 귀신인 야 광귀에게 신발을 빼앗기면 그해 운이 나쁘다고 생각했 습니다.

대표 문제   19쪽

1 ④   **2** ②   **3** ③   **4** ②, ④

1 한식에는 불을 사용하지 않은 찬 음식을 먹었고, 삼복에는 더위를 이겨 내기 위해 영양이 풍부한 음식을 먹었습니다.

2 동지는 일 년 중 밤이 가장 긴 날로, 한 해를 마무리하고 새해를 맞이하는 날로 보냈습니다.

3 오늘날에는 줄다리기, 윷놀이와 같은 세시 풍속에 담긴 의미가 옛날과 달라졌습니다.

4 오늘날 농사를 짓는 사람들이 많이 줄어들면서 세시 풍속에도 변화가 나타났습니다.

대단원 평가 1회   20~22쪽

1 ⓒ   **2** ①   **3** ⑤   **4** ③   **5** ⑤
6 예 소를 이용해 편하게 땅을 갈 수 있게 되었다.
7 ⓒ   **8** ①   **9** ②   **10** ④   **11** (1) ○
12 예 계절에 따른 옛날 사람들의 생활 모습과 생각을 알 수 있다.   **13** ④   **14** ⓒ   **15** ①
16 예 복조리를 걸어 놓고 복이 많이 들어오기를 빌었다. 야광귀에게 빼앗기지 않게 신발을 방 안에 숨겨 두었다.
17 (1) ○   **18** ②   **19** ②   **20** 제기

1 박물관이나 민속촌, 유적지 등에서 옛날 사람들이 사용했던 생활 도구를 찾아볼 수 있습니다.

2 사람들은 처음에 자연에서 얻은 재료로 만든 도구를 사용했지만, 시간이 지나면서 금속으로 만든 도구를 사용하게 되었습니다.

3 청동으로 만든 도구를 사용한 시대의 도구에는 청동 거울, 반달 돌칼, 비파형 동검 등이 있습니다.

4 농경문 청동기에는 토기에 수확물을 담는 모습, 따비로 땅을 가는 모습, 괭이로 땅을 파는 모습 등이 새겨져 있습니다.

5 오늘날에는 과학과 기술의 발달로 다양한 기계를 사용하여 농사를 짓습니다.

6 땅을 가는 도구가 괭이에서 쟁기로 변화하면서 사람들의 생활도 달라졌습니다.

채점 기준

정답 키워드 소	땅을 갈다	
'소를 이용해 편하게 땅을 갈 수 있게 되었다.' 등의 내용을 정확히 씀.	상
쟁기의 발달로 달라진 사람들의 생활 모습을 썼으나 구체적이지 않음.	하

7 가락바퀴는 식물의 줄기를 꼬아 실을 만드는 도구입니다.

8 토기는 옛날 사람들이 음식을 요리할 때 사용했던 도구입니다.

9 실이나 옷감을 만드는 도구는 가락바퀴에서 베틀, 방직기의 순서대로 변화했습니다.

10 기와집은 남자와 여자가 생활하는 공간이 따로 분리되어 있었습니다.

11 세시 풍속은 옛날부터 명절과 같이 일정한 시기에 되풀이하여 행해 온 고유의 생활 모습을 말합니다.

12 옛날 사람들은 건강이나 복을 빌고 농사가 잘되기를 빌기 위해 계절마다 다양한 세시 풍속을 행했습니다.

채점 기준

정답 키워드 계절	생활 모습	생각	
'계절에 따른 옛날 사람들의 생활 모습과 생각을 알 수 있다.' 등의 내용을 정확히 씀.	상
세시 풍속을 통해 알 수 있는 것을 썼으나 구체적이지 않음.	하

13 한식에는 농사가 잘되기를 바라는 마음으로 조상들의 산소를 찾아가 성묘를 하기도 했습니다.

14 백중은 음력 7월 15일로, 사람들은 힘든 농사일로 지친 몸과 마음을 쉬며 마을 사람들과 잔치를 벌였습니다.

15 추석에는 수확에 감사하는 마음을 담아 차례를 지내고, 송편과 토란국을 먹었습니다.

16 옛날에는 복을 기원하고 나쁜 기운을 몰아내는 세시 풍속이 많았지만 오늘날에는 간단한 세시 풍속만 이어져 옵니다.

채점 기준

정답 키워드 복조리	신발	
'복조리를 걸어 놓고 복이 많이 들어오기를 빌었다.', '야광귀에게 빼앗기지 않게 신발을 방 안에 숨겨 두었다.' 등의 내용을 정확히 씀.	상
옛날 설날의 모습을 썼으나 구체적이지 않음.	하

17 옛날 사람들은 주로 한 해의 풍년을 바라고, 조상들께 감사드리는 세시 풍속을 즐겼습니다.

18 오늘날에는 교통과 통신의 발달로 세시 풍속의 변화가 나타나게 되었습니다. 농사와 관련된 세시 풍속이 많이 사라지고, 큰 명절을 중심으로만 세시 풍속이 전해 내려옵니다.

19 널뛰기는 설날, 단오, 추석 등 주로 큰 명절에 여자들이 즐겼던 놀이입니다.

20 제기차기는 주로 설날에 어린이들이 즐겼던 놀이입니다.

대단원 평가 2회   23~25쪽

1 유민   **2** ④   **3** ④   **4** 예 청동은 구하기 어렵고, 만드는 과정이 복잡했기 때문이다.   **5** ④
6 ③   **7** ❶ 철 ❷ 가마솥   **8** ⑤
9 ㄹ, ㄱ, ㄷ, ㄴ   **10** 예 먹을 것을 찾아 옮겨 다니는 생활을 했다. 동굴에서 추위와 더위를 피했다.   **11** ⑤
12 ④   **13** ⑤   **14** 예 국화로 만든 술과 떡을 먹으며 건강을 기원했다.   **15** (1) ㉠ (2) ㉢ (3) ㉡   **16** ②
17 추석   **18** ②, ④   **19** ㉡   **20** ③

---

1 옛날 사람들의 생활 모습을 살펴보기 위해서는 그 시대 사람들이 사용했던 생활 도구와 살았던 집의 모습을 찾아봐야 합니다.

2 박물관에서는 문화재 감정 평가사, 보존 과학자, 학예 연구사 등 다양한 직업을 볼 수 있습니다.

3 옛날 사람들은 빗살무늬 토기와 같이 흙으로 그릇을 만들어 사용했습니다.

4 청동은 무기, 장신구, 제사 지내는 도구를 만드는 데 주로 쓰였습니다.

채점 기준	
정답 키워드 어려움 | 만드는 과정 | 복잡	
'청동은 구하기 어렵고, 만드는 과정이 복잡했기 때문이다.' 등의 내용을 정확히 씀.	상
청동으로 만든 도구를 사용한 시대에 일상생활에서 돌과 나무를 사용했던 까닭을 썼으나 구체적이지 않음.	하

5 청동보다 훨씬 단단한 철을 이용하면 돌에 비해서 용도에 따라 다양한 모양의 도구를 만들 수 있었습니다.

6 날카롭고 단단한 철을 농사 도구에 이용하면서 사람들은 더 넓은 땅에 농사를 지을 수 있게 되었습니다.

7 가마솥의 뚜껑이 무거워 솥 안의 열기가 잘 빠져나가지 않아 음식이 잘 익을 수 있었습니다.

8 재봉틀이 등장하면서 빠르고 정확하게 옷감을 꿰맬 수 있게 되었습니다. 믹서와 맷돌은 요리할 때, 탈곡기와 트랙터는 농사를 지을 때 이용하는 도구입니다.

9 집의 모습이 변화하면서 사람들의 생활 모습도 달라지게 되었습니다.

10 동굴은 추위와 더위를 피하게 해 주고, 동물의 공격으로부터 안전하게 해 주었습니다.

채점 기준	
정답 키워드 옮기다 | 추위 | 피하다	
'먹을 것을 찾아 옮겨 다니는 생활을 했다.', '동굴에서 추위와 더위를 피했다.' 등의 내용을 정확히 씀.	상
동굴에서 살던 사람들의 생활 모습을 썼으나 구체적이지 않음.	하

11 친구들과 놀이터에서 그네를 타는 것은 일정한 시기가 되어 되풀이하는 생활 모습이 아닙니다.

12 수리취떡은 산에서 자라는 풀인 수리취를 뜯어 겉면에 수레바퀴 모양을 찍어 만든 떡으로, 단오에 먹는 음식입니다.

13 삼계탕, 육개장과 관련 있는 날은 삼복으로 여름철 가장 더운 시기를 초복, 중복, 말복 세 개로 나눈 것입니다.

14 중양절은 곡식을 수확하는 시기에 있었던 날입니다.

채점 기준	
정답 키워드 국화 | 술 | 떡	
'국화로 만든 술과 떡을 먹으며 건강을 기원한다.' 등의 내용을 정확히 씀.	상
중양절에 행해졌던 세시 풍속을 썼으나 구체적이지 않음.	하

15 옛날 사람들은 시기별로 다양한 세시 풍속을 즐겼습니다.

16 옛날 사람들은 설날에 떡국을 먹으며 긴 가래떡처럼 건강하게 오래 살기를 기원했습니다.

17 옛날 사람들은 추석날 올게심니를 매달고 거북놀이를 즐김으로써 농사가 잘되기를 기원했습니다.

18 계절마다 사람들이 하는 일이 달랐기 때문에 옛날 사람들은 계절과 날씨에 따른 다양한 세시 풍속을 즐겼습니다.

19 교통과 통신, 과학 기술의 발달로 직업이 다양해지면서 세시 풍속이 변화하게 되었습니다.

20 윷놀이는 윷을 던져 윷말을 옮기며 네 개의 윷말이 먼저 출발지로 돌아오면 이기는 놀이입니다.

대단원 서술형 평가 1회 **26**쪽

1 (1) 청동 (2) 예 무기나 장신구, 제사 지내는 도구를 만드는
데 사용했다.

2 (1) 옷 (2) 예 입을 수 있는 옷의 종류가 다양해졌다. 필요
한 옷을 쉽게 구할 수 있다.

3 (1) 정월 대보름
(2) 예 한 해의 건강과 풍년을 바랐기 때문이다.

4 (1) 봄 (2) 예 더위에 지치지 않게 영양이 풍부한 음식을 먹
었다. 농사의 풍년을 빌며 축제를 열었다.

1 청동은 구하기 어렵고, 만드는 과정이 복잡했기 때문에
일상생활에서는 잘 쓰이지 않았습니다.

채점 기준

(1)	'청동'에 ○표를 함.	3점
(2)	**정답 키워드** 무기	장신구	제사 '무기나 장신구, 제사 지내는 도구를 만드는 데 사용했다.' 등의 내용을 정확히 씀.	7점
	청동의 쓰임새를 썼으나 구체적이지 않음.	3점

2 옷을 만드는 도구가 발달하면서 생활이 편해졌습니다.

채점 기준

(1)	'옷'이라고 정확히 씀.	3점
(2)	**정답 키워드** 종류	다양	쉽게 '입을 수 있는 옷의 종류가 다양해졌다.', '필요한 옷을 쉽게 구할 수 있다.' 등의 내용을 정확히 씀.	7점
	옷을 만드는 도구의 발달로 달라진 생활 모습을 썼으나 구체적이지 않음.	3점

3 옛날에는 나쁜 기운을 쫓기 위한 세시 풍속도 있었습니다.

채점 기준

(1)	'정월 대보름'이라고 정확히 씀.	3점
(2)	**정답 키워드** 건강	풍년 '한 해의 건강과 풍년을 바랐기 때문이다.' 등의 내용을 정확히 씀.	7점
	정월 대보름에 쥐불놀이와 달집태우기를 하는 까닭을 썼으나 구체적이지 않음.	3점

4 옛날에는 계절별로 하는 일이 다양했습니다.

채점 기준

(1)	'봄'이라고 정확히 씀.	3점
(2)	**정답 키워드** 더위	풍년	축제 '더위에 지치지 않게 영양이 풍부한 음식을 먹었다.', '농사의 풍년을 빌며 축제를 열었다.' 등의 내용을 정확히 씀.	7점
	옛날 사람들이 여름에 행했던 세시 풍속을 썼으나 구체적이지 않음.	3점

대단원 서술형 평가 2회 **27**쪽

1 (1) 빗살무늬 토기 (2) 예 농사를 짓기 시작했다. 돌을 갈아
더 좋은 도구를 만들었다.

2 (1) 움집 (2) 예 집 가운데에 불을 피워 따뜻하게 지냈다.
하나의 방에서 생활했다.

3 (1) 불 (2) 예 조상들의 산소를 찾아가 성묘를 하고 풍년을
기원했다.

4 (1) ⓒ (2) 예 떡국을 만들어 가족들과 나눠 먹는다. 가족끼
리 모여서 윷놀이를 한다.

1 농사를 짓기 시작한 사람들은 흙으로 그릇을 만들어 음
식을 보관했습니다.

채점 기준

(1)	'빗살무늬 토기'에 ○표를 함.	3점
(2)	**정답 키워드** 농사	돌	갈다 '농사를 짓기 시작했다.', '돌을 갈아 더 좋은 도구를 만들었다.' 등의 내용을 정확히 씀.	7점
	빗살무늬 토기를 사용하기 시작했던 시대의 생활 모습을 썼으나 구체적이지 않음.	3점

2 움집은 땅을 파고 풀과 짚으로 지붕을 덮어 만든 집을
말합니다.

채점 기준

(1)	'움집'이라고 정확히 씀.	3점
(2)	**정답 키워드** 하나의 방 '집 가운데에 불을 피워 따뜻하게 지냈다.', '하나의 방에서 생활했다.' 등의 내용을 정확히 씀.	7점
	움집에서의 생활 모습을 썼으나 구체적이지 않음.	3점

3 한식은 씨를 뿌리는 시기로, 4월 5일 무렵입니다.

채점 기준

(1)	'불'이라고 정확히 씀.	3점
(2)	**정답 키워드** 성묘	풍년 '조상들의 산소를 찾아가 성묘를 하고 풍년을 기원했다.' 등의 내용을 정확히 씀.	7점
	한식의 세시 풍속을 썼으나 구체적이지 않음.	3점

4 설날에는 새해를 맞아 복을 빌며 다양한 풍속을 즐깁니다.

채점 기준

(1)	'ⓒ'이라고 정확히 씀.	3점
(2)	**정답 키워드** 떡국	가족	윷놀이 '떡국을 만들어 가족들과 나눠 먹는다.', '가족끼리 모여서 윷놀이를 한다.' 등의 내용을 정확히 씀.	7점
	오늘날 설날의 세시 풍속을 썼으나 구체적이지 않음.	3점

3. 가족의 모습과 역할 변화

❶ 가족의 구성과 역할 변화

단원 쪽지시험   28쪽

1 가족   **2** 나무 기러기   **3** 결혼식장   **4** ⑩ 주례
5 ⑩ 축하   **6** 핵가족   **7** 확대 가족   **8** 함께하는
9 평등   **10** ⑩ 대화

1 다양한 가족이 모여 우리 사회를 구성합니다.

2 신랑이 신부에게 주었던 나무 기러기에는 오랫동안 행복하게 살자는 의미가 담겨 있습니다.

3 오늘날에는 주로 결혼식장에서 결혼을 합니다.

4 오늘날에는 신랑과 신부가 주례 대신 서로에게 쓴 약속의 편지를 읽는 주례 없는 결혼식을 하기도 합니다.

5 사람들이 새로운 가족의 탄생을 축하하는 마음은 달라지지 않았습니다.

6 핵가족은 주로 오늘날에 많은 가족 형태입니다.

7 확대 가족은 주로 옛날에 많았던 가족 형태입니다.

8 오늘날에는 부부가 모두 직장에서 일하고, 가족 구성원이 모두 함께 집안일을 하는 경우가 많습니다.

9 오늘날에는 나이나 성별에 따라 사람을 차별하지 않고 동등하게 대우하는 사회가 되었습니다.

10 상대방의 상황을 이해하고 서로의 생각을 존중하는 태도가 필요합니다.

대표 문제   29쪽

1 ⑤   **2** ③, ④   **3** ②, ④   **4** ③

1 오늘날에는 사회와 사람들의 생활 모습이 변하면서 혼인 풍습에도 많은 변화가 생겼습니다.

2 결혼식이 새로운 가정을 이루는 중요한 의식이라는 것은 변함이 없습니다.

3 오늘날에는 가족 구성원의 역할을 모두가 함께 나누는 경우가 많습니다.

4 남녀평등 의식이 높아지면서 오늘날에는 가족 구성원의 역할이 변화했습니다.

❷ 다양한 가족이 살아가는 모습

단원 쪽지시험   30쪽

1 입양 가족   **2** 조손 가족   **3** 다문화 가족
4 ⑩ 1인 가구   **5** 다릅니다   **6** 대본   **7** 가족 정원
8 자유롭게   **9** 변하지 않습니다   **10** 존중

1 입양 가족은 핏줄이 섞이지는 않았지만 서로를 아끼고 사랑합니다.

2 조손 가족은 할머니, 할아버지가 따뜻한 사랑과 보살핌으로 가족을 지킵니다.

3 다문화 가족은 다른 나라 사람과 우리나라 사람의 결혼으로 만들어진 가족입니다.

4 1인 가구가 늘어나면서 개별 포장된 음식이나 소형 가전제품 등이 인기를 끌고 있습니다.

5 가족마다 생활 모습은 다양합니다.

6 다양한 가족의 형태를 나쁘게 표현하지 않아야 합니다.

7 가족 정원 만들기를 통해 우리 사회에 다양한 가족들이 어울려 산다는 것을 알 수 있습니다.

8 그림으로 다양한 가족의 생활 모습을 표현해 볼 수 있습니다.

9 가족의 형태와 생활 모습이 달라져도 가족이 서로를 아끼고 사랑하는 모습은 같습니다.

10 다른 가족의 생활 모습을 이상하게 생각하지 않고, 가족은 누구에게나 소중한 존재라는 것을 잊지 않아야 합니다.

대표 문제   31쪽

1 ④   **2** ①   **3** ⑤   **4** ⑤

1 다양한 이유로 가족의 형태가 변화하기도 합니다.

2 행복을 위한 개인의 선택을 존중하는 사회 분위기가 만들어지면서 오늘날에는 재혼 가족을 대하는 사회의 모습이 변화했습니다.

3 역할극을 통해 가족의 상황과 가족 구성원의 마음을 이해하고 존중할 수 있습니다.

4 가족이 다투고 갈등하는 장면보다 서로 존중하고 배려하는 모습이 드러나도록 역할극을 만듭니다.

평가북 26~31쪽

대단원 평가 1회 32~34쪽

1 ㉠, ㉣ **2** (2) ○ **3** ⑤ **4** 찬규
5 예 오늘날에는 결혼식에 대한 사람들의 생각이 다양해지면서 결혼식장이 아닌 다양한 장소에서 결혼을 하기도 한다.
6 ③ **7** (3) ○ **8** ⑤ **9 예** 자녀의 교육을 위해 이사하는 사람들이 많아졌기 때문이다. **10** (2) ○
11 ㉡ **12** (1) ㉠ (2) ㉡ **13 예** 반려동물
14 ② **15** 다문화 가족 **16** ⑤ **17** ④
18 (1) ○ **19 예** 가족은 힘들 때 의지할 수 있는 쉼터이자 보금자리이다. **20** 동영

1 가족은 결혼, 출산, 입양 등으로 만들어지는 사회의 기본 단위입니다.

2 신랑이 신부에게 주는 나무 기러기는 오랫동안 행복하게 함께 살자는 의미를 담고 있습니다.

3 ①, ②, ③, ④는 모두 오늘날의 혼인 풍습과 관련 있는 설명입니다.

4 오늘날에는 결혼식장에 있는 폐백실에서 신랑과 신부의 양쪽 집안 어른들께 모두 폐백을 드리거나, 폐백을 드리지 않는 경우가 많습니다.

5 오늘날에는 다양한 장소와 형식에 구애받지 않고 결혼식을 치릅니다.

채점 기준	
정답 키워드 생각 | 다양 | 장소 '오늘날에는 결혼식에 대한 사람들의 생각이 다양해지면서 결혼식장이 아닌 다양한 장소에서 결혼을 하기도 한다.' 등의 내용을 정확히 씀.	상
자료를 통해 알 수 있는 오늘날 혼인 풍습의 변화에 대해 썼으나 구체적이지 않음.	하

더 알아보기

오늘날 다양한 결혼식
- 온라인 결혼식: 거리가 멀거나 일이 있어서 결혼식에 오지 못하는 사람들을 위해 사람들의 모습을 인터넷 실시간 방송이나 영상을 촬영하여 온라인으로 보여 줍니다.
- 공연 형식의 결혼식: 음악회, 뮤지컬 등 공연 형식으로 결혼식을 진행합니다.

6 오늘날에는 주로 개인이 스스로 배우자를 선택하여 결혼합니다.

7 (1)은 1인 가구, (2)는 입양 가족에 관한 설명입니다.

8 확대 가족은 주로 농사를 지으며 살아 일손이 부족했던 옛날에 많았던 가족 형태입니다.

9 사회의 변화에 따라 다양한 이유로 가족이 이동하면서 오늘날에는 핵가족이 많아졌습니다.

채점 기준	
정답 키워드 교육 | 취업 | 독립 '자녀의 교육을 위해 이사하는 사람이 많아졌기 때문이다.', '사람들이 취업을 위해 도시로 이동하기 때문이다.', '어른이 된 자녀가 독립을 하면서 부모만 남는 경우가 있기 때문이다.' 등의 내용을 정확히 씀.	상
오늘날에 핵가족이 많아진 까닭에 대해 썼으나 구체적이지 않음.	하

10 옛날에는 가족 구성원의 역할이 구분되어 있어 여자들은 주로 음식을 만들거나 아이를 돌보는 등 집안일을 했습니다.

11 오늘날에는 누구나 교육을 받을 수 있고 사회 활동에 참여할 수 있기 때문에 가족 구성원의 역할 구분이 많이 사라졌습니다.

12 오늘날에는 사회가 변화하면서 다양한 형태의 가족들이 늘어나고 있습니다.

13 반려동물을 기르는 사람들은 반려동물을 끝까지 보살피는 책임감을 가져야 합니다.

14 입양해 주셔서 고맙다는 승연이의 말을 통해 승연이네 가족이 입양 가족임을 알 수 있습니다.

15 신문 기사를 통해 한△△ 학생의 가족이 다문화 가족임을 알 수 있습니다.

16 사회가 변화하면서 다양한 가족을 바라보는 사람들의 생각도 변했습니다.

17 그림을 통해 다양한 가족의 생활 모습을 자유롭게 표현할 수 있습니다.

18 역할극을 통해 다양한 역할을 표현하면서 가족 구성원의 마음을 이해하고 존중할 수 있습니다.

19 가족의 형태나 생활 모습과 관계없이 서로를 아끼고 사랑하는 마음은 모두 같습니다.

채점 기준	
정답 키워드 쉼터 | 보금자리 | 힘과 위로 '가족은 힘들 때 의지할 수 있는 쉼터이자 보금자리이다.', '가족은 힘과 위로를 준다.' 등의 내용을 정확히 씀.	상
가족의 역할과 의미에 대해 썼으나 구체적이지 않음.	하

20 다양한 가족의 생활 모습을 이상하다고 생각하지 않고 우리 가족과 다른 생활 모습을 있는 그대로 바라보아야 합니다.

1 이사   **2** ④   **3** ④   **4** (1) ㈎ (2) ㈏
5 ㈎ 주로 집안의 어른들이 정해 준 사람과 결혼했다.
6 핵가족   **7** ⑤   **8** ③   **9** ㉢   **10** (1) ○
11 ②   **12** ⑤   **13** (1) ㉡ (2) ㉠
14 재혼 가족   **15** ㈎ 다양한 가족의 생생한 생활
모습을 살펴볼 수 있다. **16** ⑤   **17** ㈎ 표현하고 싶은
가족의 모습을 자유롭고 재미있게 표현할 수 있다.
18 ②   **19** ㉡   **20** ①

1 가족은 행복을 나누고 서로 도와주며 함께 살아가는 존재입니다.

2 ①, ②, ③은 오늘날의 결혼식과 관련 있는 내용이고, ⑤는 혼례가 끝나고 이루어지는 폐백에 대한 내용입니다.

3 오늘날에는 결혼식에 대한 사람들의 생각이 다양해지면서 이색적인 결혼식도 많이 생겨났습니다.

4 옛날에는 한복을 입고 혼례를 치렀고, 오늘날에는 주로 턱시도와 웨딩드레스를 입고 결혼을 합니다.

5 옛날 사람들은 혼인을 통해 가족과 가족이 관계를 맺는다고 생각하여 주로 집안의 어른들이 결정한 사람과 혼인을 했습니다.

채점 기준

정답 키워드 집안 어른 │ 정해 준 사람	
'주로 집안의 어른들이 정해 준 사람과 결혼했다.' 등의 내용을 정확히 씀.	상
옛날의 배우자 선택 방법에 대해 썼으나 구체적이지 않음.	하

6 핵가족은 부부 혹은 부부와 결혼하지 않은 자녀로 이루어진 가족입니다.

7 옛날에는 가족의 중요한 일을 나이 많은 남자 어른이 결정했습니다.

8 활발한 사회 활동 참여와 교육의 기회 증가, 남녀평등 의식의 향상 등의 이유로 오늘날에는 가족 구성원의 역할이 변화했습니다.

9 가족 구성원이 자신의 역할을 하지 않아 가족 구성원 간에 갈등이나 다툼이 생길 수 있습니다.

10 건강하고 행복한 가족이 되기 위해서는 가족 구성원으로서의 나의 역할을 알고 실천해야 합니다.

11 사회가 변화하면서 다양한 형태의 가족들이 늘어나고 있습니다.

12 엄마와 동생과 함께 살고 있다는 대화를 통해 서연이네 가족이 한 부모 가족임을 알 수 있습니다.

13 다양한 형태의 가족이 늘어나면서 가족 형태에 대한 사람들의 생각도 변화하고 있습니다.

14 동시, 동화, 영화 등 다양한 자료를 통해 가족의 생활 모습을 찾아볼 수 있습니다.

15 텔레비전이나 영화 등을 통해 다양한 가족의 생활 모습이 담긴 영상 자료를 찾아볼 수 있습니다.

채점 기준

정답 키워드 생생한 │ 생활 모습	
'다양한 가족의 생생한 생활 모습을 살펴볼 수 있다.' 등의 내용을 정확히 씀.	상
영상 자료를 통해 다양한 가족의 생활 모습을 조사할 때의 특징에 대해 썼으나 구체적이지 않음.	하

더 알아보기

다양한 가족의 생활 모습을 조사하는 방법
• 도서 자료 찾아보기: 가족과 관련된 여러 가지 이야기와 그림도 살펴볼 수 있습니다.
• 뉴스·신문 기사 찾아보기: 특별한 사례를 소개하는 자료가 많아 잘 알지 못했던 모습을 찾아볼 수 있습니다.
• 영상 자료 찾아보기: 다양한 가족의 생생한 생활 모습을 살펴볼 수 있습니다.

16 다양한 가족의 형태가 잘 드러나도록 그림 문자를 만들어 표현할 수 있습니다.

17 다양한 가족의 생활 모습을 표현하는 활동을 통해 다양한 가족이 살아가는 모습을 구체적으로 알아볼 수 있습니다.

채점 기준

정답 키워드 자유롭고 │ 재미있게	
'표현하고 싶은 가족의 모습을 자유롭고 재미있게 표현할 수 있다.' 등의 내용을 정확히 씀.	상
다양한 가족의 생활 모습을 그림으로 표현할 때의 특징에 대해 썼으나 구체적이지 않음.	하

18 가족의 형태와 생활 모습이 달라져도 가족이 지닌 의미는 변하지 않습니다.

19 다양한 가족이 있다는 것을 이해하고 존중하는 태도를 가져야 합니다.

20 가족을 다양한 것에 빗대어 표현하는 활동을 통해 가족의 소중함을 표현할 수 있습니다.

대단원 서술형 평가 1회 38쪽

1 (1) ㉠ (2) 예 결혼식을 통해 두 사람의 결혼을 알린다.
2 (1) 있었습니다 (2) 예 오늘날에는 부부가 모두 직장에서 일하는 가족이 많다.
3 (1) 입양 가족 (2) 예 가족의 모습이 다르다는 것을 이해하고 서로를 존중하는 태도를 가져야 한다.
4 (1) 선영 (2) 예 가족 구성원의 수나 형태와 관계없이 가족이 지닌 의미는 같다.

1 옛날과 오늘날의 혼인 풍습은 많이 달라졌지만, 결혼식에 담긴 의미는 변하지 않았습니다.

채점 기준

(1)	'㉠'이라고 정확히 씀.	3점
(2)	**정답 키워드** 알림	축하 '결혼식을 통해 두 사람의 결혼을 알린다.', '가족, 친척, 친구들이 모여 부부를 축하해 준다.' 등의 내용을 정확히 씀.	7점
	옛날과 오늘날의 혼인 풍습의 공통점에 대해 썼으나 구체적이지 않음.	3점

2 옛날에는 가족 구성원의 역할이 구분되어 있었습니다.

채점 기준

(1)	'있었습니다'에 ○표를 함.	3점
(2)	**정답 키워드** 부부	직장 '오늘날에는 부부가 모두 직장에서 일하는 가족이 많다.' 등의 내용을 정확히 씀.	7점
	옛날과 달라진 오늘날 가족 구성원의 역할에 대해 썼으나 구체적이지 않음.	3점

3 나와 다른 가족의 형태를 인정하는 태도를 가져야 합니다.

채점 기준

(1)	'입양 가족'이라고 정확히 씀.	3점
(2)	**정답 키워드** 이해	존중 '가족의 모습이 다르다는 것을 이해하고 서로를 존중하는 태도를 가져야 한다.' 등의 내용을 정확히 씀.	7점
	다양한 가족을 대하는 바람직한 태도에 대한 내용을 썼으나 구체적이지 않음.	3점

4 가족의 형태가 달라도 서로 사랑하는 마음은 같습니다.

채점 기준

(1)	'선영'이라고 정확히 씀.	2점
(2)	**정답 키워드** 가족의 의미	같다 '가족 구성원의 수나 형태와 관계없이 가족이 지닌 의미는 같다.' 등의 내용을 정확히 씀.	6점
	선영이의 말을 바르게 고쳐 썼으나 구체적이지 않음.	3점

대단원 서술형 평가 2회 39쪽

1 (1) ❶ 달랐지만 ❷ 없습니다
(2) 예 남녀가 평등하다는 의식이 높아지면서 집안일을 위한 역할 분담이 필요하게 되었다.
2 예 오늘날에는 가족 구성원 모두가 집안의 중요한 일을 결정할 때 함께 의논한다.
3 (1) 다문화 가족 (2) 예 여러 분야에서 다양한 나라의 문화를 가진 사람들이 활동하게 되었다.
4 (1) 예 실감 나게 (2) 예 다양한 가족의 형태를 나쁘게 표현하지 않아야 한다.

1 오늘날에는 여성의 사회 진출이 늘었습니다.

채점 기준

(1)	❶ '달랐지만', ❷ '없습니다'에 모두 ○표를 함.	4점
(2)	**정답 키워드** 남녀평등	역할 분담 '남녀가 평등하다는 의식이 높아지면서 집안일을 위한 역할 분담이 필요하게 되었다.' 등의 내용을 정확히 씀.	6점
	오늘날 가족 구성원의 역할이 변화한 까닭에 대해 썼으나 구체적이지 않음.	3점

2 오늘날에는 나이에 따른 역할 구분이 많이 사라졌습니다.

채점 기준

정답 키워드 중요한 일	함께 '오늘날에는 가족 구성원 모두가 집안의 중요한 일을 결정할 때 함께 의논한다.' 등의 내용을 정확히 씀.	8점
오늘날 집안의 중요한 일을 결정할 때 가족 구성원의 역할에 대해 썼으나 구체적이지 않음.	4점

3 시연이네 가족은 다문화 가족입니다.

채점 기준

(1)	'다문화 가족'에 ○표를 함.	3점
(2)	**정답 키워드** 다양한 나라	문화 '여러 분야에서 다양한 나라의 문화를 가진 사람들이 활동하게 되었다.' 등의 내용을 정확히 씀.	7점
	다문화 가족이 늘어나면서 생긴 사회의 변화에 대해 썼으나 구체적이지 않음.	3점

4 역할극을 발표하기 전 대사와 동작을 연습해야 합니다.

채점 기준

(1)	'실감 나게' 등의 내용을 정확히 씀.	3점
(2)	**정답 키워드** 나쁘게 표현하지 않는다 '다양한 가족의 형태를 나쁘게 표현하지 않아야 한다.' 등의 내용을 정확히 씀.	7점
	역할극으로 다양한 가족의 생활 모습을 표현할 때 주의할 점에 대해 썼으나 구체적이지 않음.	3점

빈틈없는
수준별 학습으로
빠져나갈 구멍 없이
완전봉쇄!

사고력

서술형

독해력

이제 긴 문제도
어렵지 않아요!

기본기와 서술형을 한 번에, 확실하게
수학 자신감은 덤으로!

수학리더 시리즈 <small>(초1~6 / 학기용)</small>

[연산]   [개념]   [기본]   [유형]   [기본＋응용]   [응용·심화]

정답은
이안에
있어!

리더가 되기 위한 공부 비법

배움으로 행복한 내일을 꿈꾸는
천재교육 커뮤니티 안내 . . .

교재 안내부터 구매까지 한 번에!
천재교육 홈페이지

자사가 발행하는 참고서, 교과서에 대한 소개는 물론
도서 구매도 할 수 있습니다. 회원에게 지급되는 별을 모아
다양한 상품 응모에도 도전해 보세요!

다양한 교육 꿀팁에 깜짝 이벤트는 덤!
천재교육 인스타그램

천재교육의 새롭고 중요한 소식을 가장 먼저 접하고 싶다면?
천재교육 인스타그램 팔로우가 필수!
깜짝 이벤트도 수시로 진행되니 놓치지 마세요!

수업이 편리해지는
천재교육 ACA 사이트

오직 선생님만을 위한, 천재교육 모든 교재에 대한 정보가 담긴
아카 사이트에서는 다양한 수업자료 및 부가 자료는 물론
시험 출제에 필요한 문제도 다운로드하실 수 있습니다.

https://aca.chunjae.co.kr

천재교육을 사랑하는 샘들의 모임
천사샘

학원 강사, 공부방 선생님이시라면 누구나 가입할 수 있는 천사샘!
교재 개발 및 평가를 통해 교재 검토진으로 참여할 수 있는 기회는 물론
다양한 교사용 교재 증정 이벤트가 선생님을 기다립니다.

아이와 함께 성장하는 학부모들의 모임공간
튠맘 학습연구소

튠맘 학습연구소는 초·중등 학부모를 대상으로 다양한 이벤트와 함께
교재 리뷰 및 학습 정보를 제공하는 네이버 카페입니다.
초등학생, 중학생 자녀를 둔 학부모님이라면 튠맘 학습연구소로 오세요!

완벽한 수업을 위한 모든 것을 담았다!

국어 / 사회 / 과학 리더

풍부한 시각 자료

풍부한 사진과 도표, 그림 자료로
쉽고 재미있게
개념을 다질 수 있는 교재!

다양한 평가 대비

개념 정리 → 쪽지시험 → 기출문제
→ 단원평가로 이어지는 구성으로
다양한 평가 대비!

편리한 수업 준비

수업 준비가 편리하도록 강의 팁,
교사용 서술형 평가북을 제공하고
꼭 짚어줄 문제와 확인할 문제 수록!

선생님과 학생 모두가 만족하는 국사과 기본서!
학기별(국어: 초1~6 사회·과학: 초3~6)

book.chunjae.co.kr

교재 내용 문의 ···················· 교재 홈페이지 ▶ 초등 ▶ 교재상담
교재 내용 외 문의 ···················· 교재 홈페이지 ▶ 고객센터 ▶ 1:1문의
발간 후 발견되는 오류 ············ 교재 홈페이지 ▶ 초등 ▶ 학습지원 ▶ 학습자료실

My name~

	초등학교
학년 반 번	
이름	

논술·한자교재

- **YES 논술**   1~6학년/총 24권
- **천재 NEW 한자능력검정시험 자격증 한번에 따기**   8~5급(총 7권) / 4급~3급(총 2권)

영어교재

- **READ ME**
  - Yellow 1~3   2~4학년(총 3권)
  - Red 1~3   4~6학년(총 3권)
- **Listening Pop**   Level 1~3
- **Grammar, ZAP!**
  - 입문   1, 2단계
  - 기본   1~4단계
  - 심화   1~4단계
- **Grammar Tab**   총 2권
- **Let's Go to the English World!**
  - Conversation   1~5단계, 단계별 3권
  - Phonics   총 4권

예비중 대비교재

- **천재 신입생 시리즈**   수학 / 영어
- **천재 반편성 배치고사 기출 & 모의고사**

월간교재

- **NEW 해법수학**   1~6학년
- **해법수학 단원평가 마스터**   1~6학년 / 학기별
- **월간 무등생평가**   1~6학년

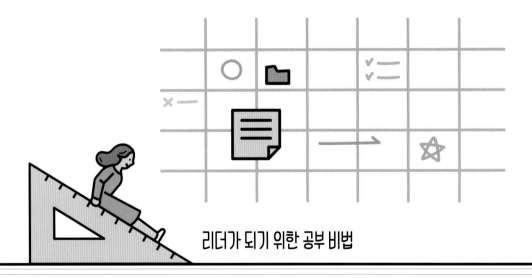

리더가 되기 위한 공부 비법